錢穆先生全集

錢穆先生全集

［新校本］

朱子新學案

第四冊

九州出版社

目次

朱子新學案　第一册

壹之二

朱子新學案　第二冊

貳之一

貳之五

朱子新學案　第三册

叁之一

叁之二

叁之三

叁之四

朱子新學案　第四册

伍之一

朱子新學案　第五冊

朱子新學案　第四冊

朱子之易學

朱子經學，於詩於易，特所究心。其治易，多創闢深通之見。語類有曰：

漢書：「易本隱以之顯，春秋推見至隱。」易與春秋，天人之道也。易以形而上者說出在那形而下者上。春秋以形而下者說上那形而上者去。（六七）

又曰：

易是箇空底物事，未有是事，預先說是理，故包括得盡許多道理。看人做甚事，皆撞著。（三四）

又曰：

詩書禮樂，皆是說那已有底事，惟是易，說那未有底事。（七五）

問：「易傳乾卦引舜事以證之，當初若逐卦引得這般事來證，大好看。」曰：「經解說：『潔淨精微，易之教也。』不知是誰做，伊川卻不以為然。據某看，此語自說得好。蓋易之書，誠然是潔淨精微。他那句語都是懸空說在這裏，都不犯手。如伊川說得都犯手勢。引舜來做乾卦，乾又那裏有箇舜來。當初聖人作易，又何嘗說乾是舜。他只是懸空說在這裏，都被人說得來事多，失了他潔淨精微之意。易只是說箇象是如此，何嘗有實事。如春秋便句句是實。如言公即位，便眞箇有箇公即位。如言子弒父、臣弒君，便眞箇是有此事。易何嘗如此？不過只是因畫以明象，因數以推數。因這象數，便推箇吉凶以示人而已，都無後來許多勞攘說話。」（六八）

此三條，引春秋以比易，兩書之分別顯，而易之為易自易知。以今語說之，春秋是一部史學書，而易則是一部哲學書。春秋重在記事，易則說理。又是懸空而說，並不定牽著在事上說，故曰潔淨精微是易教。易理之基礎，則建立在象數上。把握此意，則自知治易之綱領。

問：「程易以乾之初九為舜側微時，九二為舜佃漁時，九三為玄德升聞時，九四為歷試時。何以見得？」曰：「此是推說爻象之意，非本指也。讀易若通得本指後，便儘說去，儘有道理可言。」「敢問本指？」曰：「易本因卜筮而有象，因象而有占，占辭中便有道理。如筮得乾之初九，初陽在下，未可施用，其象為潛龍，其占曰勿用。凡遇乾而得此爻者，當觀此象而玩其占，隱晦而勿用可也。它皆倣此。此易之本指也。潛龍則勿用，此便是道理。故聖人為彖辭、象辭、文言，節節推去，無限道理，此程易所以推說得無窮。然非易本義也。先通得易本指後，道理儘無窮，推說不妨。若便以所推說者去解易，則失易之本指矣。」（六八）

又曰：

「易之為書，廣大悉備」，人皆可得而用，初無聖賢之別。伊川逐卦解釋，卻分作聖人之卦，賢人之卦，更有分作守令之卦者。古者又何嘗有此？不知是如何。（六八）

記得有人問程子，胡安定以乾九四爻為太子者，程子笑之曰：「如此，三百八十四爻，只做得三百八十四件事了。」此說極是。及到程子解易，卻又拘了。（六八）

伊川著易傳，乃其畢生唯一著述，有人問伊川：「聞有五經解，已成否？」曰：「惟易須親撰。」其重視如此。此下理學家皆極重此書。惟朱子意實不以為然。朱子意，易本為卜筮書，其義理即寓於卜筮而見。卜筮之判吉凶則本於象。讀易者貴能先因其辭而明其本指，然後可以推說。伊川易傳則只是推說，若即以所推說者認為是易之本指，則推而益遠，不可以言易。此乃朱子易本義之所為作。

語類又曰：

易中詳識物情，備極人事，都是實有此事。今學者平日只在燈窗下習讀，不曾應接世變，一旦讀此，皆看不得。（七二）

上言易中說話都是懸空說，非有實事，此條又言都是實有此事，語若相反，實是一致。如乾初爻「潛龍勿用」，即是實有此事，但不可認定為只是舜之側微時。潛龍指人事之不通；舜側微時，乃是其中一例。不得謂易乾之初爻，其本指即為舜而發。

說經有本義，有推說義。朱子意，先明本義，乃可推說。儘可推說，然非本義。於此必當辨。伊川嘗謂古之學者，先由經以識義理，後之學者，卻須先識義理，方始看得經。若果如此，學者自以所識之義理來看經書，自可即以所識之義理來解經說經。此處乃朱子與伊川對經學上之意見相異。然學者究當如何先識義理，伊川之狀明道則曰：「反求之六經而得之」，則仍是由六經明義理也。惟程門諸賢尊其師說，則不免多以得自師門之義理來看經說經，而其說乃不免於多誤。朱子多糾程門，亦糾及二程，然多糾其誤解經義，亦有糾其所說義理非正。然朱子又謂横渠、二程，多有發孟子所未發。可見義理不限於經書，經書之外，儘可有新義理絡續發現。朱子糾二程解經有誤，然謂其所解義理可存。故解經與說理兩事，可合可分。讀經亦僅是格物窮理中一項目，學者必先深究朱子格物窮理之教，庶可於此等處無所拘礙，而得其會通也。

文集卷四十三答李伯諫有曰：

> 易之為書，因陰陽之變以形事物之理，大小精粗，無所不備，尤不可以是內非外、厭動求靜之心讀之。

易既多懸空說，而又無所不包。若學者不曾應接世變，只在燈窗下，以是內非外、厭動求靜之心讀之，則看不見易之本指。此義極深微，但亦首當瞭解，乃可以言易。

又文集卷四十七答呂子約有云：

> 「易與天地準，故能彌綸天地之道」，此固指書而言。自「仰觀俯察」以下，須是有人始得。

蓋聖人因易之書而窮理盡性之事也。

又文集卷四十三答陳明仲有曰：

經書難讀，而易為尤難。未開卷時，已有一重象數大概工夫。開卷之後，經文本義又多被先儒硬說殺了，令人看得意思局促，不見本來開物成務活法。鄙說正為欲救此弊。

易多懸空說，而不當以懸空讀之。故謂不曾應接世變，只在燈窗下，以是內非外、求靜厭動之心讀易，必無當也。然易中所包，又被前人硬說殺了，一事只是一事，又於何而見其無所不包之所在？抑且易之為書，乃有人仰觀俯察，窮理盡性，而始有此一套開物成務之活法。故亦必待其人而後易可讀。易書難讀，而能讀易之人則更難。

上引諸條，為朱子論易最重要處。此下當分別說之。

朱子於易，雖多創通之見，而無不有其精確細密之論證。謂易是卜筮書，最為大膽創論，然可於易書之版本上得其證。刊行古易，其事始於東萊。東萊刊古易，有書後一篇，其文曰：

自康成、輔嗣合彖、象、文言於經，學者遂不見古本。近世嵩山晁氏編古周易，將以復於其舊，而其刊補離合之際，覽者或以為未安。祖謙謹因晁氏書參考傳記，復定為十二篇。篇目卷帙一以古為斷。

文署淳熙八年五月。同年八月東萊即逝世。翌年，朱子有書臨漳所刊四經後，見文集卷八十二。其於易則曰：

右古文經傳十二篇，亡友東萊呂祖謙伯恭父之所定。熹嘗以謂易經本為卜筮而作，皆因吉凶以示訓戒。故其言雖約，而所包甚廣，夫子作傳，亦略舉其一端以見凡例而已。自諸儒分經合傳之後，學者便文取義，往往未及玩心全經，而遽執傳之一端以為定說。於是一卦一爻，僅為一事，而易之為用反有所局，而無以通乎天下之故。若是者，熹蓋病之，是以三復伯恭父之書而有發焉，非特為其章句之近古而已也。

又文集卷六十六有記嵩山晁氏卦爻彖象說，其文曰：

漢藝文志：「易經十二篇，施、孟、梁丘三家。」顔師古曰：「上下經及十翼，故十二篇。」是則彖、象、文言、繫辭始附卦爻而傳於漢歟？先儒謂費直專以彖、象、文言參解易爻。以彖、象、文言雜入卦中者，自費氏始。其初費氏不列學官，惟行民間。至漢末，陳元、鄭康成之徒學費氏，古十二篇之易遂亡。孔穎達又謂：「輔嗣之意，象本釋經，宜相附近。分爻之象辭各附當爻。」則費氏初變亂古制時，猶若今乾卦彖象繫卦之末歟？古經始變於費氏，而卒大亂於王弼，惜哉！

熹按：正義曰：「夫子所作象辭，元在六爻經辭之後，以自卑退，不敢干亂先聖正經之辭。及王輔嗣之意，以為象者本釋經文，宜相附近，其義易了，故分爻之象辭，各附其當爻下言之。」此晁氏所引以證王弼分合經傳者。然其言「夫子作象辭，元在六爻經辭之後」，則晁氏亦初不見十二篇之易矣。又在於彖及大象發之，似亦有所未盡。

奈何後之儒生，尤而效之。杜預分左氏傳於經，宋衷、范望輩散太玄贊與測於八十一首之下，是其明比也。揆觀其初，乃如古文尚書、司馬遷、班固序傳、揚雄法言序篇云爾。今民間法言列序篇於其篇首，與學官書不同，概可見矣。唐李鼎祚又取序卦冠之卦首，則又效小王之過也。劉牧云：「小象獨乾不係于爻辭，尊君也。」石守道亦曰：「孔子作彖象於六爻之前，小象係逐爻之下，惟乾悉屬之於後者，讓也。」嗚呼！他人尚何責哉！

熹按：詩疏云：「漢初為傳訓者，皆與經別行。三傳之文，不與經連。故石經書公羊傳，皆無經文。而藝文志所載毛詩故訓傳，亦與經別。及馬融為周禮注，乃云欲省學者兩讀，故具載本文，而就經為注。」據此，則古之經傳本皆自為一書，故高貴鄉公所謂彖象不連經文者，十二卷之古經傳也。所謂注連之者，鄭氏之注具載本經，而附以彖象，如馬融之周禮也。晁氏於此，固不如呂氏之有據。然呂氏於乾卦經傳之次第，所以與他卦不同者，則無說焉。愚恐晁氏所謂「初亂古制時，猶若今之乾卦，而卒大亂於王弼」者，似亦未可盡廢也。因竊記於此云云。

此篇乃朱子記晁氏語，而自加己語為按。又有晁氏古易跋一篇，周易會通載於呂氏易後，王白田年譜備引之，茲再略引如下。跋云：

> 晁氏說與呂氏互有得失。先儒雖言費氏以彖、象、文言參解易爻，然初不言其分傳以附經。至謂鄭康成始合彖象於經，則魏志之言甚明。馬融為周禮注，具載本文而就經為注。馬鄭相去不遠，蓋做其意而為之。呂氏於此為得之，而晁氏不能無失。至晁氏謂初亂古制時，猶若今之乾卦，彖、象幷繫卦末，而卒大亂於王弼，其說原於孔疏。孔疏之言曰：「夫子所作象辭，本在經辭之後，至輔嗣分爻之象辭各附其當爻下。」此其以為夫子所作原在經辭之後，為夫子所自定，未免有失。而謂輔嗣分爻之象以附當爻，則為得之。故晁氏捨其半而取其半。其實今所定復為十二篇者，古經之舊也。王弼注本之乾卦，蓋存鄭氏所附之例也。坤以下六十三卦，又弼之所自分也。呂氏於跋語雖言康成、輔嗣合傳於經，然於音訓乃獨歸之鄭氏，而不及王弼，則

未知其何以為二家之別。而於王本經傳次第兩體之不同，亦不知所以為說，豈非闕哉。

朱子為學無所不備。上引關於易書版本源流之考訂，兼采晁、呂，而折衷以定一是。其據詩疏，謂古之經傳本皆自為一書，此乃有關經學上一絕大問題。故朱子治經，每能超越傳注而直窮經文之本義。若使清儒亦瞭斯義，則決不當高抬漢學以自立門戶，亦可省卻無窮之勞攘。朱子治易，分伏羲、文王、孔子易為三，雖若猶拘舊說，要其分經分傳各自推求，實為一極卓絕之見解。而謂易本卜筮書，亦可即古易版本而得其堅確之證。

問：「本義何專以卜筮為主？」曰：「且須熟讀正文，莫看注解。蓋古易彖、象、文言各在一處，至王弼始合為一。後世諸儒，遂不敢與移動。今難卒說，且須熟讀正文，久當自悟。」（六七）

大概看易，須謹守彖象之言，聖人自解得精密平易。後人看得不子細，好自用己意，解得不是。（七三）

須看得象占分明。（七二）

此皆朱子教人讀易之主要指示，如此自見易為卜筮書，自可看出易之原來本義也。

語類又曰：

聖人要說理，何不就理上直剖判說，何故恁地回互假托，教人不可曉。何不別作一書，何故要假卜筮來說，又何故說許多吉凶悔吝。（六六）

若把做占看時，士農工商事事人用得。若似而今說時，便只是秀才用得。古時人蠢蠢然，事事都不曉做得是也不是，聖人便作易教人去占。占得恁地便吉，恁地便凶。所謂「通天下之志，定天下之業，斷天下之疑」者，即此是也。（六六）

「聖人以通天下之志，以定天下之業，以斷天下之疑」，此只是說蓍龜。（七五）

「寂然不動，感而遂通天下之故」，與「窮理盡性以至於命」，本是說易，不是說人。（七五）

繫辭自「大衍數」以下，皆是說卜筮事，若不曉他盡是說爻變中道理，則如所謂「動靜不居，周流六虛」之類，有何憑着。今人說易，所以不將卜筮為主者，只是嫌怕小卻這道理，故憑虛失實，茫昧臆度而已。（七五）

前人說易，皆從義理上探求，惟朱子一由卜筮而推，可謂石破天驚。欲明朱子此義，莫如依據古本周易，將經文與彖、象、文言分別讀之。雖似放輕了易中義理，實乃把握了易之真相。真相明，而其中義理亦隨而明。朱子於詩集傳，乃是以文學眼光說經而得此絕詣。其於易本義，則是憑古易版本，以校勘眼光說經，而證成此卓越之創見也。

朱子雖採取東萊之古易，然其說易則與東萊有一絕相違異之點。東萊極信伊川易傳，而朱子則否。語類有云：

呂伯恭教人，只得看伊川易，也不得致疑。某謂若如此看文字，有甚精神？卻要我做甚？（六七）

伯恭多勸人看易傳，一禁禁定，更不得疑著。局定學者只得守此箇義理，固是好；但緣此使學者不自長意智，何緣會有聰明？（六七）

朱子為學一遵二程，然語類記朱子說經與二程異見處，不下數百條。其於伊川易傳，每有不滿之辭。語類云：

伊川易傳，亦有未盡處，當時康節傳得數甚佳，卻輕之不問。（六七）

易傳說文義處，猶有些小未盡處。（六七）

伊川易煞有重疊處。（六七）

伊川只將一部易來作譬喻說了，恐聖人亦不肯作一部譬喻之書。（六七）

易傳義理精，只是於本義不相合。易本是卜筮之書，卦辭爻辭無所不包，看人如何用。程先生只說得一理。（六七）

易傳須先讀他書，理會得義理了，方有箇入路，見其精密處。蓋其所言義理極妙，初學者未曾使着，不識其味，都無啟發。如遺書之類，人看著卻有啟發處。非是易傳不好，是不合使未當看者看。須是已知義理者，得此便可磨礱入細。此書於學者，非是啟發工夫，乃磨礱工夫。（六七）

易傳以天下許多道理散入六十四卦中，若作易看，即無意味。（六七）

伊川要立議論教人，可向別處說，不可硬配在易上說。（六九）

此諸條，謂易傳乃伊川一家言，非易之本義如此；此書於學者，非是啟發工夫，乃磨礱工夫；須是已知義理者讀之，方能磨礱入細。衡評之當，無懈可擊。

又曰：

凡說文字，須有情理方是。「用九」當如歐公說，方有情理。某解易所以不敢同伊川。（六八）

看易，先看某本義了，卻看伊川解以相參考。如未看他易，先看某說，卻易看，蓋未為他說所汩故也。（六七）

此條呂燾錄己未所聞，乃朱子年七十時語。朱子固是極推二程，然乃推其說理，非推其說經。朱子乃從理學上通經學，使理學、經學可以先後一貫，而遂以重建儒學之傳統，此乃朱子在當時理學界一大功績所在。

語類又曰：

「伊川見得箇大道理，卻將經來合他這道理，不是解易。」問：「伊川何因見道？」曰：「他說求之六經而得，也是於濂溪處見得箇大道理，占地位了。」（六七）

二程自謂求之六經而得，朱子則謂二程說經多與經旨本義不相應。如易傳，伊川以自己道理說易，不是易中原有此道理。然則二程究從何處得此道理來？朱子則謂乃其早年從濂溪處得來者為主。此一分辨，極關重要。

語類又曰：

庚戌五月，初見先生於臨漳。先生曰：「此事本無嶢崎，只讀聖賢書，精心細求，當自得之。今人以為此事如何祕密，不與人說，何用如此。易自難看。易本因卜筮而設，推原陰陽消長之理，吉凶悔吝之道，先儒講解失聖人意處多。待用心力去求，是費多少時光。詩固可以興，然亦自難，先儒之說亦多失之。某枉費許多年工夫，近來於詩、易略得聖人之意。今學者不如且看大學、語、孟、中庸四書，且就現成道理精心細求，自應有得。待讀此四書精透，然後去讀他經，卻易為力。」（一一五）

此條徐寓錄庚戌所聞，朱子年六十一。朱子勸人且勿讀諸經如詩、易之類，先從語、孟、學、庸四書求之，其平易教人，確切指示，有如此。

語類又曰：

人自有合讀底書，如大學、語、孟、中庸等書，豈可不讀。讀此四書，便知人之所以不可不學底道理，與其為學之次序。然後更看詩書禮樂。某纔見人說看易，便知他錯了，未嘗識那為學之序。易自是別是一箇道理，不是教人底書。故記中只說先王「崇四術，順詩書禮樂以造士」，不說易也。語孟中亦不說易。至左傳、國語方說，然亦只是卜筮爾。蓋易本為卜筮作。（六七）孔子當時教人，只說「詩書執禮」，只說「學詩乎」，與「興於詩，立於禮，成於樂」，只說「人而不為周南召南」，元不曾教人去讀易。但有一處說「五十以學易」，這也只是孔子自恁地說，不曾將這箇去教人。周公做一部周禮，可謂纖悉畢備，而周易卻只掌於太卜之官，不似

「大司樂教成均」之屬様恁地重。（六六）

周官惟太卜掌三易之法。而司徒、司樂、師氏、保氏諸子之教國子庶民，只是教以詩書、教以禮樂，未嘗以易為教也。（六六）

此皆極創闢又極平實之意見，宏識通論，前無人道。但亦有證有據，非憑空自標己意。朱子於伊川易傳，亦有甚為推尊之語。文集卷八十一書伊川先生易傳版本後有云：

易之為書，更歷三聖，而制作不同。若庖羲氏之象，文王之辭，皆依卜筮以為教，而其法則異。至於孔子之贊，則又一以義理為教，而不專於卜筮。秦漢以來，考象辭者泥於術數，而不得其弘通簡易之法。談義理者淪於空寂，而不適乎仁義中正之歸。求其因時立教，以承三聖，不同於法而同於道者，則惟伊川先生程氏之書而已。後之君子，誠能日取其一卦若一爻者，熟復而深玩之，如己有疑，將決於筮而得之者，虛心端意，推之於事而反之於身，以求其所以處此之實，則於吉凶消長之理，進退存亡之道，將無所求而不得。邇之事父，遠之事君，亦無處而不當矣。

淳熙四年本義成書，此文在六年，相距兩年耳。朱子正為不滿於易傳而自作本義，然又推易傳，謂其能上承三聖。大賢之所衡評，固各自有當。既非輕立門户，亦不自張己説，此中深意，亦學者所當細翫。

語類亦曰：

看易傳，若自無所得，縱看數家，反被其惑。伊川教人看易，只看王弼注、胡安定、王介甫解。今有伊川傳，且只看此尤妙。（六七）

此皆衡評允愜，教人切實之意。

又文集卷七十二尹和靖手筆辨，和靖云：「伊川之學在易傳，不必它求。」朱子辨之云：

孔子删詩定書，繫周易，作春秋，而其徒又述其言以為論語，其言反復證明，相為表裏，未聞其以此而廢彼也。

和靖又曰：「易傳，所自作也；語録，他人作也。人之意，他人能道者幾何。」朱子辨之曰：

如是則孔氏之門，亦可以專治春秋而遂廢論語矣，而可乎？

和靖又曰：「伊川先生為中庸解，疾革，命焚於前。門人問焉，伊川先生曰：『某有易傳在，足矣，何以多為。』」朱子辨之曰：

嘗見別本記或問和靖：「據語錄，先生自言中庸已成書，今其書安在？」和靖曰：「先生自以為不滿意而焚之矣。」此言恐得其眞。若無所不滿於其意，而專恃易傳，逆廢中庸，吾恐先生之心，不如是之隘也。

程門雖極尊易傳，然終不足以光大程學。朱子於易傳雖多持異議，而程學之光大則終賴焉。是豈煖煖姝姝於一先生之言者所能知。後世治朱學而輕其語類，亦可知其誤。

語類又曰：

孔子之易，非文王之易。文王之易，非伏羲之易。伊川易傳，又自是程氏之易也。故學者且依古易次弟，先讀本爻，則自見本旨矣。（六七）

是則伊川易傳雖無當於易之本旨，而仍有其書本身之價值。欲治易則首當求其本旨，兩義各不相礙。

又曰：

今人讀易，當分為三等。伏羲自是伏羲之易，文王自是文王之易，孔子自是孔子之易。讀伏羲之易，如未有許多彖、象、文言說話，方見得易之本意，只是要作卜筮用。及文王、周公分為六十四卦，添入「乾元亨利貞」、「坤元亨利牝馬之貞」，早不是伏羲之意，已是文王、周公自說他一般道理了。然猶是就人占處說。及孔子繫易，作彖、象、文言，則以「元亨利貞」為乾之四德，又非文王之易矣。到得孔子，盡是說道理，然猶就卜筮上發出許多道理，欲人曉得所以凶所以吉。文王之心已自不如伏羲寬闊，急要說出來。孔子之心不如文王之心寬大，又急要說出道理來。所以本意浸失，只認各人自說一副當道理。及至伊川，又自說他一樣，微似孔子之易而又甚焉。（六六）

此條可寬看，可緊看。若不泥殺看，只是分別易之三層次而依序讀之，斯可矣。若必緊看，必確認其是伏羲易、文王易與孔子易，則又復引人入歧。又必謂易經三聖，其義則一，則是歧而又歧也。識得此意，乃可知孔易之後自可有程易。然論易之本旨，則又自有別。

語類又曰：

易所以難讀者，蓋易本是卜筮之書。今卻要就卜筮中推出講學之道，故成兩節工夫。（六六）

今學者諱言易本為占筮作，須要說做為義理作。若果為義理作時，何不直述一件文字，如中庸、大學之書，言義理以曉人？須得畫八卦則甚？（六六）

理學風氣最好說道理。惟朱子治經則重在求本旨。如言詩，則曰此男女淫奔之詩也。言易，則曰此卜筮之書也。朱子認為道理不能逢處講，如伊川易傳中所說道理非不好，但以之說易，則易中本無此道理。不惟說差了易，連那道理也成勉強牽搭。語類又云：

如易，某便說道聖人只是為卜筮而作，不解有許多說話。但是此說難向人道，人不肯信。向來諸公力來與某辨，某煞費氣力與他分析。而今思之，只好不說，只做放那裏，信也得，不信也得，無許多氣力分疏。（六六）

此條黃義剛、陳淳同有錄，當是己未朱子七十時語。同條又曰：

今人卻道聖人言理，而其中因有卜筮之說。他說理後，說從那卜筮上來做麼？若有人來與某

辨，某只是不答。（六六）

某嘗說，如有人問易不當為卜筮書，詩不當去小序，不當叶韻，皆在所不答。（一六）

此條沈僩錄戊午以後所聞，殆與上引同時。朱子易本義，在當時未得人信受，而朱子自信之堅定乃如此。

語類又曰：

易本卜筮之書，後人以為止於卜筮。至王弼用老莊解後，人便只以為理，而不以為卜筮，亦非。今人不看卦爻而看繫辭，是猶不看刑統，而看刑統之序例也，安能曉。須以卜筮之書看之，方得。嘗見艾軒與南軒爭，而南軒不然其說。南軒亦不曉。（六六）

語類又曰：

先生於詩傳，自以為無復遺恨。曰：「後世若有揚子雲，必好之矣。」而意不甚滿於易本義。蓋先生之意，只欲作卜筮用，而為先儒說道理太多，終是翻這窠臼未盡，故不能不致遺恨云。（六七）

此條亦沈僩錄，確是道達了朱子晚年意態。當時理學諸儒，好據易、庸言理，朱子作中庸章句，認諸儒說多誤，又不欲一一盡加駁難，故其成書極為費力。語詳四書篇。其於易，又不能全不說到道理上去，故曰「終是翻這窠臼未盡」。詩集傳則一擯小序，故曰「無復遺恨」也。其為論孟集注，折衷諸儒，歸於一是，為畢生精力所萃，而猶不如大學與易啟蒙，獨抒己見，受前人之葛籐纏縛者最少，故朱子尤自快意。凡朱子研窮經學之精神，當自此窺入。

語類又曰：

近趙子欽有書來云：某說語孟極詳，易說卻太略。譬之此燭籠，添得一條骨子，則障了一路明。若能盡去其障，使之統體光明，豈不更好，蓋着不得詳說故也。（六七）

此條李方子錄戊申以後所聞。戊申朱子年五十九，此條不定在何年。要之朱子於易本義終自憾其未能盡去理障，不能把那燭籠骨子拆除盡也。

文別集卷三答孫季和有云：

近世言易者，直棄卜筮而虛談義理，致文義牽強無歸宿，此弊久矣。要須先以卜筮占決之意求經文本義，而復以傳釋之，則其命詞之意，與其所自來之故，皆可漸次而見矣。舊讀此書，嘗有私記未定，然循此求之，庶不為鑿空強說。

又文集卷六十三答孫敬甫有云：

易傳初以未成書，故不敢出。近覺衰耄，不能復有所進。頗欲傳之於人，而私居無人寫得。只有一本，不敢遠寄，俟旦夕抄得，卻附便奉寄。但近緣偽學禁嚴，不敢從人借書吏，故頗費力耳。

上引二書，同出偽學禁後。前書謂為人竊出模印，近雖收毀，而傳布已多。後書謂近覺衰耄，不能復有所進，頗欲傳之於人。是朱子於此書，始終未有定稿，本亦無意刊布也。

又文集卷六十答劉君房書云：

易本為卜筮而作，其言皆依象數，以斷吉凶，今其法已不傳。諸儒之言象數者，例皆穿鑿。言義理者又太汗漫，故其書為難讀。此本義、啟蒙所以作也。然本義未能成書，而為人竊出，再行模印，有誤觀覽。啟蒙本欲學者且就大傳所言卦畫蓍數推尋，不須過為浮說。而自今觀之，如論河圖、洛書，亦未免有剩語。要之此書眞是難讀，不若詩、書、論、孟之明白而易曉。

又文別集答楊伯起有云：

易且看程先生傳亦佳，某謬說不足觀。然欲觀之，須破開肚腸，洗卻五辛渣滓，乃能信得及耳。

觀此書，知朱子於本義，雖自謂未成書，然及其晚年，實自珍惜，故欲傳之其人。

又一書云：

此經自有規模格局，若看得破，則精粗巨細，無處不可受用。如其未然，即且將其間旨意分明處反覆玩味，亦自可樂，不必深求幽遠，枉費心力也。某之謬說，本未成書，不謂流傳已到几間，更自不足觀也。

答孫書在紹熙辛亥，朱子年六十二。答劉書、孫書在慶元乙卯後，朱子年六十以後。答楊後書在慶元己未，朱子年七十，乃其易簀前一年。所謂易本義本未成書者，或是易本義中有闕略，待改定。語類說易多有與今傳本義不同處可證。是朱子至七十時，仍認其本義尚有闕誤，既云「近覺衰耄，不能復有所進」，故亦謂之未成書也。有志追尋朱子易學者，當從本義、語類合讀互參，庶可會得朱子之意。

語類又曰：

先生因與朋友言及易，曰：「易非學者之急務也。某平生也費了些精神理會易與詩，然其得力，則未若語孟之多也。易與詩中所得，似雞肋焉。」（一〇四）

此條李壯祖錄，不知何年。然觀「平生也費了些精神」云云，則亦是晚年語。伊川畢生只成了一部易傳，朱子勸人則曰非急務。正為二程治經態度與朱子不同，故朱子如此懇切教人也。

語類又曰：

某嘗語學者，欲看易時，且將孔子所作十翼中分明易曉者看，如文言中「元者善之長」之類。如中孚九二，「鳴鶴在陰，其子和之」，亦不必理會鶴如何在陰，其子又如何和。且將那繫辭傳中所說言行處看。此雖淺，然卻不到差了。（六七）

既濟、未濟，所謂「濡尾」、「濡首」，分明是說野狐過水。今孔子解云「飲酒濡首」，亦不知是如何？只是孔子說，人便不敢議；他人便恁地不得。只是而今也着與孔子分疏。（七三＊）

取繫辭傳中語與上下經文對勘，多有不可解者，如上舉兩例是也。歐陽永叔辨十翼非孔子作，而朱子則只教人看十翼中分明易曉者，又教人且將繫辭傳中所說言行處看。想見朱子對繫辭傳，亦實感有難理會者。

問張子「貞勝」之說。曰：「此雖非經意，然其說自好，便只行得他底說，有何不可。大凡看人解經，雖一時有與經意稍遠，然其說底自是一說，自有用處，不可廢也，不特後人，古來已如此。如『元亨利貞』，文王重卦只是大亨利於守正而已。到夫子卻自解分作四德。看文王卦辭，當看文王意思。到孔子文言，當看孔子意思。豈可以一說為是，一說為非。」（七六）

解經有不盡合經意者，苟其說有用，亦不可廢。此為朱子極寬大之見解。如二程解經不合經意者多矣，朱子不盡廢。惟朱子自解經，則務求其合本義。其論易，分別文王卦辭與孔子十翼不同。十翼亦是解經，然易之本義有不如此。此等分別，實是大堪玩味。

語類又曰：

某解易，也且備禮，依衆人解說。（七三）

以上兩條，皆劉礪錄己未所聞，朱子年七十。「也且備禮」，亦猶謂「終是翻這窠臼未盡」也。則朱子晚年對其所為之易本義，終是不甚愜意可知。

語類又有一條論論語「夫子之言性與天道不可得聞」曰：

孔子這般也罕說。如「一陰一陽之謂道，繼之者善也，成之者性也」，因繫易方說，此豈不是言性與天道？又如「鼓萬物而不與聖人同憂」，「大哉乾元，萬物資始」，豈不是言性與天道？（二八）

此處所舉，顯見易繫與論語相違。然理學家好言性，好言天道，則終是丟不掉易繫。朱子此處，亦是勉強分釋，於歐陽永叔之辨，終不曾深入追究也。

語類又曰：

某嘗謂：上古之書莫尊於易，中古後書莫大於春秋，然此兩書皆未易看。今人纔理會二書，便入於鑿。若要讀此二書，且理會他大義。易則是尊陽抑陰，進君子而退小人，明消息盈虛之理。春秋則是尊王賤伯，內中國而外夷狄，明君臣上下之分。（六七）

朱子治經有兩大綱宗：一則治經必先明得經文本義；二則經文本義未能全明，則貴能明得經文之大義。而易與春秋，則為經中尤難明者。故朱子勸人讀易且讀十翼中分明易曉者，此皆其懇切教人語也。

語類又云：

潔淨精微謂之易，易自是不惹着事，只懸空說一種道理。不似他書，便各着事上說。所以後來道家取之，與老子為類。便是老子說話，也不就事上說。（六七）

實則繫辭傳本是晚出書，其中已多雜道家言。朱子於此，殆可謂慧眼先矚。其比論易、春秋，謂春秋本之行事，易懸空說理。即卜筮亦是懸空，不黏着在某事上。後儒終不深瞭其義趣，治春秋則捨卻事來爭褒貶，治易又黏着事來說義理，遂使易、春秋長有霧山迷海之歎。然朱子教人，則不為不明白。

語類又云：

問：「謙是不與人爭，如何五、上二爻皆言『利用侵伐』、『利用行師』？象曰：『利用侵伐，征不服也。』若以其不服而征，則非所以為謙矣。」曰：「老子言：『大國以下小國，則取小國。

小國以下大國，則取大國。』」又言：『抗兵相加，哀者勝矣。』孫子曰：『始如處女，敵人開戶。後如脫兔，敵不及拒。』大抵謙自是用兵之道，只退處一步耳。所以『利用侵伐』也。蓋自初六積到六五、上六，謙亦極矣，自宜人人服之。尚更不服，則非人矣，故『利用侵伐』也。如『必也臨事而懼』，皆是此意。」（七〇）

孫子兵法亦多與老子意相通。朱子以老子、孫子說謙卦之五上二爻，可謂妙得其趣。此條董銖錄丙辰以後所聞，丙辰朱子年六十七，此條不定在何年。要之是朱子晚年語。

文集卷三十一答張敬夫有曰：

近又讀易，見一意思。聖人作易，本是使人卜筮，以決所行之可否，而因之以教人為善。如嚴君平所謂「與人子言依於孝，與人臣言依於忠」。故卦爻之辭，只是因依象類，虛設於此，以待扣而決者。使以所值之辭決所疑之事，似若假之神明，而亦必有是理而後有是辭。但理無不正，故其丁寧告戒之辭皆依於正。天下之動所以正夫一而不繆於所之也。以此意讀之，似覺卦爻十翼，指意通暢，但文意字義，猶時有窒礙。

此書在淳熙二年乙未，朱子年四十六，殆是易本義初屬草時言。

又卷三十三答呂伯恭有曰：

讀易之法，竊疑卦爻之詞，本為卜筮者斷吉凶，而因以訓戒。至彖、象、文言之作，始因其吉凶訓戒之意而推說其義理以明之。後人但見孔子所說義理，而不復推本文王周公之本意，因鄙卜筮為不足言。而其所以言易者，遂遠於日用之實，類皆牽合委曲，偏主一事而言，無復包含該貫，曲暢旁通之妙。若但如此，則聖人當時自可別作一書，明言義理，以詔後世，何用假託卦象，為此艱深隱晦之辭乎？故今欲凡讀一卦一爻，便如占筮所得，虛心以求其詞義之所指，以為吉凶可否之決。然後考其象之所已然者，求其理之所以然者。然後推之於事，所以修身治國，皆有可用。私竊以為如此求之，似得三聖之遺意。然方讀得上經，其間方多有未曉處，不敢彊通也。其可通處，極有本甚平易淺近，而今傳註誤為高深微妙之說者。如「利用祭祀」，只是卜祭則吉。「利用侵伐」，只是卜侵伐則吉。凡此之類不一。亦欲私識其說，與朋友訂之，而未能就。不審尊意以為如何。

此書王譜定在乙未，疑當在丙申，乃與張敬夫書之翌年也。再一年，淳熙四年丁酉，始為易本義成書之年，是始屬稿至此，歷三年矣。朱子此時已悟到易為卜筮書之深趣，與晚年見解實亦無大出入。又朱子易本義成書，尚在東萊刊行古易前四年，其與張、呂兩人書，述及初為易本義時見解，亦並未提到古易版本，則朱子易為卜筮書之創論，乃只就易之本文悟入。惟自東萊刊行古易後，朱子為此問題開示學者，多徑從古易說之。然則大儒之精思妙悟，不必定從考據校勘而來。而他人之考據校勘自有可以證成其精思妙悟，乃尤見其思悟之精妙。亦安見必待證據充足，始成為十分之定論乎？捨卻直通本義大義，而必多方求證，終是一條迂路曲路。朱子教人讀書，直通本義大義，實是一種易簡之道，固不得以支離為譏也。

朱子晚年，乃別有一番湛深之敍述。語類有云：

> 周易只是理會卜筮，大概只是說箇陰陽。因陰陽之消長，卻有些子理在其中。伏羲當時，偶然見得一便是陽，二便是陰，從而畫放那裏。當時人一也不識，二也不識，陰也不識，陽也不識，伏羲便與他剔開這一機。然才有箇一二，後來便生出許多象數來。恁地時節，他也自遏他不住。然當初也只是理會罔罟等事，也不曾有許多嶢崎，如後世經世書之類。而今人便要說伏羲如神明樣，無所不曉。伏羲也自純樸，也不曾去理會許多事來。自他當時剔開這一箇機，後世間生得許多事來，他也自不奈何，他也自不要得恁地。（六六）

此條黃義剛、陳淳同錄，乃朱子七十時語。今試略析其中涵義。理在先，事在後，苟有此理，事必隨起，一也。方事之單純，理亦只見一些子，只從天地自然法象中可資認識，二也。理非可造作，亦非強探力索可得，只從偶然中覷見，三也。卦象最先只分陰陽，始畫卦者必有其人，即謂是伏羲，伏羲亦未便即是一聖人。即謂是一聖人，亦是一上古純樸之聖人，與後聖繼作如文王、孔子之為聖者不同，四也。易之為書，自有此象數、卜筮、義理之演進，則其人之固為伏羲、文王、孔子與否，亦不必深求，而治易自有坦途可尋，五也。此皆朱子論易卓識，乃自其治學之大體系中得來也。

朱子於易本義之外又有易啟蒙。其書成於淳熙十三年丙午，朱子年五十七。易本義成書在前，然今本義中屢云說見啟蒙，是本義又修改在啟蒙之後。然亦有啟蒙已經改正，而本義仍留舊說者，蓋是朱子晚年於本義未能通體修定也。文集卷七十六有易學啟蒙序，其文曰：

聖人觀象以畫卦，揲蓍以命爻，使天下後世之人皆有以決嫌疑、定猶豫，而不迷於吉凶悔吝之途，其功可謂盛矣。然其為卦也，自本而幹，自幹而支，其勢若有所迫而自不能已。其為蓍也，分合進退，縱橫順逆，亦無往而不相值焉。是豈聖人心思智慮之所得為也哉？特氣數之自然形於法象見於圖書者，有以啟於其心而假手焉耳。近世學者，類喜談易，而不察乎此。其專於文義者，既支離散漫而無所根著。其涉於象數者，又皆牽合傅會，而或以為出於聖人心思智慮之所為也。若是者，予竊病焉。因與同志頗輯舊聞，為書四篇，以示初學，使毋疑於其說云。

從來治易不外兩途。一曰象數，一曰義理。朱子獨曰易為卜筮書，其中義理不過因卜筮而見，使言義理者有所根著，不至於支離散漫而無歸。又曰象數一本於自然，使言象數者亦知其由來，而不至於牽合傅會，索之太過而支離。中道而立，使治易者可以得其綱宗，不背不失於易之本義大義而馳騖益遠，此為朱子治易之大成績。

李氏年譜有云：

六經遭秦煨燼，惟易以卜筮得全。迄漢魏流為讖緯之學。王弼始刊落象數，釋以清談，諸儒因之。至伊川程子，始發明孔子之微言，而卦爻之本則未及焉。康節邵子，傳伏羲先天圖，蓋得其本，而亦未及於卜筮也。先生既推羲文之意，作周易本義。又懼學者未明厥旨，乃作啟蒙四篇，以為言易不本象數，既支離散漫而無所根著；其本象數者，又不知法象之自然，未免牽合附會。故其篇目以本圖書、原卦畫、明蓍策、考變占為次。凡掛揲及變爻，又皆盡破古今諸儒之失，而易始復其舊。

此條綜述易學流變，及朱子本義、啟蒙兩書作意，語亦簡要，附錄於此。

語類有云：

啟蒙初間只因看歐陽公集內「或問易大衍」，遂將來考算得出。以此知諸公文集雖各自成一家文字，中間自有好處。緣是這道理人人同得看如何，也自有人見得到底。（六七）

朱子在當時理學界中，獨能不廢諸家文集，取與經子同等參詳，不拘拘於二程一門之語錄，此亦其偉大獨出處。

朱子為啟蒙時，南軒、東萊均已去世，文集卷五十六有答方賓王云：

大抵易之一書，最不易讀，而今人喜言之，正所謂畫鬼神者。殊不知只是瞞得不會底人，於自己分上成得何事。而世人自有曉得者，亦不可得而欺也。熹向來作啟蒙，正為見人說得支離，因竊以謂易中所說象數，聖人所已言者，不過如此。今學易者但曉得此數條，則於易略通大體，而象數亦皆有用。此外紛紛，皆不須理會。

又一書云：

易於六經，最為難讀。穿穴太深，附會太巧，恐轉失本指。故頃嘗為之說，欲以簡易通之。然所未通處極多，未有可下手處，只得闕其所不知，庶幾不至大差謬耳。

易為六經中最難讀之書，又為人人所最喜言之書。朱子之為本義與啟蒙，乃求以最簡易之方法略通大義，闕所不知，至此而止，庶幾不至有大差謬。此非具最深確之見解，不能發為此最平實之意想。惜乎後人瞭此者乃終不多。

文集卷三十六又有答陸子美一書云：

近嘗作一小卜筮書。緣近世說易者，於象數全然闊略。其不然者，又太拘滯支離，不可研詰。故推本聖人經傳中說象數者，只此數條，以意推之，以為是足以上究聖人作易之本指，下濟生人觀變玩占之實用。學易者決不可以不知。而凡說象數之過乎此者，皆可以束之高閣而不必問矣。

此書在淳熙十四年丁未，即啟蒙成書之翌年也。與答方賓王書大意相同。雖謂治易不可忽了象數，而又深戒談象數者之支離而益遠。蓋朱子為學主於格物窮理，天地間事物莫不有理，讀書亦每書各有理，貴乎逐項窮格，以徐待其一旦之豁然而貫通。不貴在心上憑空建立一理來籠罩天地間事物書本，而謂理只如此。朱子之讀詩讀易，亦是如此逐書窮格，而知易為卜筮書，易中自有象數，不宜闕略擱置。此見朱子治易，實本其格物窮理之一貫精神，而其終極所得，則曰我之於詩易如雞肋焉，此其治學工夫之細密，與其所達境界之高卓，又豈他人之治經者所能望其項背。苟使人知此是雞肋，亦可省卻許多工夫，不再在此等處強作理會也。

文集卷三十八答袁機仲有云：

易中卦位義理層數甚多，自有次第。逐層各是一箇體面，不可牽強合為一說。學者須是旋次理會。理會上層之時，未要攪動下層。直待理會得上層都透徹了，又卻輕輕揭起下層理會將去。當時雖似遲鈍，不快人意。然積累之久，層層都了，卻自見得許多條理，千差萬別，各有歸著，豈不快哉。若不問淺深，不分前後，混成一塊，合成一說，則彼此相妨，令人分疏不下。徒自紛紛，成鹵莽矣。此是平生讀書已試之效，不但讀易為然也。

此書朱子自述為學工夫，治易只其一例。分別理會，積累貫通，事若遲鈍，而決非支離。蓋直捷易簡，則無過於此者。

文集卷四十五答虞士朋又云：

昨承寄示趙倉易說，簡易精密，深恨未得一見面扣其詳。但象數乃作易根本，卜筮乃其用處之實。今乃一向屏棄闊略，不復留意，卻恐不見制作綱領、語意來歷，似未甚便。

又卷三十八答趙提舉有云：

大抵易之書，本為卜筮而作，故其詞必根於象數，而非聖人己意之所為。其所勸戒，亦以施諸筮得此卦此爻之人。近世言易者殊不知此，所以其說雖有義理而無情意。雖大儒先生有所不免。比因玩索，偶幸及此。私竊自慶，以為天啟其衷。而以語人，人亦未見有深曉者。不知高明以為如何？今謾錄二卦上呈。其他文義未瑩者多，未能卒業，姑以俟後世之子雲耳。

此趙提舉即與虞書所言之趙倉。言卜筮則自與象數有關。象數乃作易根本，易詞一一必本於象數，凡此所言，皆極明允。

朱子治易既重象數，乃亦深信邵康節之先天圖。朱子門人中頗多懷疑。

問：「先生昨言易只是為卜筮而作，其說已自甚明白。然先生於先天後天、無極太極之說，卻留意甚切，不知如何？」曰：「卜筮之書，如火珠林之類，許多道理，依舊在其間。但是因他作這卜筮後，卻去推出許多道理來。他當初做時，卻只是為卜筮畫在那裏，不是曉盡許多道理後方始畫。這箇道理難說。向來張安國兒子來問，某與說云：『要曉時，便只似靈棋課模樣。』

有一朋友言：『恐只是以其人未能曉而告之以此說。』某云：『是誠實恁地說。』」良久，曰：「『通其變，遂成天下之文。極其數，遂定天下之象。』」（六六）

此條亦黃義剛、陳淳同錄朱子七十時語。朱子論易，不僅深切留意到無極太極、先天後天之說，並以世俗如火珠林與靈棋課等與易相提並論，此其識解之宏通活潑，平實深允，洵可謂曠世無匹也。

問：「先天圖有自然之象數，伏羲當初亦知其然否？」曰：「也不見得如何。但圓圖是有些子造作模樣。如方圖，只是據見在底畫，較自然。圓圖便是就這中間拗做兩截，恁地轉來底是奇，恁地轉去底是偶，便有些不甚依他當初畫底。然伏羲當初也只見太極下面有陰陽，便知是一生二，二又生四，四又生八，恁地推將去，做成這物事。想見伏羲做得這箇成時，也大故地喜歡。」（六六）

此條承上引一條，乃同時語。就圖論圖，則必以較自然較無造作模樣者為勝，此朱子意也。至問伏羲時是否已知其然，則答以「也不見得如何」。然觀上引「伏羲當時偶然見得一便是陽、二便是陰」之語，則朱子固未主張謂伏羲時已有一圓圖可知。惟既可以火珠林、靈棋課之類說易，又何不可以太極圖、先天圖說易乎？朱子之意只是如此。此乃一種極宏通極平實之見解也。今本義前列九圖，王白田有周易本義九圖論，力辨其為後人以啟蒙依放為之，而盡失本指，非朱子之作；其論引見於年譜考異卷二。夏炘述朱質疑卷六，有書周易本義九圖後，力闡王說，學者可兼觀，此不俱引。要之朱子論易圖，實自有其一番高情遠寄，既非當時理學所能限，亦非後來考據所能拘。朱子之意，易只是箇空底物事，未有此事，先有此理。有此理則可因以有此事。象數然，卜筮亦然。後人苟有另創新圖，只求較自然，較無造作模樣，亦將為朱子所不棄。其果為出於伏羲，抑出於魏伯陽、陳摶、周濂溪、邵康節，此等皆非必究。朱子治易境界，實有超出宋儒義理、清儒考據之外者。然朱子所論，亦非於義理有背，亦未嘗置考據於不問，此正其不可及處。至於其本義前之九圖，亦當憑此目光加以評判，其果為朱子作與否，亦是一次要問題也。

文集卷三十八答袁機仲書有云：

謂溫厚之氣盛於東南，嚴凝之氣盛於西北者，禮家之說也。謂陽生於子，於卦為復，陰生於午，於卦為姤者，曆家之說也。謂巽位東南，乾位西北者，說卦之說也。此三家者，各為一說，而禮家曆家之言，猶可相通。至於說卦，則其卦位自為一說，而與彼二者不相謀矣。謂東南以一陰已生而為陰柔之位，西北以一陽已生而為陽剛之位，則是陽之盛於春夏者不得為陽，陰之盛於秋冬者不得為陰，而反以其始生之微者為主也。謂一陰生於東南，一陽生於西北，則是陰不生於正南午位之遇而淫於東，陽不生於正北子位之復而旅於西也。謂巽以一陰之生而位於東南，則乾者豈一陽之生而位於西北乎？況說卦之本文，於巽則但取其絜齊，於乾則但取其戰而已，而未嘗有一陰一陽始生之說也。凡此崎嶇反復，終不可通。不若直以陽剛為仁，陰柔為義之明白而簡易也。蓋如此則發生為仁，肅殺為義，三家之說皆無所牾。肅殺雖似乎剛，然實天地收歛退藏之氣，自不妨其為陰柔也。

此書並引禮、曆、說卦三家之說，以見說卦與禮、曆兩家之扞格。語類亦曰：

「齊乎巽」，曉不得。乾西北，也不可曉。如何陰陽只來這裏相薄。（七七）

問「戰乎乾」。曰：「此處大抵難曉，恐是箇肅殺收成底時節，故曰『戰乎乾』。」問：「何以謂之『陰陽相薄』？」曰：「乾陽也，乃居西北，故曰『陰陽相薄』。恐是如此，也見端的未得。」（七七）

問：「『帝出乎震』以下，何以知其為文王之卦位？」曰：「康節之說如此。」（七七）

文王八卦，不可曉處多。如離南坎北，離坎卻不應在南北。且做水火居南北。兌也不屬金。如今只是見他底慣了，一似合當恁地相似。（七七）

文王八卦，有些似京房卦氣。（七七）

卦象指文王卦言，所以乾言「為寒，為冰」。（七七）

震為決躁，此亦不繫大綱領處，無得工夫去點檢他這般處。若恁地逐段理會得來，也無意思。（七七）

本義亦曰：

說卦第十一章，廣八卦之象，其間多不可曉者。求之於經，亦不盡合。

可見朱子對說卦一篇所言卦位卦象之意態。既曰「曉不得」，又曰「不可曉」。既曰「無得工夫去點檢」，又曰「逐段理會得來也無意思」。既是如此，說易者可以有文王之圖，何不可以有濂溪、康節之圖。此所以為朱子治易之曠識也。

語類又曰：

序卦、雜卦，聖人去這裏見有那無緊要底道理，也說則箇了過去。然雜卦中亦有說得極精處。（七七）

朱子只為不欲毅然放棄十傳中說義理精處，故遂不取歐陽之疑。然朱子自所疑於十傳者，實更深過歐陽，惜乎後人亦無瞭於其寄意之深處。

語類又云：

孔子之易，非文王之易。文王之易，非伏羲之易。（六七）

朱子論易，先分為伏羲、文王、孔子之三層次。伏羲僅畫卦，即象數之易也。文王、周公始為之辭，易為卜筮書，其辭亦僅為卜筮作，此即卜筮之易也。孔子十翼，始發明其義理，此則為說理之易。此三層次之分別既明，則可不煩再爭其必為伏羲、文王、孔子與否。抑且既有伏羲、文王、孔子之三易，則其下亦不害又有魏伯陽易、陳希夷易、濂溪易、康節易之禪遞別出。此非深究朱子治易之獨特處，則不易驟曉。故朱子不取歐陽氏之必辨十翼為非孔子作，而後儒如胡渭易圖明辨之類，亦殊與朱子論易精意有距離。學者不當偏就一端而昧忽其大體。朱子自謂須破開肚腸，洗卻五辛渣滓，乃能信得及，亦非姑為大言也。然則朱子之說易，雖極易簡之至，亦極恣肆權奇之至，故使後之人終於說易不止，是亦易之為書本自有此兩面耳。

朱子說卦象，亦有極特出、極平實處。

問：「中孚是誠信之義，『議獄緩死』，亦誠信之事，故君子盡心於是。」曰：「聖人取象，有

不端確處。如此之類，今也只得恁地解。但是不甚親切。」（七三）

不說象辭非聖人作，乃說聖人取象有不端確處，此所以為至平實又至特出也。又曰：

不知聖人特地做一箇旅卦說這旅則甚。（七三）

兌、巽卦爻辭皆不端的，可以移上移下。如剝卦之類，皆確定，移不得。不知是如何。如「和兌」、「商兌」之類，皆不甚親切。為復是解書到末梢會懶了，看不子細，為復聖人別有意義。但先儒解，亦皆如此無理會。（七三）

中孚、小過兩卦，鶻突不可曉。小過尤甚。（七三）

中孚與小過都是有飛鳥之象。中孚是箇卵象，是鳥之未出殼底，孚亦是那孚膜意思，所以卦中都說「鳴鶴」、「翰音」之類。這兩卦十分解不得，且只依稀地說。「豚魚吉」，這卦中他須見得有豚魚之象，今不可考。象若十分理會着，便須穿鑿。（七三）

問：「家人象辭不盡取象。」曰：「注中所以但取二五，不及他象者，但只因象傳而言耳。大抵象傳取義最精，象中所取，卻恐有假合處。」（七二）

此朱子明言易象有假合，是謂未見其真有此象矣。

又曰：

既濟、未濟所謂「濡尾」、「濡首」，分明是說野狐過水。今孔子解云飲酒濡首，亦不知是如何？（七三）

嘗有人著書以彖、象、文言為非聖人之書，只是而今也著與孔子分疏。（七三）

問「山下出泉」。曰：「古人取象也只是看大意略如此髣髴，不皆端的。若解要到親切，便都沒去處了。如『天在山中』，山中豈有天？如『地中有山』，便只是平地了。」（七〇）

此皆指斥易象之難於分疏。然又曰：

欽夫云：「看孔子說『公用射隼於高墉之上』，只是以道理解了，便無用乎象。」看來不如此。蓋當時人皆識得象，卻有未曉得道理處，故聖人不說象，卻就上發出道理說，初不是懸空說出道理。凡天下之物，須是就實事上說方有着落。聖人分明是見有這象，方就上面說出來。今只是曉他底不得，未說得也未要緊，不可說道他無此象。（七〇）

聖人於易，不是硬做，皆是取象。因有這象，方就上面說。（七〇）

不可大段做道理看。只就逐象上說。見有此象，便有此義。如今人問杯珓，杯珓上豈曾有道

理？自是有許多吉凶。（七一）

是則象縱難分疏，卻又是易中主要項目也。

其他朱子說易中難理會不可曉處尚多。蓋多就象上推求而不得其解。惟今易本義明言未詳者只有一處，夬象辭「居德則忌」，曰「未詳」。文集卷六十答潘子善書亦云。今若不讀語類，則亦不見朱子自謂「翻窠臼未盡」之意。

朱子論參同契有曰：

參同契本不為明易，姑借此納甲之法以寓其行持進退之候。此雖非為明易而設，然易中無所不有。苟其言自成一家，可推而通，則亦無害於易。

此說亦極宏通博大。論參同契如此，其他可推。

問：「麻衣易是偽書，其論師卦『地中有水，師，容民蓄眾』之象，此一義也。若水行地中隨勢曲折，如師行而隨地之利，亦一義也。」曰：「易有精有蘊。如『師貞丈人吉』，此聖人之精，畫前之易，不可易之妙理。至於『容民蓄眾』等處，因卦以發，皆其蘊也。既謂之蘊，則

包含眾義，有甚窮盡。儘推去儘有。」（六七）

朱子於麻衣易已曲折探究其為南康戴某所撰，並曾親見其人。麻衣亦只是五代時人。然朱子於此偽書，亦尚謂其乃易蘊中所可有。其識見之宏通有如此。

問：「『木道乃行』，程傳以為『木』字本『益』字之誤，如何？」曰：「看來只是木字。渙卦說『乘木有功』，中孚說『乘木舟虛』，以此見得只是木字。」（七二）

又曰：

只木字亦得。一朋友說：「有八卦之金木水火土，有五行之金木水火土。如乾為金，易卦之金也。兌之金，五行之金也。巽為木，是卦中取象。震為木，乃東方屬木，五行之木也，五行取四維故也。」（七二）

此乃引某人之說以糾伊川之易傳。

或言某人近注易。曰：「緣易是一件無頭面底物，故人人各以其意思去解說得。近見一兩人所注，說得一片道理也都好。但不知聖人元初之意果是如何？春秋亦然。」（六七）

故又曰：

伊川易傳，又自是程氏之易也。（六七）

既可以有參同契，又可以有麻衣易，何不可以有伊川易傳，何不可以有各家之易說，如陳摶、周濂溪、邵康節之所傳乎。若論易之本旨，則朱子自謂其易本義庶乎最近。若論象數，則朱子認為康節之先天圖，最為自然。然又曰：

邵子發明先天圖，圖傳自希夷，希夷又自有所傳。蓋方士技術用以修煉，參同契所言是也。

此以邵氏先天圖源自陳希夷，推及參同契。要之所謂「易中何所不有」，則十翼之是否孔子作，先天圖是否乃伏羲原圖，此等皆轉成次要。

文集卷三十八又有答袁機仲書，激辯伏羲、文王先天圖、後天圖之說，有曰：

此非熹之說，乃康節之說。非康節之說，乃希夷之說。非希夷之說，乃孔子之說。但當日諸儒既失其傳，而方外之流陰相付受，以為丹竈之術。至於希夷、康節，乃反之於易，而後其說始得復明於世。然與見今周易次第行列多不同者。故聞者多不能曉而不之信。只據目今見行周易，緣文生義，穿鑿破碎，有不勝其杜撰者。此啟蒙之書所為作也。願高明毋以為熹之說而忽之。姑且虛心遜志以求其通曉，未可好高立異而輕索其瑕疵也。玩之久熟，浹洽於心，則天地變化之神，陰陽消長之妙，自將瞭於心目之間，而其可驚可喜可笑可樂，必有不自知其所以然而然者矣。言之不盡，偶得小詩以寄鄙懷。曰：「忽然半夜一聲雷，萬戶千門次第開。若識無心涵有象，許君親見伏羲來。」

此其曠懷高致，自非尋行數墨，專務考據以治經者之所能牢籠。蓋朱子為學，有其極遲鈍處，亦有其極明快處。必當從此相反之兩面參入，乃可見朱子為學之眞相。

語類又曰：

某看康節易了，都看別人底不得。（一〇〇）

因此朱子乃極不喜伊川對康節言易之不加理會。語類又云：

伊川嘗有柬與橫渠云：「堯夫說易好聽，今夜試來聽他說看。」余嘗說孔子便不如此。（一〇〇）

蓋朱子頗不喜從心上憑空建立一形上之理，而主張格物窮理，有待乎一旦之豁然而貫通。此乃朱子講學主要精神所在，故乃於二程外復增入濂溪太極圖說與夫橫渠之正蒙，而對康節先天圖亦加心折，此皆其教人自窮格物理以達於形上之境所可有之途轍。詩謂「若識無心涵有象，許君親見伏羲來」，此其意境，固非拘拘爭義理與考據者之所能範圍。在二程遺書中，多吟風弄月吾與點也之意，但不多見此窮格會通之境界。此乃研討程朱傳統者必須注意之處，亦乃朱子為學之見精神處，正貴讀此篇者之能游心賞玩也。

文集卷八十五有易五贊，一曰原象，二曰述旨，三曰明筮，四曰稽類，五曰警學。此五贊本附啟蒙之後，其原象有曰：

邵傳羲畫，程演周經。象陳數列，言盡理得。彌億萬年，永著常式。

此仍是主張象數為求易之本原，象數得而後義理可尋；程、邵分派，朱子則側重於康節。

問啟蒙「理定既實，事來尚虛，用應始有，體該本無。稽實待虛，存體應用。執古御今，以靜制動」。（六七）

此數語見五贊警學篇，可證五贊原附啟蒙。朱子答之曰：

「聖人作易，只是說一箇理，都未曾有許多事，卻待他甚麼事來湊。所謂『事來尚虛』，蓋謂事之方來尚虛而未有。若論其理，則先自定，固已實矣。『用應始有』，謂理之用實，故有。『體該本無』，謂理之體該萬事萬物，又初無形迹之可見，故無。下面云：稽考實理以待事物之來。存此理之體，以應無窮之用。『執古』，便是易書裏面文字言語。『御今』，便是今日之事。『以靜制動』，理便是靜底，事便是動底。且如『即鹿無虞，惟入於林中。君子幾，不如舍。往吝。』其理謂將即鹿而無虞人，必陷於林中。若不舍而往，是取吝之道。若後人做事，如求官爵者，來之不已，便是取吝之道。求財利者，求之不已，亦是取吝之道。又如『潛龍勿用』，其理謂當此時只當潛晦，不當用。若占得此爻，凡事便未可做。所謂『君子動則觀其變而玩其占』，若是無事之時，『觀其象而玩其辭』，亦當知其理如此。某每見前輩說易，止把一事說。某之說易，所以異於前輩者，正謂其理人人皆用之。不問君臣上下大事小事皆可用。前輩止緣不把做占說了，故此易竟無用處。聖人作易，蓋謂當時之民遇事都閉塞，不知所為，故聖人示以此理，教他恁地做便會吉，如此做便會凶。大傳所謂『通天下之志』，通是開通之意。是以易中止說善則吉，未有一句說不善亦會吉。仁義忠信之事占得其象則吉。不曾說不仁不義不忠不信底事占得亦會吉。大傳說『上下無常，剛柔相易，不可為典要，惟變所適』。便見得易人人可用，不是死法。雖道二五是中，卻有位二五而不吉者。有當位而吉，亦有當位而不吉。若揚雄太玄，皆排定了，第幾爻便吉，第幾爻便凶，然其規模甚散，其辭又澀。學者驟去理會他文義，已自難曉，又且不曾經歷許多事，意都去揍他意不着。孔子晚年方學易，平常教人亦言『興於詩，立於禮，成於樂』，卻未曾說到易。」又云：「易之卦爻所以該盡天下之理，一爻不止於一事，而天下之理莫不具備，不要拘執着。今學者涉世未廣，見理未盡，揍他底不着，所以未得他受用。」（六七）

或說：「啟蒙警學篇云：『理定既實，事來尚虛，用應始有，體該本無』，便見得易只是虛設之辭，看事如何應耳。」先生頷之。（六七）

此處說理先事有，猶言理先氣後也。朱子嘗說：「伊川將一部易作譬喻說了，恐聖人不肯作一部譬喻之書」，此處或人云易只是虛設之辭而朱子頷之者，謂之譬喻，則止把一事說。謂是虛設，則理之所該者廣，虛設一事，而不止此一事也。又曰「程先生只說得一理者」，乃謂其指事而言理，則理即在事上。不知理先定，待事而應，則理之所該廣也。故雖孔子十傳盡說道理，猶就卜筮上發，則止是就所卜筮之事以發明其理。若抹去卜筮，則若易為專一講理之書，而不知易之與中庸、大學諸書有不同。故中庸、大學可以先讀，而讀易則須分兩項工夫。先求經文本義，再就本義中推出理來。學者涉世未廣，見理未盡，則無從接上。並棄了卜筮而徑言理，則不免為虛談，又不免多牽強，失卻易之本義。凡此所辨，甚極細微。然失之毫釐，則差以千里，後儒說易之誤皆由此。

語類又一條云：

「至微者理也，至著者象也。體用一原，顯微無間。觀會通以行其典禮，則辭無所不備。」此是一箇理、一箇象、一箇辭。然欲理會理與象，又須辭上理會。辭上所載，皆「觀會通以行其典禮」之事。凡於事物，須就其聚處理會，尋得一箇通路行去。若不尋得一箇通路，只驀地行去，則必有礙。典禮只是常事，會是事之合聚交加難分別處。（六七）

此條說易中有理、有象、有辭，學者當從辭上去理會其理與象。辭之所指雖是一事，然當就其事上觀事與事之會聚交加處而尋出一通路。使行此事可成為典禮。典禮亦只是常事，得其會通則成典禮也。如「即鹿無虞入於林中」，虞即是能指示通路者。無此指示，不得通路，則陷入林中，迷不能出。求官爵，求財利，亦須尋得一箇通路。使我此求亦能成得一典禮，則何不可求之有。然單從辭上求，又何從得此可以會通之典禮。故又曰學者涉世未廣，見理未盡，則終是接不上也。朱子易本義，似乎亦只做到求經文之本義，即是只在辭上理會，而於其命辭之意與其所自來之故，則皆未十分闡發也。

問：「橫渠說：『易為君子謀，不為小人謀。』蓋自太極一判而來，便已如此了。」曰：「論其極，是如此。然小人亦具此理，只是他自反悖了。君子治之，不過即其固有者以正之而已。易中亦有時而為小人謀。如『包承，小人吉，大人否，亨。』言小人當否之時，能包承君子則吉。但此雖為小人謀，乃所以為君子謀也。」（六七）

姑拈此例，以見朱子讀書窮理之細密不苟處。雖一枝一節，在所不棄。然後再從枝節會通到根本上。乃始為本末俱盡，圓滿無漏。

然自朱子身後，即多於朱子易學起諍議。最要者當舉黃震東發日鈔，細辨伊川、康節兩家易學之是非得失，要之不以朱子意為然。尤於康節先天圖，爭駁甚至。是亦不待清儒如胡渭易圖明辨之起，即朱門後學，亦不盡守朱子之說也。

朱子之詩學

朱子治經有成書者，曰詩曰易。易學已別見，茲篇則專詳其詩學。文集卷七十六有詩集傳序，其文曰：

或有問於余曰：「詩何為而作也？」曰：「人生而靜，天之性也。感於物而動，性之欲也。夫既有欲矣，則不能無思。既有思矣，則不能無言。既有言矣，則言之所不能盡而發於咨嗟詠歎之餘者，必有自然之音響節奏而不能已焉，此詩之所以作也。」曰：「然則其所以教者何也？」曰：「詩者，人心之感物而形於言之餘也。心之所感有邪正，故言之所形有是非。惟聖人在上，則其所感者無不正，而其言皆足以為教。其或感之之雜，而所發不能無可擇者，則上之人必思所以自反，而因有以勸懲之，是亦所以為教也。昔周盛時，上自郊廟朝廷，而下達於鄉黨閭巷，其言粹然無不出於正者，聖人固已協之聲律，而用之鄉人，用之邦國，以化天下。至於列國之詩，則天子巡狩亦必陳而觀之，以行黜陟之典。降自昭穆而後，寖以陵夷。至於東遷而遂廢不講矣。孔子生於其時，特舉其籍而討論之，去其重複，正其紛亂，而其善之不足以為法，惡之不足以為戒者，則亦刊而去之，以從簡約，示久遠。使夫學者即是而有以考其得失，善者師之而惡者改焉，則詩之所以為教者然也。」曰：「然則國風、雅、頌之體，其不同若是何也？」曰：「吾聞之，凡詩之所謂風者，多出於里巷歌謠之作，所謂男女相與詠歌，各言其情者也。惟周南、召南親被文王之化以成德，而人皆有以得其性情之正。故其發於言者，樂而不過於淫，哀而不及於傷，是以二篇獨為風詩之正經。自邶而下，則其國之治亂不同，人之賢否亦異，其所感而發者有邪正是非之不齊，而所謂先王之風者於此焉變矣。若夫雅頌之篇，則皆成周之世朝廷郊廟樂歌之詞，其語和而莊，其義寬而密。其作者，往往聖人之徒，固所以為萬世法程而不可易者也。至於雅之變者，亦皆一時賢人君子閔時病俗之所為，而聖人取之。其忠厚惻怛之心，陳善閉邪之意，猶非後世能言之士所能及。此詩之為經，所以人事浹於下，天道備於上，而無一理之不具也。」曰：「然則其學之也當奈何？」曰：「本之二南以求其端，參之列國以盡其變，正之於雅以大其規，和之於頌以要其止。此學詩之大旨也。章句以綱之，訓詁以紀之，諷詠以昌之，涵濡以體之，察之情性隱微之間，審之言行樞機之始，則修身及家，平均天下之道，其亦不待他求而得之於此矣。」

此文成於淳熙四年丁酉，即論孟集注、易本義成書之年。論、孟、易三書皆無序，惟詩有之。朱子孫鑒詩傳遺說注云：「詩傳舊序，乃丁酉歲用小序解詩時所作，後乃盡去小序。」則此序並不為今傳詩集傳作。詩集傳在丁酉亦尚未動稿。然此序闡詩學，陳治道，歸本於心性義理，證之以歷史實事，治經學、文學、史學、理學於一爐，此乃治經大綱宗所在。後人即以此序置詩集傳前，似亦無傷。

又語類六十一告金去僞有云：「某嘗作詩解。」金氏所錄在乙未，朱子年四十六，則其草為詩解事尚在前。

又文集卷三十三答呂伯恭有云：

> 竊承讀詩終篇，想多所發明。熹所集解，當時亦甚詳備，後以意定，所餘才此耳。然為舊說牽制，不滿意處極多。比欲修正，又苦別無稽援，此事終累人也。

書後有「叔京遂為古人」之語，則此書亦在乙未。知初稿名集解，乙未前已成書。方欲改修，而已有求翻舊說之意矣。至其詩稿初創，應在丁亥，語詳綱目篇。

文集卷七十六又有呂氏家塾讀詩記後序一篇，其文曰：

> 詩自齊、魯、韓氏之說不得傳，而天下之學者盡宗毛氏。毛氏之學傳者亦眾，而王述之類今皆不存。則推衍說者又獨鄭氏之箋而已。唐初諸儒，為作疏義，因訛踵陋，百千萬言，而不能有

以出乎二氏之區域。至於本朝，劉侍讀、歐陽公、王丞相、蘇黃門、河南程氏、橫渠張氏，始用己意有所發明。雖其淺深得失有不能同，然自是之後，三百五篇之微詞奧義，乃可得而尋繹。蓋不待講於齊、魯、韓氏之傳，而學者已知詩之不專於毛鄭矣。及其既久，求者益衆，說者愈多，同異紛紜，爭立門户，無復推讓祖述之意，則學者無所適從，而或反以為病。今觀呂氏家塾之書，兼總衆說，巨細不遺，挈領提綱，首尾該貫，既足以息夫同異之爭。而其述作之體，則雖融會通徹，渾然若出於一家之言，而一字之訓，一事之義，亦未嘗不謹其說之所自。及其斷以己意，雖或超然出於前人意慮之表，而謙讓退託，未嘗敢有輕議前人之心也。嗚呼！如伯恭父者，眞可謂有意乎溫柔敦厚之教矣。學者以是讀之，則於可羣可怨之旨，其庶幾乎！雖然，此書所謂朱氏者，實熹少時淺陋之說，而伯恭父誤有取焉。其後歷時既久，自知其說有所未安。如雅鄭邪正之云者，或不免有所更定。則伯恭父反不能不置疑於其間。熹竊惑之，方將相與反復其說以求眞是之歸，而伯恭父已下世矣。

此序在淳熙壬寅，上距丁酉已五年。然似今集傳尚未成書。文中論漢儒，則曰詩不專於毛鄭。論宋儒，則曰能用己意有所發明。至於泯門戶，息同異，則既貴於兼總衆說，亦貴於自出己意。而更要則在一本之詩之本文以為斷。此層雖文中未之及，而朱子往後乃時時言之。厥後清儒治詩，嚴立漢、宋門戶。既不能自出己意，又不欲兼采衆說。不專主毛、鄭，即分治齊、魯、韓。僅務為漢人當僕隸，實未堪作經學之功臣也。

又文集卷七十有讀呂氏詩記桑中篇，其文曰：

詩體不同，固有鋪陳其事，不加一詞而意自見者，若清人之詩是也。至於桑中、溱洧之篇，則雅人莊士有難言之者矣。孔子之稱「思無邪」，以為詩三百篇勸善懲惡，雖其要歸無不出於正，然未有若此言之約而盡者耳，非以作詩之人所思皆無邪也。「雅」也，「鄭」也，「衞」也，求之諸篇，固各有其目矣。「雅」則大雅、小雅若干篇是也。「鄭」則鄭風若干篇是也。「衞」則邶、鄘、衞風若干篇是也。至於桑中小序，「政散民流而不可止」之文，與樂記合，則是詩之為桑間，又不為無所據。今必曰三百篇皆「雅」，而大、小雅不獨為「雅」；鄭風不為「鄭」；邶、鄘、衞之風不為「衞」；桑中不為桑間亡國之音。則其篇帙混亂，邪正錯糅，非復孔子之舊矣。

此文在甲辰春，又去壬寅後兩年，即前引文所謂雅鄭邪正之云有所改定也。謂易不為卜筮，謂詩三百皆雅皆正，此皆尊經而過。能直抉經旨，使人真能覩見古聖賢傳統，而還以發明宋代理學新興之大義，求之當時，捨朱子殆無人。

問野有死麕。曰：「讀書之法，須識得大義，得他滋味。沒要緊處，縱理會得也無益。大凡讀書，多在諷誦中見義理。況詩又全在諷誦之功。所謂『清廟之瑟，一唱而三嘆』，一人唱之，三人和之，方有意思。又如今詩曲，若只讀過，也無意思，須是歌起來方見好處。」因說：「讀書須是有自得處。到自得處，說與人也不得。某舊讀『仲氏任只，其心塞淵，終溫且惠，淑慎其身。先君之思，以勗寡人。』『既破我斧，又闕我斨，周公東征，四國是皇。哀我人斯，亦孔之將。』伊尹曰：『先王肇修人紀，從諫弗咈，先民時若。居上克明，為下克忠，與人不求備，檢身若不及。以至於有萬邦，茲惟艱哉。』如此等處，直為之廢卷慨想而不能已。覺得朋友間看文字，難得這般意思。某二十歲前後，已看得書大意如此。如今但較精密。日月易得，匆匆過了五十來年。」（一〇四）

此條錢木之錄丁巳所聞，朱子年六十八。乃朱子晚年語。謂「讀書須識大義，得他滋味，沒要緊處，縱理會得也無益」。此乃理學家讀書法。又謂「詩全在諷誦之功」，此乃文學家讀書法。朱子於詩文有精詣，故能深得此中三昧。又謂「讀書須是有自得處」，此則理學文學皆然。當時理學家鮮能潛心文學，治詩終嫌偏枯。至於博綜漢儒，以訓詁考據發得詩之眞相，雅鄭邪正，剖辨昭晰，如朱子詩集傳之所為，更是前無古人，後無來者。語類此條，只是教人如野有死麕之類且莫理會而已。故就理學立場言，則治詩如雞肋，此謂所得無多。就經學立場言，則又自謂於詩傳自以為無復遺恨也。

因說：「讀詩，惟是諷誦之功。上蔡亦云：『詩須是謳吟諷誦以得之。』某舊時讀詩，也只先去看許多注解，少間卻被惑亂。後來卻只將詩來諷誦，至四五十過，已漸漸得詩之意。卻去看注解，便覺減了五分以上工夫。更從而諷誦四五十過，則胸中判然矣。」因說：「如今讀書，多是不曾理會得一處通透了，少間卻多牽引前面疑難來說，此最學者大病。」（一〇四）

此見朱子能以文學家眼光讀詩。逐詩下諷誦工夫，而亦並不忽去注解。及其結果，乃能以文學上之自得，而解脫了經學上之束縛。

語類又曰：

當時解詩時，且讀本文四五十遍，已得六七分。卻看諸人說與我意如何，大綱都得之。又讀三四十遍，則道理流通自得矣。（八〇）

朱子以文學方法讀詩，解脫了經學纏縛，而回歸到理學家之義理，其大致率如此。

問學者誦詩，每篇誦得幾遍？曰：「也不曾記。只覺得熟便止。」曰：「便是不得。須是讀熟了，文義都曉得了，涵泳讀取百來遍，方見得那好處。那好處方出，方見得精怪。公每日說得來乾燥，元來不曾熟讀。這箇貪多不得。讀得這一篇，恨不得常熟讀此篇，如無那第二篇方好。而今只是貪多，讀第一篇了，便要讀第二篇；讀第二篇了，便要讀第三篇。恁地不成讀書，此便是大不敬（此句厲聲說）。須是殺了那走作底心，方可讀書。」（八〇）

此條沈僩錄戊午以後所聞，眞是朱子晚年語。讀詩與讀論孟又不同，須讀熟了再加以涵泳，讀取百來遍，此乃讀文學法也。理學家少能理會文學，那得如此趣味與了解。

因說學者解詩，曰：「某舊時看詩，數十家之說，一一都從頭記得。初間那裏敢便判斷那說是，那說不是。看熟久之，方見得這說似是，那說似不是。或頭邊是，尾說不相應。或中間數句是，兩頭不是。或尾頭是，頭邊不是。然也未敢便判斷。疑恐是如此。又看久之，方審得這說是，那說不是。又熟看久之，方敢決定斷說這說是，那說不是。這一部詩，并諸家解，都包在肚裏。公而今只是見已前人解詩，便也要注解，更不問道理。只認捉着，便據自家意思說。於己無益，於經有害，濟得甚事。」（八〇）

此條亦沈僩錄。朱子教人讀詩，讀熟了再涵泳，此乃讀文學法也。讀了又須看數十家之說，則又以詩作經學讀。其用「道理」字，卻不是當時一般理學家所抱狹義之道理，此層仍當微辨。

語類又曰：

聖人有法度之言，如春秋、書、禮是也。一字皆有理。如詩亦要逐字將理去讀，便都礙了。（八〇）

文集卷五十答潘恭叔亦曰：

今人說詩，空有無限道理，而無一點意味。

語類又曰：

「詩如今恁地注解了，自是分曉，易理會。但須是沉潛諷誦，玩味義理，咀嚼滋味，方有所益。若只草草看過，一部詩只三兩日可了，但不得滋味，也記不得，全不濟事。古人說『詩可以興』，須是讀了有興起處，方是讀詩。若不能興起，便不是讀詩。」因說：「永嘉之學，只是要立新巧之說，少間指摘東西，鬥湊零碎，便立說去。縱說得是，也只無益，莫道又未是。」（八

〇）

此條錢木之錄，朱子年六十八。朱子只教人看他集傳所下注解，但須沉潛諷誦，須自有興起處。同時如永嘉諸儒，只求說義理新巧。後世如清儒，則只在訓詁上附會毛鄭。既全失了文學滋味，亦無當於經學上之義理所在。惟朱子治詩，乃確是一條正當大道。亦是一種格物精神。詩是一部文學書，主要應從文學方法上去格。及其所得，還是與當時理學家所求義理可以相通合一，而範圍意境，則既與一般理學家大異矣。

語類又曰：

> 看詩，義理外更好看他文章。且如谷風，他只是如此說出來，然而敍得事曲折先後皆有次序。而今人費盡氣力去做後，尚做得不好。（八〇）

讀詩須看其義理，更好再看其文章。此等意境，當時一般理學家無之。至於只知有文章，不知有義理，此則更不足道。

又曰：

讀詩便長人一格。詩之興，最不緊要，然興起人意處正在興。會得詩人之興，便有一格長。如龜山說關雎處意亦好，然終是說死了，如此便詩眼不活。（八〇）

又曰：

古人引詩，但借其言以寓己意。初不理會上下文義，偶一時引之耳。伯恭只詩綱領第一條，便載上蔡之說。上蔡費盡辭說，只解得箇「怨而不怒」。纔先引此，便是先瞎了一部文字眼目。（八〇）

說詩要求「詩眼活」，又不要「瞎了文字眼目」，此豈一般理學家所能道，亦豈一般經學家所能道乎！

又曰：

「善可為法，惡可為戒」，不特詩也，他書皆然。古人獨以為「興於詩」者，詩便有感發人底意思。今讀之無所感發者，正是被諸儒解殺了，死着詩義，興起人善意不得。（八〇）

看詩不要死殺看了，見得無所不包。今人看詩無興底意思。（八〇）

朱子治詩，主要在求能興，能感發人，此即文學功能也。

又曰：

變風中固多好詩，雖其間有沒意思者，然亦須得其命辭遣意處，方可觀。後人便自做箇道理解說，於其造意下語處元不及究。只後代文集中詩，亦多不解其辭意者。樂府中羅敷行，羅敷即史君之妻，史君即羅敷之夫。其曰「史君自有婦，羅敷自有夫」，正相戲之辭。又曰：「夫壻從東來，千騎居上頭。」觀其氣象，即史君也。後人亦錯解了。須得其辭意，方見好笑處。（八〇）

讀詩遇到沒意思之篇，尚復求其命辭遣意處。當時一般理學家，及此下清代經學家，皆無此胸襟，亦無此興會。即如樂府羅敷行之類，朱子亦不忽過。朱子以漢樂府羅敷行與詩並論，正如其以後世火珠林與易並論之例，皆見其襟懷豁達，見理恢宏處。後人一以文學自命，即以譏嘲理學家為能事，亦徒見其輕薄耳。

又曰：

詩之興，全無巴鼻。後人詩猶有此體。如「青青陵上柏，磊磊澗中石。人生天地間，忽如遠行客」；又如「高山有崖，林木有枝。憂來無端，人莫之知」；「青青河畔草，綿綿思遠道」。皆是此體。（八〇）

比意雖切而卻淺，興意雖闊而味長。（八〇）

經學家治詩，僅知有風、雅、頌，乃不知有賦、比、興。鄭康成因周禮籥章之文，分七月一詩為三體，故曰：

六義自鄭氏以來失之。（八〇）

語詳文集卷五十答潘恭叔。又曰：

后妃自程先生以來失之。后妃安知當時之稱如何。（八〇）

是並訓詁考據而失之也。

又曰：

伊川有詩解數篇，說到小雅以後，極好。蓋是王公大人好生地做，都是識道理人言語，故它裏面說得儘有道理，好子細看。非如國風，或出於婦人小夫之口，但可觀其大概也。（八〇）

理學大師說詩中義理，僅能說王公大人識道理人所作詩，不能識婦人小夫不識道理人所作詩。缺乏文學修養，終是一偏陷。

又曰：

東萊詩記編得子細，只是大本已失了，更說甚麼。向嘗與之論此，渠卻云：「安得許多文字證據。」某云：「無證而可疑者，只當闕之，不可據序作證。」渠又云：「只此序便是證。」某因云：「今人不以詩說詩，卻以序解詩。是以委曲牽合，必欲如序者之意，寧失詩人之本意，不恤也。此是序者大害處。」（八〇）

伯恭說詩太巧，亦未必然。古人直不如此。今某說皆直靠直說。（八〇）

某解詩，多不依他序，縱解得不好，也不過是得罪於作序之人。只依序解，而不考本詩上下文意，則得罪於聖賢也。（八〇）

旁考之於詩序，而不能直考之於詩之本文，又不能博考之於其他書籍，以證明詩序之可信與否，則從事考據不徹底，單憑孤證，不如不考。而朱子「以詩說詩」之云，更為扼要。其治易，亦是以易說易也。

又曰：

某自二十歲時讀詩，便覺小序無意義。及去了小序，只玩味詩詞，卻又覺得道理貫徹。當初亦嘗質問諸鄉先生，皆云序不可廢。而某之疑終不能釋。後到三十歲，斷然知小序之出於漢儒所作，其為繆戾，不可勝言。（八〇）

此條李煇錄，不定在何年。所云「後到三十歲」，恐是「五十歲」之誤。否則是二十歲後又三十歲，在朱子五十歲左右，始斷然知小序之出漢儒。

又曰：

某向作詩解文字，初用小序。至解不行處，亦曲為之說。後來覺得不安。第二次解者，雖存小序，間為辨破。然終是不見詩人本意。後來方知只盡去小序，便自可通。於是盡滌舊說，詩意方活。（八〇）

此條吳必大錄戊申、己酉所聞，朱子年五十九、六十時。當是今詩集傳成書後語，上距詩集傳序已逾十年矣。

又曰：

九罭詩，分明是東人願其東，故致願留之意。止緣序有刺朝廷不知之句，故後之說詩者，悉委曲附會之，費多少辭語，到底鶻突。某嘗謂死後千百年，須有人知此意。自看來，直是盡得聖人之心。（八一）

此條葉賀孫錄辛亥朱子年六十以後所聞。蓋至是朱子始十分自信己說也。

語類又曰：

詩人當時多有唱和之詞。如是者有數十篇。序中都說從別處去。且如蟋蟀一篇，本其風俗勤儉，其民終歲勤勞，不得少休。及歲之暮，方且相與燕樂，而又遽相戒曰：「日月其除，無已太康。」蓋謂今雖不可以不為樂，然不已過於樂乎。其憂深思遠固如此。至山有樞一詩，特以和答其意而解其憂爾。故說山則有樞矣，隰則有榆矣，子有衣裳，弗曳弗婁。子有車馬，弗馳弗驅。一旦宛然以死，則他人藉之以為樂爾。所以解勸他及時而樂也。而序蟋蟀者，則曰「刺晉僖公儉不中禮」。至山有樞，則以為「刺晉昭公」，大不然矣。（八〇）

朱子直玩詩本文而體會到此。若謂是分刺僖昭兩公，不僅無可證，抑且既是下刺其上，亦無以見當時唐之風俗。而又詩味索然。其間得失，顯而易知。

語類又曰：

行葦自是祭畢而燕父兄耆老之詩，既醉則父兄所以答行葦之詩。鳧鷖則祭之明日，繹而賓尸之詩，假樂則公尸之所以答鳧鷖。今序篇皆失之。（八〇）

又曰：

行葦自是飲酒會賓之意，序者卻牽合作周家忠厚之詩，遂以行葦為仁及草木。如云「酌以大斗，以祈黃耇」，亦是歡合之時祝壽之意，序者遂以為養老乞言。豈知祈字無乞言意。（八〇）

以上兩條楊道夫錄，在己酉以後。

此條葉賀孫錄，與上楊道夫兩條當約略同時。

又曰：

詩多有酬酢應答之篇。瞻彼洛矣，是臣歸美其君。當時朝會於洛水之上，而臣祝其君如此。裳裳者華，又是君報其臣。桑扈、鴛鴦皆然。（八一）

此條亦葉賀孫錄。

文集卷八十二書臨漳所刊四經後，其詩篇云：

鄭康成說：「南陔等篇，遭秦而亡，其義則與衆篇之義合編，故存。至毛公為詁訓傳，乃分衆篇之義各置於其篇端。」愚按鄭氏謂三篇之義本與衆篇之義合編者是也，然遂以詩與義皆出於先秦，詩亡而義獨存，至毛公乃分衆義各置篇端，則失之矣。後漢衞宏傳，明言宏作毛詩序，則序豈得為與經並出，而分於毛公之手哉！然序之本不冠於篇端，則因鄭氏此說而可見。熹嘗病今之讀詩者，知有序而不知有詩也，故因其說而更定此本以復於其初。

此文在紹熙四年庚戌，朱子年六十一。尚有辨詩序諸語，別見辨僞篇。朱子又自為詩序辨一書詳後。

語類又云：

詩傳中或云「姑從」，或云「且從其說」之類，皆未有所考，不免且用其說。（八〇）

此條董拱壽錄甲寅所聞，朱子年六十五。此時今本詩傳已成書，然尚多未定待考者。

或問詩。曰：「詩幾年埋沒，被某取得出來。今公們看得恁地搭滯，看十年，仍舊死了那一部詩。今若有會讀書底人，看某詩傳有不活絡處，都塗了，方好。而今詩傳，只堪減，不堪添。」（八〇）

此條胡泳錄戊午所聞，乃朱子晚年語。朱子自謂自有詩集傳，始把一部詩起死回生，復活了。但別人讀他集傳，又把詩讀死。此緣時人多自封閉在理學庭戶之內，又被經學上訓詁考據所困，於文學上之比興寄託，則頗少留情能體會者。欲索解人，則只有把詩集傳再經塗滅，文字障愈少，則庶易透入也。

問：「看詩如何？」曰：「方看得關雎一篇，未有疑處。」曰：「未要去討疑處。只熟看某註得

訓詁字字分明，便卻玩索涵泳，方有所得。若便要立議論，往往裏面曲折其實未曉，只髣髴見得，便自虛說耳，恐不濟事。」（八〇）

此條潘時舉錄癸丑朱子年六十四以後所聞。其時詩傳已成，故教之只熟讀詩傳。

先生謂學者曰：「公看詩只看集傳，全不看古注。」曰：「某意欲先看了先生集傳，卻看諸家解。」曰：「便是不如此。如廝殺相似，只是殺一陣便了。不成說今夜且如此廝殺，明日又重新殺一番。」（八〇）

此條沈僩錄。乃朱子晚年語。既教人看詩傳，又同時教人要兼看諸家解，正如教人看論孟集註，同時亦須看精義。朱子教人讀書法，極精審，又極活潑，此處是其具體舉例。

文蔚泛看諸家詩說，先生曰：「某有集傳。」後只看集傳。先生又曰：「曾參看諸家否？」曰：「不曾。」曰：「卻不可。」（八〇）

此條陳文蔚錄戊申朱子年五十九以後所聞。朱子欲人看集傳為主，而亦須兼看諸家，如此方便參入也。

語類又云：

歐陽公有詩本義二十餘篇，煞說得有好處。有詩本末論，又有論云：何者為詩之本，何者為詩之末。詩之本不可不理會，詩之末不理會得也無妨。其論甚好。近世自集注文字出，此等文字都不見了，也害事。如呂伯恭讀詩記，人只是看這箇，它上面有底便看，無底更不知看了。（八〇）

此條亦沈僩錄戊午以後所聞，乃朱子六十九、七十歲時語。集傳已盛行，而朱子仍教人誦習某一家或某幾家之專著，其意深遠，固不教人拘拘於一家言也。

又曰：

因言歐陽永叔本義，而曰：「理義大本復明於世，固自周程，然先此諸儒亦多有助。舊來儒者不越注疏而已。至永叔、原父、孫明復諸公始自出議論。如李泰伯文字亦自好。此是運數將開，理義漸欲復明於世故也。」（八〇）

詩本義中辨毛鄭處，文辭舒緩，而其說直到底，不可移易。（八〇）

此兩條黃㽦錄戊申所聞，朱子年五十九。朱子欣賞歐陽氏詩本義，其來久矣。所謂理義大本，涵蘊恢宏，固不如周程之專限於理學範圍。蓋朱子為學，博涉多方。其為詩集傳，實是兼會經學、文學、理學之三者而始有此成就。若專從經學途徑，則終不免於依據毛鄭，最多旁及齊魯韓三家，不脫漢儒牢籠，如清儒之所為。若一守理學範圍，又不免陷於以理說詩之病。朱子詩集傳之所以能卓出千古，盡翻前人窠臼，無復遺恨者，蓋以其得力於文學修養方面者為大。然詩中究非無理，盡捨訓詁考據，亦固不足以說詩。而僅務於詩文辭章之末，縱能自咏詩篇，亦不能勝說詩之任而感愉快也。

茲再推而論之。北宋諸儒之創為新經說，亦即伊洛性理學之先河。即謂伊洛言性理，亦即是一種新經說，亦未嘗不可。惟問題注意較集中，義理闡發較深入，又采用當時盛行之禪宗語錄體，遂若面目一新。程門弟子尊其師太過，乃欲截斷眾流，專歸一脈，以求於孔孟之後直接二程，則不免陷於褊狹。亦值北宋之亡，民生流離，不遑寧處，學術隨以不振。乃競以閒散之生活，講空虛之學理，自立壁壘，傲忽前修，則幾何其不歸於佛門之禪乎？朱子亦自程門入，亦自循此一脈，而終能不受纏縛，上溯北宋伊洛以前，而大事恢宏。其時惟湖湘胡氏，浙東呂氏，家學淵源，尚有北宋中原之傳統。朱子獲與南軒、東萊為友，其學術途轍，乃能越伊洛而上窺熙寧以前。自今言之，亦可謂是重縮道學於儒林。觀其敍述東萊讀詩記之作意與用心，不啻與朱子之論孟集注為同條而合轍，異迹而同心。朱子之詩集傳，其最先用意，亦猶於論孟之有集注。初不過兼綜衆說，期於融會以定一是。其後乃益不信詩序，見解變而書之體例亦不得不隨而變。就今本詩集傳觀之，已不見其先為集傳之痕迹，實乃朱子一家之言。而集傳舊名仍而不革，後人亦可因此想像朱子最先草創此書之用意，與東萊讀詩記本相仿佛，而朱子之詩學，應有與東萊交游之影響存在，亦不煩深論而可知。

朱子詩集傳，亦如其易本義與論孟集注、學庸章句，皆經長時期不斷之改進，觀上引已可見。茲再引文集續證之如次。

文別集卷三與程允夫有云：

> 近集諸公孟子說為一書，已就稿。又為詩集傳，方了國風、小雅。二書皆頗可觀，或有益於初學。恨不令吾弟見之。

此書前云近見延平先生，始略窺門戶，則是在早歲，恐是三十左右也。

文集卷三十九答范伯崇有云：

> 蘇氏「陳靈以後未嘗無詩」之說，似可取而有病。康節先生云：「自從删後更無詩。」蘇氏非

之，亦不察之甚矣。熹於集傳中引蘇氏說而繫之曰：「伯樂之所不顧，謂之無馬，孔子之所不取，則謂之無詩」，正發明先儒之意也。十五國風次序，恐未必有意，而先儒及近世諸先生皆言之，故集傳中不敢提起。蓋詭隨非所安，而辨論非所敢也。歐陽公本末論甚佳，熹亦收在後語中矣。似此等且當闕之，而先其所急，乃為得耳。

此書白田年譜定在乙未前，時集傳似已大體成書，書中博採及於歐、蘇諸家，與論孟集注之一依二程及九家之說者大不同，此見朱子論學胸襟之豁達，不拘拘於理學一門之言，蓋自四十前後已如此。文集卷五十答潘恭叔，謂伯恭集解首章便引謝氏之說，已落一邊，此種識度，夫豈易及。

又文集卷三十三答呂伯恭有云：

熹所集解，當時亦甚詳備。後以意定，所餘才此。然為舊說牽制，不滿意處極多。比欲修正，又苦別無稽援，此事終累人也。

此書白田年譜定在乙未，不知距上引答范伯崇書又幾年。集傳稿既大經削減，所云「舊說牽制」，主要自為詩序，其時尚未能決意擺脫也。

又卷三十四答呂伯恭有云：

小序盡出後人臆度，若不脱此窠臼，終無緣得正當。去年略修舊説，訂正為多。尚恨未能盡去，得失相半，不成完書耳。

此書白田年譜定在庚子，今疑當在戊戌，距前書三年。至是始明白指出小序不可信，又經修訂，而破棄未盡，未成完書也。

又同卷另一書云：

詩説昨已附小雅後二册去矣。小序之説，未容以一言定，更俟來誨，卻得反復。區區之意，已是不敢十分放手。前諭未極，更須有説話，卻望子細一一垂諭，更容考究為如何。逐旋批示，尤幸。并得之，卻難看。

白田年譜定此書在庚子正月四日，當是。東萊堅信小序，朱子因云不敢十分放手。又望東萊逐旋批示，并得之恐難看。大賢之虚心從善，與夫細心求是之美德，兩俱見矣。

同卷又一書云：

向來所諭詩序之說，不知後來尊意看得如何？「雅鄭」二字，「雅」恐便是大、小雅，「鄭」恐便是鄭風，不應概以風為雅，又於鄭風之外別求「鄭聲」也。聖人刪錄，取其善者以為法，存其惡者以為戒，無非教者，豈必滅其籍哉。看此意思，甚覺通達，無所滯礙，氣象亦自公平正大，無許多回互費力處，不審高明竟以為如何。

此書所論，後又屢及之，已詳前引。爭小序則必爭及此，朱子與東萊兩人意見終不能合，即此可見。同卷又一書云：

近來看得前日之說，猶是泥裏洗土塊。畢竟心下未安穩清脫。便中求所定者節目處一二篇一觀，恐或有所警發也。

前引兩書亦均在庚子。至是，朱子仍嫌其未能盡情解脫小序之纏縛。又文集卷五十答潘文叔有云：

詩亦再看，舊說多所未安，見加刪改，別作一小書，庶幾簡約易讀。若詳考即自有伯恭之書矣。

此書白田年譜定在甲辰。至是，朱子於詩，仍謂舊説多所未安，再加改定。東萊説與朱子不合，而云自有伯恭之書矣，此又大賢之謙讓，異同待人自辨也。

又同卷答潘恭叔有云：

讀詩諸説，前書已報去。近再看二南舊説，極有草草處，已略刊訂，別為一書以趨簡約，尚未能便就。

白田年譜定此書在甲辰後。

又文集卷四十八答吕子約有云：

詩説久已成書，無人寫得，不能奉寄。亦見子約專治小序而不讀詩，故自度其説未易合而不寄耳。謂「變風止乎禮義」，其失甚明。但若以小序論之，則未見其失耳。讀古人書，直是要虛着心，大着肚，高着眼，方有少分相應。若左遮右攔，前拖後拽，隨語生解，節上生枝，則更讀萬卷書，亦無用處。

白田年譜定此書在丁未，詩說成書在前。自今年計之，上距其丁酉為詩集傳序又十年矣。

又文集卷五十九答李公晦有云：

詩說近修得國風數卷，舊本且未須出，甚善。

白田年譜定此書在甲寅，朱子年六十五後。是至晚年尚欲有所修訂也。朱子每治一書，其心力之至老不苟，如是如是。

年譜有曰：

詩自毛鄭以來，皆以小序為主。其與經文舛戾，則穿鑿為說以通之。先生獨以經文為主，而訂其序之是非，復為一編，附置經後，以還其舊。

語類亦曰：

某因作詩傳，遂成詩序辨說一冊，其他繆戾，辨之頗詳。（八〇）

此條李煇錄，不知在何年。上引文集答呂伯恭、潘文叔、潘恭叔、呂子約諸書，凡云「詩說」，皆指詩序辨說言。詩序辨說別出於詩集傳之外，必詩序之辨說定，而後詩之經文之集傳乃可定。詩集傳之外有詩序辨說，猶論孟集注之外有或問也。後人僅讀論孟集注，可以不看或問，亦猶如僅讀詩傳，可以不看詩序辨說也。惟朱子草為論孟集注，最後即不絡續改定其或問。而朱子之為詩集傳，則似詩序辨說之工作同時進行，直至兩書同時完成，此乃發揮義理與辨訂史實性質不同。凡朱子之著述，皆是大體例相同，而枝節互異。此亦其格物窮理之教之實際應用，所格對象不同，則其窮格之方法亦隨而有變化也。

清康熙中禦兒呂氏寶誥堂重刻白鹿洞原本朱子遺書中，收有詩序辨一卷，卷首有朱子辨說一篇，殆即此書之序，其文不見於文集，今重加摘錄以終斯篇。其文略曰：

詩序之作，說者不同。後漢書儒林傳以為衛宏作毛詩序，今傳於世，則序乃宏作明矣。然鄭氏又以為諸序本自合為一編，毛公始分以寘諸篇之首，則是毛公之前，其傳已久，宏特增廣而潤色之耳。故近世諸儒，多以序之首句為毛公所分，而其下推說云云者，為後人所益。理或有之。但今考其首句，則已有不得詩人之本意，而肆為妄說者矣，況沿襲云云之誤哉。然計其初，猶必自謂出於臆度之私，非經本文，故且自為一編，別附經後。又以尚有齊魯韓氏之說並傳於世，故讀者亦有以知其出於後人之手，不盡信也。及至毛公引以入經，乃不綴篇後，而超冠篇端。不為註文，而直作經字。不為疑辭，而遂為決辭。其後三家之傳又絶，而毛說孤行，則其牴牾之迹無復可見。故此序者，遂若詩人先所命題，而詩文反為因序以作。於是讀者轉相尊信，無敢擬議。至於有所不通，則必為之委曲遷就，穿鑿而附合之。寧使經之本文，繚戾破碎，不成文理，而終不忍明以小序為出於漢儒也。愚之病此久矣。然猶以其所從來也遠，其間容或眞有傳授證驗，而不可廢者。故既釆以附傳中，而復并為一編，以還其舊，因以論其得失云。

此書成於何時，今已無考。然觀上引，可見其書在舊本詩集傳之後，然亦在今本詩集傳定稿之前。朱子之意，至審慎，至平實。其據鄭氏謂毛公始分序以寘諸篇之首，猶如據古易版本分易之為伏羲易、文王周公易與孔子易也。至於盡破序說，事尚在後。說書獲一定論，夫豈易事。學者若引東萊讀詩記中所引朱子最先舊說，與夫此書中所辨論，以及今集傳中之最後定論，分作三階層，對比互勘，自可見朱子對詩經學與年俱進之大概。而朱子對於經學、文學上之潛心努力，亦胥可由此而見。又烏得守清儒門戶之見，只認為是理學家說經，而以輕心掉之乎。

朱子之書學

朱子治易，定經文本為卜筮作。治詩，破棄大、小序以為不可信。此皆夐絕千古之巨眼。其於書，則辨伏、孔兩家所傳相異。此一抉發，可與其治詩、易鼎足而三。光宗紹熙元年庚戌，朱子年六十一，刊四經四子書於漳州。文集有書臨漳所刊四經後共四篇，其書篇云：

漢儒以伏生之書為今文，而謂安國之書為古文。以今考之，則今文多艱澀，而古文反平易。或者以為今文自伏生女子口授鼂錯時失之，則先秦古書所引之文皆已如此。或者以為記錄之實語難工，而潤色之雅詞易好，則暗誦者不應偏得所難，而考文者反專得其所易。是皆有不可知者。至諸序之文，或頗與經不合，如康誥、酒誥、梓材之類。而安國之序，又絕不類西京文字。亦皆可疑。

此文疑伏、孔尚書相異，又疑書序不可信，凡所辨說，具引於辨僞篇。朱子於理學，既集北宋之大成，於經學，則為此下明淸兩代之開山。僞古文尚書一案，即由朱子提出。就中國全部學術史言，朱子之偉大，洵是古今難匹。

惟朱子於易有本義，於詩有集傳，於書則闕，此亦有故。語類：

問：「讀尚書，欲裒諸家說觀之，如何？」先生卻云：「便將衆說看未得。且讀正文，見箇意思了，方可如此將衆說看。」又曰：「如盤庚之類，非特不可曉，便曉了，亦要何用。如周誥諸篇，周公不過是說周所以合代商之意，是他當時說話，其間多有不可解者。亦且觀其大意所在而已。」又曰：「有功夫時，更宜觀史。」（七八）

朱子不教人治春秋，而自所致力則在通鑑。又不勸人讀尚書諸解，只勸人讀正文。又云且觀大意，有工夫時更宜觀史。此皆絕大開示也。

問可學：「尚書如何看？」曰：「須要考歷代之變。」曰：「世變難看。唐虞三代事，浩大闊遠，何處測度？不若求聖人之心。如堯則考其所以治民，舜則考其所以事君。」（七八）

是朱子乃以史學教人讀尚書，又以理學教人讀尚書，而訓詁考據轉非所急。此等議論，明通切實。厥後清儒辨僞古文尚書一案，可謂對尚書學有貢獻。其他方面治尚書，頗少發展。正為惟知就經治經，就尚書治尚書，眼光先受局限，識見自難開拓也。

問尚書未有解。曰：「便是有費力處。其間用字亦有不可曉處。」（七八）

此條黃罃錄戊申所聞，朱子年五十九。其為易本義、詩集傳皆在前，故門人有此問。此條下面詳論伏孔兩家所傳相異，即所謂用字有不可曉處。正為此一問題未獲解答，故朱子亦不輕欲為書作解。

請點尚書以幸後學。曰：「某今無工夫。」曰：「先生於書既無解，若更不點，則句讀不分，後人承外聽訛，卒不足以見帝王之淵懿。」曰：「公豈可如此說，焉知後來無人。」再三請之，曰：「書亦難點。如大誥語句甚長，今人卻都碎讀了，所以曉不得。某嘗欲作書說，竟不曾成。如制度之類，只以疏文為本。若其他未穩處，更與挑剔令分明便得。」又曰：「書疏載『在璇璣玉衡』處先說箇天。今人讀着亦無甚緊要。以某觀之，若看得此，則亦可以粗想像天之與日月星辰之運，進退疾遲之度，皆有分數，而曆數大概亦可知矣。」（七八）

此條楊道夫錄己酉以後所聞，未定在何年，要之在上引黃嵤一條後。朱子既不欲為書解，其弟子乃欲朱子為書點句，而亦遭拒絕。朱子意，不僅書有難解，即點句亦不易。僅欲為書說，其體例殆是只說綱要。然如制度，如天文曆法，如地理，如其他名物，亦復說之不易。朱子只欲以疏文為本，而亦未有成書。厥後清儒亦知治書必旁通許多專家之業，此意在朱子已先發之。

然朱子晚年，亦曾親為書傳而未成。年譜慶元四年戊午，朱子年六十九，集書傳。李譜云：

> 按大全集，二典、禹謨、金縢、召誥、洛誥、武成諸說數篇，及親稿百餘段具在，其他悉口授蔡沈，俾足成之。

語類有曰：

> 臨行拜別，李丈稟曰：「書解乞且放緩，願早成禮書，以幸萬世。」曰：「書解甚易，只等蔡三哥來便了。禮書大段未也。」（一一七）

此條陳淳錄，在戊午，辭別聞此。是朱子在戊午確從事書傳工作，故其門人乞且放緩也。王白田年譜考異，謂朱子先為書傳未成，戊午命門人分為之，恐未是。

蔡沈書經集傳序有云：

慶元己未冬，先生文公令沈作書集傳。明年，先生歿。又十年，始克成編。

又曰：

沈自受讀以來，沉潛其義，參考眾說，融會貫通，乃敢折衷。微辭奧旨，多述舊聞。二典三謨，先生蓋嘗是正，手澤尚新，惜哉。先生改本已附文集中，其間亦有經承先生口授指畫而未及盡改者，今悉更定，見本篇。集傳本先生所命，故凡引用師說，不復識別。

二典禹謨今見文集卷六十五，殆是朱子改定蔡沈稿。陳北溪集答郭子從有云：「尚書，先師只解得三篇」，或即指此。然則北溪於朱子以書傳囑付仲默一事，似未明知。

文集卷五十八答謝成之有云：

熹病老益衰，今年尤甚。此中今年，絕無來學者。只邵武一朋友，見編書說未備。近又遭喪，俟其稍定，當招來講究，亦放詩集傳作一書。

此謂邵武一朋友，當即指蔡沈。邵武為建陽鄰縣，時方遭黨錮之禍，朱子蓋不欲明言也。戊午蔡季通死於貶所，故謂其遭喪。

文續集卷三答蔡仲默書有云：

年來病勢交攻，困悴日甚。看此氣象，豈是久於人世者。諸書且隨分如此整頓一番，禮書大段未了。最是書說，未有分付處。因思向日喻及尚書文義通貫猶是第二義，直須見得二帝三王之心，而通其所可通，毋強通其所難通。即此數語，便已參到七八分。千萬便撥置此來，議定綱領，早與下手為佳。諸說此間亦有之，但蘇氏傷於簡，林氏傷於繁，王氏傷於鑿，呂氏傷於巧；然其間儘有好處。如制度之屬，祇以疏文為本。若其間有未穩處，更與挑剔令分明耳。

此云書說未有分付處，則朱子必已先有書說之草創。同卷又一書云：

示喻書說數條，皆是。但康誥「外事」與「肆汝小子封」等處自不可曉，只合闕疑。某嘗謂尚書有不必解者，有須着意解者，有略須解者，有不可解者。其不可解者，正謂此等處耳。

此即與謝成之書所謂「一朋友見編書說」也。

蔡沈夢奠記又云：

慶元庚申三月初二日丁巳，先生簡附葉味道，來約沈下考亭。當晚，即與味道至先生侍下。是夜，先生看沈書集傳，說數十條，及時事甚悉。精舍諸生皆在，四更方退。只沈宿樓下書院。初三日戊午，先生在樓下改書傳兩章，又貼修稽古錄一段。是夜，說書數十條。

朱子卒在三月初九，此在其卒前六七日。年譜繫集書傳於戊午，覈之與謝成之書，是年蔡沈遭父喪，尚未來考亭，年譜所云，必是親手自為之稿，或即是今文集金縢、召誥、洛誥、武成諸篇，僅以示例，以待蔡氏來詳定。又謂親稿百餘段，蓋略如武成月日譜、考定武成次序之類，而皆未成篇，故不錄入文集。然今文集諸篇中，亦多可分段，未必皆是成篇也。王氏年譜考異，謂金縢以下諸篇乃朱子早年作，此非有據，並無以解於李氏勸朱子「書解乞且放緩」之云，而朱子告李氏則曰「書解甚易，只待蔡三哥來」。蓋朱子本非立意欲竟體自成此書，且草創以付仲默也。

又文續集卷三答蔡仲默有云：

金縢「弗辟」之說，只從鄭氏為是。向董叔重亦辨此條，一時信筆答之，謂當從古注說，後來思之不然。是時三叔方流言於國，周公處兄弟骨肉之間，豈應以片言半語便遽然興師以誅之。聖人氣象大不如此。又成王方疑周公，周公固不應不請而自誅之。若請之，王亦未必見從，則當時事勢亦未必然。

此從詩傳馬、鄭說以辟為避。文集卷五十一答董叔重，先詳董說，謂此辟字與蔡仲之命所謂「致辟」之辟同。備論當時情勢，謂周公誅管蔡與伊尹放太甲，皆聖人之變。使周公委政而去二年之久，不幸成王終不悟，則周家之禍可勝言哉。觀公之告二公，曰：「我之弗辟，我無以告我先王」，其言正大明白，至誠惻怛，區區嫌疑，有不敢避矣。朱子以「辟字當從古註說」七字復之。文集卷三十九答徐元聘，謂馬鄭以為東行避謗，乃鄙生腐儒不達時務之說。又卷四十答何叔京，謂此等處須著個極廣大無物我底心胸看方得；若有一毫私吝自愛惜避嫌疑之心，即與聖人做處天地懸隔。萬一成王終不悟，周公更待罪幾年，不知如何收殺。語類亦云：

周公東征，其勢亦難誚他。若成王終不悟，周公須有所處矣。（七九）

是時周公握了大權，成王自是轉動周公未得。便假無風雷之變，周公亦須別有道理。（七九）

凡此皆以弗辟為弗誅，即詩集傳破斧諸詩亦如此，皆與文集卷六十五金縢說符合。文續集答仲默書，殆是朱子對此一事之最後見解，今蔡傳即從其意。然則金縢說或是早作。朱子告楊道夫云：「某嘗欲作書說，竟不曾成」，金縢說或是其書說中之舊稿歟？抑或戊午成草，而最後又一反前說乎？至其又將此稿授之蔡沈，或是朱子於此前後兩說仍有未定，故欲蔡氏再加熟慮乎？此皆不能詳論。要之雖一字之義訓，孰得孰失，所關義理甚大，其間實費斟酌。朱子論孟集注，往往一說屢經改定，有至四五次七八次以上者。亦有兼存兩說，以待後人之再定者。其於書，則未能如論孟之致力。若使蔡氏遇此等處，能兼存其師前後異說，豈不更善。著書體例最難有如是。

白田考異又曰：

按文集答潘子善書，論書解甚詳，而李時可亦有書說，亦朱子所命，其書不傳，當是戊午已命門人分為之，至己未冬，乃專屬之仲默耳。

文集卷六十答潘子善凡十一書，問易傳、問詩、問春秋、問通鑑、問近思錄，所問甚廣，而問及書者為多，然不見有命為書傳之證。文集卷五十五答李時可凡七書，末三書皆論書傳事，殆是時可自有意為書作集說，朱子示以體裁條例，不似朱子命其為之，更不見至戊午乃命為之之證。今據朱子與謝成之書，及蔡沈書集傳序，似朱子專以書傳事囑付仲默。陳北溪答郭子從，謂「蔡仲默、林子武皆有書解，聞皆各自為一家」，卻不及潘、李。是朱子以書傳囑付仲默，即高弟如北溪，亦似未確知其事也。

前引朱子答仲默兩書，討論撰述書傳大綱，有極值注意者兩事。一則朱子於北宋諸賢乃及同時學者所為書說，一一平心指其短而不忽其所長，乃求薈萃融會以定一是。即如文集卷六十五考定武成次序，即是參考劉侍讀、王荆公、程先生，自謂「大略皆集諸家之所長」是也。又一則分別書之不必解，不可解，須著意解，與略須解諸端，此實為解古書一普徧可用之原則，而尤於書為甚。書之難解，清儒積兩百數十年之努力而仍多不可解者。乃清儒之昧，尚有欲專遵康成一家以為解，又字字句句而解之，若不知有不可通處，此其識趣之高下深淺，相較遠矣。朱子於書，不僅分別今古文難易，開出此下明清兩代發明偽古文一案；而其指示解書方法，實尚未為清儒所領略，而猶有待於後起有志者之繼續從事也。

語類又云：

大抵尚書有不必解者，有須著意解者。不必解者，如仲虺之誥、太甲諸篇，只是熟讀，義理自分明，何俟於解。如洪範則須著意解。如典謨諸篇辭稍雅奧，亦須略解。若如盤庚諸篇，已難解，而康誥之屬則已不可解矣。昔日伯恭相見，語之以此，渠云：「亦無可闕處。」因語之云：「若如此，則是讀之未熟。」後二年相見，云：「誠如所說。」（七八）

此條鄭可學錄辛亥所聞，朱子年六十二。所舉不必解者皆屬古文。須略解者，如二典三謨，其間大禹謨一篇亦古文。二典及皋陶謨、益稷，雖屬今文，實亦戰國晚出書耳。如盤庚、康誥，朱子認為難解與不可解者，皆在西周前。至於洪範，自西漢至北宋，為儒家所重視，故朱子謂此篇須著意解也。

語類又云：

典謨之書，恐是曾經史官潤色來。如周誥等篇，恐只似如今榜文，曉喻俗人者。方言俚語，隨地隨時，各自不同。林少穎嘗曰：「如今人『即日伏惟尊候萬福』，使古人聞之，亦不知是何等說話。」（七八）

此條萬人傑錄庚子以後所聞，未定在何年。又曰：

尚書中盤庚、五誥之類實是難曉。若要添減字硬說將去，儘得，然只是穿鑿，終恐無益耳。（七八）

此條潘時舉錄癸丑以後所聞，未定在何年。又曰：

先生歷舉王、蘇、程、陳、林少穎、李叔易十餘家，卻云：「且讀正文。書中易曉處，直易曉。其不可曉處，且闕之。」（七八）

此條吳必大錄戊申、己酉所聞，朱子年五十九、六十。語類又一條云：

呂伯恭解書，自洛誥始。某問之曰：「有解不去處否？」曰：「也無。」及數日後，謂某曰：「書也是有難說處，今只是強解將去爾。」要之伯恭卻是傷於巧。（七八）

此條楊道夫錄己酉以後所聞。又曰：

書且看易曉處。其他不可曉者不要強說。縱說得出，恐未必是當時本意。近世解書者甚衆，往往皆是穿鑿。如呂伯恭亦未免。（七八）

此條亦潘時舉錄。

以上見朱子自五十後，對於書之不可盡解，始終抱持同一意見，而其未嘗發意欲為書作解，亦自可知。其於易，則教人分別伏羲易、文王易、孔子易，勿混拌為說。其於詩，教人熟讀後再加諷誦，務求得詩中之情味。於書，則教人不要穿鑿強說，只從易解處且觀大意。其所開示，皆可謂深切而著明。清儒專意訓詁考據，積累二百年以上之工夫，一一而解，又甯能免於強解之病。若使一承朱子指示，實可省無限精力，並可獲更宏效益。惜乎後人終難了此淵恉，即如蔡沈，承師末命，窮十年之力而成書，其所為果有當於朱子之意否，亦大可商榷矣。

語類又云：

康王之誥，釋斬衰而服衮冕，於禮為非。孔子取之，又不知如何。設使制禮作樂，當此之職，只得除之。（七九）

此條楊道夫錄己酉以後所聞，不定在何年。文集卷六十答潘子善則云：

天子諸侯之禮，與士庶人不同。如伊訓元祀十二月朔，亦是新喪，伊尹已奉嗣王祇見厥祖，固不可用凶服矣。漢唐新主即位，皆行冊禮，君臣亦皆吉服，追述先帝之命以告嗣君。韓文外集順宗實錄中有此事可考。蓋易世傳授，國之大事，當嚴其禮。而王侯以國為家，雖先君之喪，猶以為己私服也。五代以來，此禮不講，則始終之際殊草草矣。

此書在蔡季通死後，當較語類潘錄為後。時適為韓文考異，故引順宗實錄為證。又文集卷四十六答黃商伯有云：

三代之禮，吉凶輕重之間，須自有互相降厭處。如顧命、康王之誥之類，自有此等權制。禮畢卻反喪服，不可為此便謂一向釋服也。

此書疑在戊午答潘子善書同時稍前。此書以禮定，而答潘書則以史證。書中謂「往時妄論」，則指甲寅討論喪服劄子言。今蔡沈書集傳康王之誥篇引蘇氏說，是知有語類答楊道夫與論喪服劄子之朱子舊時意見，卻不知有答黃商伯、答潘子善之後來定論。關於人心道心之分辨，蔡氏集傳輕改朱子數字，乃大失朱子本意，說詳人心道心篇。如此處，又失朱子有關論禮之大節。倘詳加比論，恐蔡傳失朱子本意者，尚多有之。蔡氏為集傳，如能亦效朱子論孟集注之例，遇引師說，一一注明，讀者將易於鑒別。今乃曰「集傳本先生所命，故凡引用師說，不復識別」。雖曰尊師，實嫌自信。此又蔡氏集傳體例一大缺點。朱子論孟集注體例，明引程說及諸家說，又加「熹案」，分別甚顯。何以蔡氏乃並此而忽之，是誠不可解也。

朱子之春秋學

朱子治經，易詩皆有成書。晚年刻意修禮書，以書傳囑付蔡沈。獨於春秋未有撰述，並戒學者勿治。文集卷八十二書臨漳所刊四經後，其春秋篇則曰：

熹之先君子，好左氏書，每夕讀之，必盡一卷乃就寢。故熹自幼未受學時，已耳熟焉。及長，稍從諸先生長者問春秋義例，時亦窺其一二大者，而終不能有以自信於其心。以故未嘗敢輒措一詞於其間，而獨於其君臣父子大倫大法之際為有感也。近刻易詩書於郡帑，顧三禮體大，未能緒正。獨念春秋大訓，聖筆所刊，不敢廢塞。而河南邵氏皇極經世學，又以易、詩、書、春秋為皇帝王霸之書，尤不可以不備。乃復出左氏經文別為一書，以踵三經之後。

此文成於紹熙庚戌，朱子年六十一。猶曰「未嘗敢輒措一辭於其間」。蓋朱子終生，實亦迄未敢於春秋措一辭也。

文集卷四十三答趙佐卿有曰：

聖經惟論孟文詞平易，而切於日用，讀之疑少而益多。若易、春秋，則尤為隱奧而難知者。是以平日畏之而不敢輕讀也。

文續集卷一答黃直卿有曰：

春秋難看，尤非病後所宜。且讀他經論孟之屬，如不食馬肝，亦未為不知味也。

卷二答蔡季通又曰：

春秋無理會處，不須枉費心力。吾人晚年，只合愛養精神，做有益身心工夫。如此等事，便可一筆勾斷，不須起念。儘教它是魯史舊文，聖人筆削，又干我何事耶。

此兩書更屬晚年語，其意態之直截明決有如此。

又文集卷三十九答魏元履有云：

欲為春秋學，甚善。但前輩以為此乃學者最後一段事。蓋自非理明義精，則止是較得失，考同異，心緒轉雜，與讀史傳摭故實無以異。愚意不若只看論語。

此乃朱子早年語，時於春秋未深涉，故措辭平緩也。

語類有曰：

某平生不敢說春秋。若說時，只是將胡文定說扶持說去。畢竟去聖人千百年後，如何知得聖人之心。（八三）

此條滕璘錄辛亥所聞，朱子年六十二。然朱子此下又明言「胡文定春秋某也信不得」。只是胡氏於君臣父子大倫大法之際，較其他諸家主持為多，故朱子在先獨將胡氏說扶持將去，然亦未謂胡氏說眞知得聖人之心，則即據此條可見。

問：「先生於二禮、書、春秋未有說，何也？」曰：「春秋是當時實事，孔子書在冊子上，後世諸儒學未至而各以己意猜想，正橫渠所謂『非理明義精而治之，故其說多鑿』是也。今不若

且存取胡文定本子與後來看。縱未能盡得之，然不中不遠矣。」（八三）

此條余大雅錄戊戌所聞，朱子年四十九。又曰：

春秋難看，此生不敢問。（八三）

此條鄭可學錄辛亥所聞。

問春秋、周禮疑難。曰：「此等皆無佐證，強說不得。若穿鑿說出來，便是侮聖言。不如且研窮義理。義理明則皆可遍通矣。」因曰：「看文字，且先看明白易曉者，此語是某發出來，諸公可記取。」（八三）

此條潘時舉記癸丑以後所聞。昔伊川為明道行狀，謂「求道未知其要，泛濫於諸家，出入於老釋，返求諸六經而後得之」。朱子之於六經，則不惟為之探賾索隱，抑且加以摧陷廓清。使後之學者，知求道之要在於論孟學庸，而六經非急務。此尤朱子對後世學術界大貢獻所在。

語類又曰：

春秋煞有不可曉處。（八三）

此條胡泳錄戊午所聞，乃朱子晚年語。謂春秋難曉，乃指其書法褒貶言。

又曰：

要去一字半字上理會褒貶，要去求聖人之意，你如何知得他肚裏事。（八三）

此條黄義剛錄，亦晚年語。

又曰：

昔楚相作燕相書，其燭暗而不明，楚相曰：「舉燭。」書者不察，遂書「舉燭」字於書中。燕相得之，曰：「舉燭者，欲我之明於舉賢也。」於是舉賢退不肖，而燕國大治。故曰「不是郢書，乃成燕說」。今之説春秋者，正此類也。（八三）

此條萬人傑錄。人傑早卒，知朱子自五十後，即深知諸家説春秋之不足信。

問：「諸家春秋解如何？」曰：「某盡信不及。如胡文定春秋，某也信不及。知得聖人意裏是如此說否？今只眼前朝報差除，尚未知朝廷意思如何，況生乎千百載之下，欲逆推乎千百載上聖人之心。況自家之心又未如得聖人，如何知得聖人肚裏事。某所以都不敢信諸家解。除非是得孔子還魂親說出，不知如何。」（八三）

此條沈僩錄，乃朱子晚年語。

又曰：

學春秋者多鑿說。後漢五行志注載漢末有發范明友塚，家奴猶活。明友霍光女壻，說光家事及廢立之際，多與漢書相應。某嘗說與學春秋者曰：「今如此穿鑿說，亦不妨。只恐一旦有於地中得夫子家奴出來，說夫子當時之意不如此爾。」（八三）

此條輔廣錄，亦晚年語。可知朱子晚年對自來諸儒說春秋者之意態。然春秋亦非全不可曉，其間自有易曉者。語類又曰：

人道春秋難曉，據某理會來，無難曉處。只是據他有這箇事在，據他載得恁地。（八三）

此條亦黃義剛錄。

又曰：

春秋大旨，其可見者，誅亂臣，討賊子，內中國，外夷狄，貴王賤伯而已。未必如先儒所言字字有義也。想孔子當時，只是要備二三百年之事，故取史文寫在這裏，何嘗云某事用某法，某事用某例耶？（八三）

此條李閎祖錄戊申朱子年五十九以後所聞。

又曰：

春秋只是直載當時之事，要見當時治亂興衰，非是於一字上定褒貶。孔子作春秋，據他事實寫在那裏，教人見得當時事是如此，安知用舊史與不用舊史。今硬說那箇字是孔子文，那箇字是舊史文，如何驗得。孟子說：「臣弒其君者有之，子弒其父者有之，孔子懼，作春秋。」說得極是了。又曰：「春秋無義戰，彼善於此則有之矣。」此等皆看得地步闊。聖人之意只是如此，

不解恁地細碎。（八三）

此條陳淳、黃義剛同有錄，亦朱子晚年語。

問：「春秋當如何看？」曰：「只如看史樣看。」曰：「程子所謂『以傳考經之事迹，以經別傳之眞僞』，如何？」曰：「便是亦有不可考處。」曰：「其間不知是聖人果有褒貶否？」曰：「也見不得。」「如許世子止嘗藥之類如何？」曰：「聖人亦只因國史所載而錄之耳。聖人光明正大，不應以一二字加褒貶於人。若如此屑屑求之，恐非聖人之本意。」（八三）

此條潘時舉錄癸丑朱子年六十四以後所聞，亦晚年語。看春秋當如看史樣，乃朱子教人讀春秋之最要法門。六經中尚書、春秋，皆為後世史書淵源，朱子教人只把看史方法來看此兩書。朱子教人看尚書，能貴識堯舜之心，此猶如云讀三國志貴能識諸葛亮、曹操之心而已。讀史不識得史中人物心事，那算得讀史。然欲在春秋一二字上求識孔子之心，則大誤。朱子為通鑑綱目，直書曹操自立為魏公，此亦直載當時之事，始是善學春秋。乃是明史實，非欲定褒貶。如許世子事，從來皆以為在書法中寓褒貶，朱子亦不信。朱子始是直探孔子之心，而謂其「光明正大，不應以一二字加褒貶於人」。其他諸儒每欲於一二字褒貶中求孔子之心，乃與朱子有別。朱子又謂，以傳考經之事迹，以經別傳之眞僞，其間亦有不可考處，此見朱子於春秋經傳，亦子細下過工夫，故能如此云云也。

語類又云：

看春秋且須看得一部左傳首尾意思通貫，方能略見聖人筆削與當時事之大意。（八三）

此條楊道夫錄己酉朱子年六十以後所聞，此亦晚年語。朱子既教人看春秋亦如看史樣，故又教人看左傳。朱子亦非謂孔子春秋無筆削，乃是教人從事上求，不從字上求。然事上求亦僅能略見大意。至晚清今文學家，乃欲一本公羊家文字，以求孔子所講治平大道，則宜乎其失之益遠矣。

又曰：

春秋之書，且據左氏。（八三）

此條輔廣錄。

問讀左傳法。曰：「也只是平心看那事理、事情、事勢。」（八三）

此條黃義剛錄。

又曰：

左氏之病，是以成敗論是非，而不本於義理之正。嘗謂左氏是箇滑頭熟事趨炎附勢之人。（八三）

元城說左氏不識大體，只是時時見得小可底事便以為是。（八三）因舉陳君舉說左傳，曰：「左氏是一箇審利害之幾，善避就底人，所以其書有貶死節等事。其間議論有極不是處。如周鄭交質之類，是何議論。其曰『宋宣公可謂知人矣，立穆公，其子饗之』，只知有利害，不知有義理。此段不如穀梁說『君子大居正』，卻是儒者議論。」（八三）

此條滕璘錄辛亥所聞，朱子年六十二。看左傳以求其事，而事理事情事勢，仍當自出心眼，不得一依左氏。「君子大居正」乃出公羊，錄者有誤。

又曰：

左氏見識甚卑，如言趙盾弒君之事，卻云「孔子聞之曰：『惜哉！越境乃免。』」如此則專是回避占便宜者得計，聖人豈有是意。聖人作春秋而亂臣賊子懼，豈反為之解免耶。（八三）

左氏明載是孔子言，而朱子不之信。此等處，自非理精義熟，何能得此見識。故知非先有經學義理栽培，則不足與治史。

語類又曰：

左氏所傳春秋事，恐八九分是。公、穀專解經，事則多出揣度。（八三）

此條吳必大錄戊申、己酉所聞，朱子年五十九、六十。

又曰：

左氏傳是箇博記人做，只是以世俗見識斷當它事，皆功利之說。公、穀雖陋，亦有是處。但皆得於傳聞，多訛謬。（八三）

此條廖德明錄癸巳以後所聞，不定在何年。

問三傳優劣。曰：「左氏曾見國史，考事頗精。只是不知大義。公、穀考事甚疏，然義理卻精。

二人乃是經生，傳得許多說話，往往都不曾見國史。」（八三）

此條潘時舉錄。

又曰：

以三傳言之，左氏是史學，公、穀是經學。史學者記得事卻詳，於道理上便差。經學者於義理上有功，然記事多誤。（八三）

此條黃𥲤錄戊申所聞。以經學、史學分別三傳，並謂各有優劣。然朱子又謂看春秋當如看史樣，故其臨漳刊四經，獨附左傳，不附公、穀。然則謂朱子重經輕史，可知別有義據，非如一般所想像也。語詳史學篇。

又曰：

問公、穀。曰：「據他說亦是有那道理，但恐聖人當初無此等意。」（八三）

此條陳淳、黃義剛同有錄。

公、穀想得皆是齊魯間儒，其所著之書恐有所傳授。但皆雜以己意，所以多差舛。其有合道理者，疑是聖人之舊。（八三）

此條沈僩錄。

又曰：

春秋難理會。公、穀甚不好，然又有甚好處。如序隱公遜國、宣公遜其姪處甚好。何休注甚謬。（八三）

公羊說得宏大，如「君子大居正」之類。穀梁雖精細，但有些鄒搜狹窄。（八三）

公羊是箇村樸秀才，穀梁又較黠得些。（八三）

朱子衡評三傳，率直如是。可見實非不曾精研春秋，乃是精研後勸人勿枉費心力耳。若使清儒能瞭此意，則嘉、道以後爭左氏爭公羊，經學上今古文軒然大波，又何由而起耶？

問：「春秋傳序引夫子答顏子為邦之語，為顏子嘗聞春秋大法，何也？」曰：「此不是孔子將春秋大法向顏子說。蓋三代制作極備矣。孔子更不可復作，故告以四代禮樂。只是集百王不易之大法。其作春秋，善者則取之，惡者則誅之，意亦只是如此，故伊川引以為據耳。」（八三）

此條陳淳錄。

或問伊川春秋序後條。曰：「四代之禮樂，此是經世之大法也。春秋之書，亦經世之大法也。然四代之禮樂，是以善者為法，春秋是以不善者為戒。」又問：「孔子有取乎五霸，豈非時措從宜？」曰：「是。」又曰：「觀其予五霸，其中便有一箇奪底意思。」（八三）

此條葉賀孫錄辛亥以後所聞，亦晚年語。兩條皆辨伊川春秋傳序語。春秋只集四代禮樂百王經世之大法，非是別有一種經世大法，故朱子不取何休。何休已不即是公羊，何得認為即是孔子。晚清公羊家言，以此折之可矣。如戴望本何休注論語，其荒誕更可知。

語類又云：

「春秋序云：『雖德非湯武，亦可以法三王之治。』如是則無本者亦可以措之治乎？語有欠。」因云：「伊川甚麼樣子細，尚如此。難！難！」（八三）

此條包揚錄癸卯、甲辰、乙巳所聞，朱子年五十四至五十六。若如伊川云云，則陳龍川不為無見。此條所辨，義旨深微，非知此不足以窺朱子論史之精卓。

文集卷六十答潘子善有云：

春秋一經，從前不敢容易令學者看，今恐亦可漸讀正經及三傳，且當看史工夫，未要便穿鑿說褒貶道理，久之卻別商量，亦是一事。

此書在蔡季通死貶所之後，乃曰「恐亦可漸讀」，立言至慎矣。又曰「且當看史工夫，未便要穿鑿說褒貶」，則朱子教人讀春秋最要綱領也。

問：「孔子作春秋，空言無補，亂臣賊子何緣便懼？且何足為春秋之一治？」曰：「非說當時便一治，只是存得箇治法，使這道理光明燦爛。有能舉而行之，為治不難。當時史書掌於史官，想人不得見。及孔子取而筆削之，而其義大明。孔子亦何嘗有意說用某字使人知勸，用某字使人知懼，用某字有甚微詞奧義使人曉不得，足以褒貶榮辱人來。不過如今之史書，直書其事，善者惡者了然在目，觀之者知所懲勸，故亂臣賊子有所畏懼而不犯耳。近世說春秋者太巧，皆失聖人之意。又立為凡例，加某字其例為如何，去某字其例為如何，盡是胡說。」問：「孔子所書辭嚴義簡，若非三傳詳著事迹，也曉他筆削不得。」曰：「想得孔子作書時，事迹皆在，門人弟子皆曉得聖人筆削之意。三家懼其久而泯沒也，始皆筆之於書。流傳既久，是以不無訛謬。然孔子已自直書在其中。如云：『夫人姜氏會齊侯于某』，『公與夫人姜氏會齊侯于某』，『公薨于齊』，『公之喪至自齊』，『夫人孫于齊』，此等顯然在目，雖無傳亦可曉。且如楚子侵中國，得齊桓公與之做頭抵攔，遏住他。齊桓公死，又得晉文公攔遏住。如橫流泛濫，硬做隄防。不然，中國為漭浸必矣。此等義何難曉。」問讀春秋之法。曰：「無他法，只是據經所書之事迹，而準折之以先王之道，某是某非。某人是底，猶有未是處；不是底又有彼善於此處。自將道理折衷便見。如看史記，秦之所以失如何，漢之所以得如何。楚漢交爭，楚何以亡，漢何以興。其所以為是非得失成敗盛衰者何故。只將自家平日講明底道理去折衷看便見。看春秋亦如此。只是聖人言語細密，要人子細斟量考索耳。」問：「胡文定春秋解如何？」曰：「說得太深。蘇子由教人看左傳，不過只是看它事之本末，而以義理折衷去取之耳。」（五五）

此條沈僩錄戊午朱子年六十九以後所聞，眞是朱子晚年語也。其論春秋，大義備舉。辭簡義賅，明白平允。謂春秋亦如後世一史書，此非貶抑春秋，乃是大大提高了史學地位。謂看史書中是非得失成敗盛衰，須將自己平日講明底道理去折衷，此則朱子平日教人為學先經後史之要旨。若胸中先無一番道理，則易為歷史上種種權譎功利所搖撼迷惑，以為義理即是如此，而無所折衷，此乃朱子所深戒也。若如春秋，乃以聖人作史，既能據事直書，亦復大義昭然。而治春秋者，必欲於書法上求褒貶。不悟褒貶應本史實，不本書法。後儒自拘於經史畛域之觀，謂治經當求義理。則求孔子之義理，何不求之於論語，而顧求之於春秋。據語類此條，回視前引答魏元履書，大賢治學，固是與年俱進，然先後大體，則仍是無變。

蔡季通問：「如先生做通鑑綱目，是有意，是無意？須是有去取。如春秋，聖人豈無意。」曰：「聖人雖有意，今亦不可知。卻妄為之說不得。」（一二五）

朱子為通鑑綱目，正為有得於春秋之深旨。明敏如蔡季通，乃亦不能明朱子論春秋之意，則無怪後人之終自昧昧也。

語類又曰：

春秋固是尊諸夏，外夷狄，然聖人當初作經，豈是要率天下諸侯而尊齊晉。自秦檜和戎之後，士人諱言內外，而春秋大義晦矣。（八三）

「今之做春秋義，都是一般巧說，專是計較利害，將聖人之經做一個權謀機變之書。如此不是聖經，卻成一箇百將傳。」因說「前輩做春秋義，言辭雖麄率，卻說得聖人大意出。年來一味巧曲，但將孟子『何以利吾國』句說盡一部春秋。自秦師垣主和議，一時去趨媚他會夷狄處，此最是春秋誅絶底事，人卻都做好說。看來此書，自將來做文字不得，才說出便有忌諱。常勸人不必做此經。他經皆可做，何必去做春秋。這處也是世變。如二程未出時，便有胡安定、孫泰山、石徂徠，他們說經雖是甚有疏略處，觀其推明治道，直是凜凜然可畏。聖人此書之作，遏人欲於橫流，遂以二百四十二年行事寓其褒貶。使聖人作經，有今人巧曲意思，亦不解作得。不知聖人將死，作一部書，如此感麟涕泣，兩淚沾襟，這般意思，是豈徒然！」（八三）

此兩條言之尤極感慨。又曰：

將六經做時文，最說得無道理是易與春秋。他經猶自可。（八三）

上條所謂做春秋義，即指做時文。說易已易牽引附會，而春秋一經盡是歷史人事，孔子所懸夷夏大義，已與當時朝廷大政相違。自非學有根柢，義理灌溉沉深，能直抒所見，強立不反，而徒以利祿應舉，如此說春秋，自應生忌諱心，起趨媚心，曲說巧說，為害實大。朱子當時勸人不必將春秋作義，實更有一番深切為人之意。而朱子之力貶浙學，亦可於此窺其意嚮。

語類又云：

或言科舉之弊，先生曰：「如他經尚是就文義上說。最是春秋，不成說話，多是去求言外之意，說得不成模樣。某說道此皆是侮聖人之言，卻不如王介甫樣索性廢了較強。」（一〇九）

學者不深曉，乃疑朱子於春秋，何意存厭惡如此。故知讀書貴能博觀。即就朱子一家言，苟非會通博觀，而隨意掎摭其一言一辭以為說，則亦鮮能當於朱子之眞意矣。

朱子之禮學

朱子曠代大儒，不僅集北宋一代理學之大成，同時亦集漢晉以下經學之大成。使經學、理學會歸一貫，尤為朱子論學最大貢獻所在。其治經，語孟學庸最所注力。其詩集傳、易本義，皆成就精卓，迥不猶人，然朱子自謂只如雞肋。蓋繩之以理學大義理所關，則此兩書，自不當與語孟比重。至於春秋、尚書，朱子皆不曾大下精力。尚書晚年以付蔡沈，春秋則戒人勿輕涉。朱子改用力於通鑑綱目，然亦未有成書。朱子於經學中，於禮特所重視。此篇專記朱子之禮學，先及朱子平生考禮、議禮之大概，次及其晚年編修禮書之經過。學者合而觀之，可以知朱子治經重禮之精義所在。

其考禮制者，如：

文集卷三十答汪尚書，論家廟。又一書論祭外祖。又一書論祭儀及墓次焚黃。

文集卷三十六答陸子壽兩書，詳辨祔禮，主從司馬溫公書儀，而辨伊川考之未詳。又曰：

伊川先生嘗譏關中學禮者有役文之弊，而呂與叔以守經信古，學者庶幾無過，義起之事，正在盛德者行之。然此等苟無大害於義理，不若且依舊說。熹於禮經不熟，而考證亦未及精，且以愚意論之。然亦不特如此。熹常以為大凡讀書處事，當煩亂疑惑之際，正當虛心博采，以求至當。或未有得，亦當且以闕疑闕殆之意處之。若遽以己所粗通之一說而盡廢己所未究之眾論，則非惟所處之得失或未可知，而此心之量亦不宏矣。

禮在上則為典制，在下則為儀法，細翫此兩書，當時士大夫家婚喪皆尚有禮，而喪祭之禮尤重。惟古經以禮為最難治，遇有疑惑，不得不詳考以定一是。朱子治經，最知重考據，於禮最多涉及。清儒考禮，其所用心，僅在故紙堆中。朱子治禮，則以社會風教實際應用為主。此不同也。又前引第二書末一節云云，知凡所考據，不僅有關行事得失，亦影響心術精微。此乃義理、考據相通合一之精義所在，學者尤不可不深知。

文集卷四十二與吳晦叔，考廟室之制，兼辨伊川語錄之誤。

卷四十三答陳明仲諸書，論喪禮、祭禮與喪服。

卷四十六答曾致虛，論從祀畫象及塑象。

同卷答黃商伯兩書，論喪服制度及廟中塑象。

卷四十九答王子合，論廟室之向與坐位方向。

卷五十一答董叔重，論宗法。

卷五十四答周叔謹，論喪禮服制。

卷五十八答葉味道兩書，論既祔復主之禮。此事復齋、象山兄弟居喪來問，曾討論及之。復齋後加信服，而象山終不謂然。

卷六十答潘子善，論天子新喪吉服之制及主式。

卷六十二答王晉輔，論卒哭而祔之禮。又一書論墓祭與俗行拜掃之禮。

同卷答李晦叔，辨程氏祭儀之誤。

卷六十三答胡伯量兩書，備答喪禮諸疑問。

同卷答李繼善同。

又答郭子從同。書中有曰：

> 溫公之說亦適時宜，不必過泥古禮。即且從俗，亦無甚害。且從溫公之說，庶幾寡過。大抵今士大夫家，只當且以溫公之法為定。伊川考之未詳。

朱子言義理尊二程，而於溫公與二程兩家所定家禮，則多主從溫公。亦見大賢用心之持平。又一書答問婚禮。

同卷答葉仁父，論祭禮各節，曰：

諸家之禮，惟韓魏公、司馬溫公之法適中易行。

又辨伊川祭始祖先祖之說之不可行。

卷八十四題不養出母議後，論嫁母之有服。

又文集卷六十九禘祫議，漢同堂異室廟及原廟議，別定廟議圖說，君臣服議，此皆為朝廷典制立議。有曰：

其失在於兼盡今古，以為天子備物之孝；而不知考其得失而去取之，正天子議禮制度考文之事。

又曰：

然此等條目之多，欲一一而正之，則有不勝正者。必循其本而有以大正焉。

蓋禮之難行，不外兩事。一則泥古而不適時，一則古今累積，卒至於日繁而不勝舉。求能隨時加以修正，則必深明夫禮之大本，而後始可以從事，此其所以難也。

又同卷民臣禮議，此為朱子為同安主簿時作。有曰：

禮不難行於上，而欲其行於下者難。

此見朱子早年即知重禮，而曰易行於上，難行於下，則一針見血之論也。篇中並提出五說，主張就州縣官民所應用之禮，別加纂錄，為紹興纂次政和民臣禮略，鋟板模印，而頒之於州縣，各為三通。一通於守令廳事，一通於學，一通於名山寺觀。而民庶所用，則使州縣自鋟板，歲正，揭之市井村落。禮書既班，又使州縣擇士人講誦。廩之於學，名曰治禮。又禮器禮服皆製造頒降，以為準式，使州縣自為之櫝藏，一如禮書。其有禮書不備者，更詳考而正之。可見朱子重今禮尤甚於古禮；重行禮尤重於考禮。惟求行之於今，斯不免考之於古爾。

同卷又有天子之禮一篇，原注：

如此者數段，先生初欲以入禮書，後又謂若如此，卻是自己著書也，遂除去不用。今惟見此一段，豈禘祫議之類皆是歟。

語類有云：

有位無德而作禮樂，所謂「愚而好自用」。有德無位而作禮樂，所謂「賤而好自専」。居周之世而欲行夏殷之禮，所謂「居今之世，反古之道」，道即指議禮、制度、考文之事。（六四）

學者惟有考禮議禮，制禮則操乎上，非在下私人事。故言義理，可以自持己見，別創新說，然不聞以私人著書創禮制。即有之，亦惟家禮私禮，非可為人人定之也。而禮貴通今，不貴復古，則亦自古已然。

文集卷六十八有跪坐拜說，有周禮太祝九拜辯，有壺說，有深衣制度幷圖，有殿屋廈屋說，有儀禮釋宮，有答社壇說，有井田類說，諸篇，此皆考禮名物之學。蓋朱子治禮，其意在於博古而通今，明禮以致用。

又文集卷三十七答顏魯子兩書，論深衣。

文集卷八十三有書釋奠申明指揮後一文，有曰：

歐陽公言，古禮今皆廢失，州縣幸有社稷釋奠風雨雷師之祭，民猶得以識先王之禮。而吏多不習。至其臨事，舉多不中，而色不莊，使民無所瞻仰，見者怠焉。熹始讀之，每疑其言之過。

及仕州縣，身親見之，而後知公之不妄也。淳熙己亥，初守南康，嘗一言之朝廷，為取政和新儀鏤版頒下，而其本書自多牴牾，復以告焉，則莫之省矣。紹熙庚戌，復自臨漳列上釋奠數事，且移書禮官督趣，乃得頗為討究。則淳熙所鏤之版已不復存，百計索之，然後得諸老吏之家。又以議論不一，越再歲，乃能定議條奏，得請施行。而主其事者適徙他官，因格不下。及又再歲，而熹守長沙，則前博士詹體仁還為少卿，始復取往年所被勅命下之本郡，然吏文重複繁冗，幾不可讀。且曰屬有大典禮，未遑徧下諸州也。既而熹亦召還奏事，行有日矣，又適病目，不能省文書。顧念此事得請之難，而今所下書又如此，又度其必不能繼下諸州，若不亟疏理而明布宣之，是為已得請於上，而復重見格於下也。且自我請之，自我尼之，不可。於是力疾躬為鈎校，刪剔猥釀，定為數條，以附州案。俾移學官符屬縣，且關帥司，并下巡內諸州。僅畢而行，則聞詹卿補外，而奉常果不復下其書他州矣。熹到闕，亦不能兩月而歸。明年，長沙郡文學邵囦乃以書來，曰：「以公之拳拳於此也，謹已鋟木而廣其傳矣。」熹因敘其始末以視後之君子。使知禮之易廢，事之難成，類如此，不止釋奠一端而已也。

此文在慶元元年乙卯，朱子年六十六，上距淳熙己亥已十七年。自南康而臨漳，而長沙，朱子每出主一州，必注意其事。雖若釋奠僅屬禮樂中一小節，然既號尊孔，乃於此一儀視若具文，若存若亡。清儒腐心考古，尊尚經術，治三禮之專家亦不少，乃此事亦不聞有所考訂號召，求廣施行，如朱子之所為。然後知義理之與考據，經術之與用世，二者兼則並彰，偏則各廢。而朱子所從事於古禮之考據，即舉此一節，亦可以識其用心之深與用力之勤矣。

又文集卷七十一讀雜書偶記三事，皆論中朝失禮小節而學士儒臣勿能正。其論以學士為執綏官一節云：

按曲禮、少儀等書及先儒說，綏，安也，升車者執之以為安也。故執綏乃乘車者之事，非僕御之職也。蓋君車已駕，則僕者負良綏，取貳綏以先升。良綏，君所執以升者。貳綏亦曰散綏，御者所執以升者也。既升，然後以良綏授君，君正立執之以升，立於左方。僕執轡立於車中以御。勇力之士升，立於御之右以備非常。周禮大馭諸右等官，即其職也。故開元、開寶、政和禮書，親祠乘輅，皆以太僕卿為御，千牛將軍為右，蓋放周禮。而國史所記國初時事，猶云奚嶼攝太僕卿備顧問。當時中御立乘之禮不知其如何，然猶未有執綏之名也。今乃條敕差執綏官，而以絲繩維於箱柱，不知自何時失之，甚可笑也。又至尊不立乘，而設倚以坐。不以千牛陪乘，而同時降敕差帶甲內侍二人立於御坐之旁。凡此既皆失禮，而刑餘共載，乃袁盎所為變色者，尤為乖戾。不知歷幾何時，禮官皆不能正。儒臣為執綏者，亦莫覺其繆，而方且夸以為榮，何哉？

此所討論，乃禮文中一甚小節目，然苟於日常生活行事一切細碎儀文節目全不考究，謬誤相乘，莫知其非，而徒空言義理，則此等義理於實際生活中究如何安插。朱子考禮，一則注重當前實事，一則求之歷史因革，而探討求證於古經籍之所記載。所考皆為實際事務之當今有用者，非徒為尊經媚古、炫學矜博也。

語類中考辨禮制者尚多，茲再雜引以見梗概。如論廟制，因謂唐制近古，遂詳論及於長安巷坊制度。（九〇）如論衣服，論中國衣冠之亂，而詳論及於隋唐以下之冠服演變。多引小說畫像及民間實物為證。（九一）因曰：

後世禮服，固未能猝復先王之舊，且得華夷稍有辨別。

因論幞頭之制，亦以畫本及小說為證，而辨橫渠說之誤。（九一）

問衣裳制度。曰：「也無制度。但畫像多如此，故效之。」又問：「有尺寸否？」曰：「也無稽考處。那禮上雖略說，然也說得沒理會處。」（一〇七）

問：「盤坐於理有害否？」曰：「古人席地亦只是盤坐。又有跪坐者。君前臣跪，父前子跪，兩膝頭屈前着地，觀畫圖，可見古人密處。未見得其踈即是如此。管寧坐一木榻，積五十年，

未嘗箕股，其榻上當膝處皆穿。今人有椅子，若對賓客時，合當垂足坐。若獨居時垂足坐難久，盤坐亦何害。」（九一）

此條陳淳錄。既是君前臣跪，父前子跪，則平時容可盤坐不跪。管寧五十年跪坐一木榻，特載史書，可見他人不盡然。徐寓錄云：「古人亦只跪坐，未有盤坐。」又曰：「古人樽節處自如此密。」不知兩人所記孰是。惟就當時言，垂足坐之外既可盤坐，似朱子意亦謂古人於跪坐外亦當有盤坐。禮有密處，有疎處，如弓之有張弛。則陳淳所記或是也。然他條如李方子、周明作記皆言跪坐，明作記又言未必是盤坐。陳淳、徐寓同錄一條在朱子晚年，或是晚年意見，其言禮不專尚於嚴密也。

又從古人之跪坐而推言及拜，因及稽首、頓首之異。謂從法帖中見晉元帝與王導帖，皆稱頓首，不知如何。（九一）又謂古樂府「長跪問故夫」，只說問故夫，不曾說伏拜。南北朝有樂府詩說婦人云：「伸腰再拜跪，問客今安否。」亦是肅拜，頭不下。此堪注意者兩事。朱子考禮，不專考之於古經籍，如圖畫、法帖、小說筆記、樂府詩、民間家藏古物，無不留意，一也。又其所考，亦不專限於古經籍中所見之禮，直至後代，日常人生有關於禮者，即一冠一裳，一坐一拜之微，亦莫不用心，二也。

朱子考禮，又不專重於考禮之文，並兼重於考禮之情。

問「虞禮，子為尸，父拜之」。曰：「古人大抵如此。如子冠，母先拜之，子卻答拜。而今這處都行不得。看來古人上下之際雖是嚴，而情意甚相通。如『禹拜昌言』，『王拜手稽首』之類。到漢以來，皇帝見丞相，在坐為起，在輿為下。贊者曰：『皇帝為丞相起。』尚有這意思。到六朝以來，君臣逐日相與說話，如宋文帝明日欲殺某人，晚間更與他說話。到唐尚有坐說話底意思。而今宰相終年立地，不曾得一日坐。而今未論朝廷，如古人州郡之間，亦自如此。如羅池廟碑云：柳子厚與牙將歐陽翼共飲。法帖中有顏眞卿與蔡明遠帖，都書名。牙將即是客將，蔡明遠亦是衙前。他卻與之情意如此。而今州郡與小官也不如此了。」（九一）

此條從家庭父子推論及於朝廷君臣，又推之於州郡上下之間。根據古經籍、歷代史書，下至韓愈碑文，乃及顏眞卿法帖，考其禮而見其情。古今變化大端，可考可鏡。後世如清儒說禮，殊不見有此意境。

又曰：

本朝於大臣之喪，待之甚哀。執政已告老而死，亦必為之親臨，罷樂。看古禮，君於大夫，小斂往焉，大斂往焉。於士，既殯往焉。何其誠愛之至。今乃恝然。這也只是自渡江後，君臣之勢方一向懸絶，無相親之意，故如此。古之君臣，所以事事做得成，緣是親愛一體。」因說

「虜人初起時，其酋長與部落都無分別。同坐同飲，相為戲舞，所以做得事。如後來兀朮犯中國，虜掠得中國士類，因有教之以分等陛立制度者。於是上下位勢漸隔，做事漸難。」（八九）

此條所論，尤證大儒見解，固非專務考禮者所能覬及。

朱子又論古人祭祀用尸之意，曰：

杜佑說：古人用尸者，蓋上古朴陋之禮，至聖人時尚未改，相承用之。至今世則風氣日開，朴陋之禮已去，不可復用。杜佑之說如此。今蠻夷猺洞中有尸之遺意。每遇祭祀鬼神時，必請鄉之魁梧姿美者為尸，而一鄉之人相率以拜祭。為之尸者，語話醉飽。每遇歲時，為尸者必連日醉飽。此皆古之遺意。嘗見崇安余宰，邵武人，說他之鄉里有一村，名密溪，去邵武數十里。此村中有數十家，事所謂中王之神甚謹。所謂中王者，每歲以序，輪一家之長一人為中王，周而復始。凡祭祀祈禱，必請中王坐而祠之。歲終，則一鄉之父老合樂置酒，請新舊中王者講交代之禮。此人既為中王，則一歲家居寡出，恭謹畏慎，略不敢為非，以副一村祈向之意。若此村或有水旱災沴，則人皆歸咎於中王，以不善為中王之所致。此等意思，皆古之遺。聞近來數年，此禮已廢矣。看來，古人用尸，自有深意，非朴陋也。」又曰：「子孫既是祖宗相傳一氣下來，氣類固已感格，而其語言飲食，若其祖考之在焉，則有以慰其孝子順孫之思，而非恍惚

無形想像不及之可比矣。古人用尸之意所以深遠而盡誠，蓋為是爾。」（九〇）

又論大家庭制度，而稱引及於陸象山。語類有一條云：

「古者宗法，有南宮北宮，便是不分財，也須異爨。今若同爨固好，只是少間人多了，又卻不齊整，又不如異爨。」問：「陸子靜家有百餘人喫飯。」曰：「近得他書，已自別架屋，便也是許多人無頓着處。」又曰：「見宋子蜚說，廣西賀州有一人家，共一大門。門裏有兩廊，皆是子房，如學舍僧房。每私房有人客來，則自辦飲食，引上大廳，請尊長伴五盞後，卻回私房別置酒。恁地卻有宗子意。亦是異爨，見說其族甚大。」又曰：「陸子靜始初理會家法亦齊整，諸父自做一處喫飯，諸母自做一處喫飯。諸子自做一處，諸婦自做一處，諸孫自做一處，孫婦自做一處，卑幼自做一處。」或問：「父子須異食否？」曰：「雖是如此，亦須待父母食畢，然後可退而食。」問：「事母亦須然否？」曰：「也須如此。」問：「有飲宴何如？」曰：「這須同處。如大饗，君臣亦同坐。」（九〇）

此見朱子考禮，有考之夷虜苗傜者，有考之窮鄉僻土者。所謂禮失求之野，不僅注意當前社會而已。又考禮必求通其情，如論大家聚居，不分財也須異爨；雖異食，而飲宴則同處。諸如此類，皆與經生治禮專一於考古者不同。

考禮必貴於通情，尤貴於其當前而可行。語類有曰：

欽夫嘗定諸禮，乃除冠禮不載。問之，云：「難行。」某答之云：「古禮惟冠禮最易行。如昏禮，須兩家皆好禮方得行。喪禮臨時哀痛中，少有心力及之。祭禮則終獻之儀煩多長久。皆是難行。看冠禮比他禮卻最易行。」（八九）

又曰：

「昏禮事屬兩家，若冠禮是自家屋裏事。關了門，將巾冠與子弟戴，有甚難。」又曰：「昏禮廟見舅姑之亡者而不及祖，蓋古者宗子法行，非宗子之家不可別立祖廟，故但有禰廟。今只共廟，如何只見禰而不見祖。此當以義起，亦見祖可也。」問：「必待三月如何？」曰：「今若既歸來，直待三月，又似太久。古人直是至此方見可以為婦及不可為婦，此後方反馬。馬是婦初歸時所乘車，至此方送還母家。」（八九）

是則考古禮，當重其於今可行否，而尤貴能加以變通也。

問喪禮制度節目。曰：「恐怕儀禮也難行。孔子曰：『行夏之時，乘殷之輅』，已是厭周文之類了。某怕聖人出來，也只隨今風俗立一箇限制，須從寬簡。而今考得禮子細，一一如古，固是好。如考不得，也只得隨俗，不礙理底行去。」（八九）

此主分考禮、隨俗兩途斟酌行之。

因論喪服，曰：「今人吉服皆已變古，獨喪服必欲從古，恐不相稱。『禮，時為大』，衣冠本以便身，古人亦未必一一有義，又是逐時增添，名物愈繁。若要可行，須是酌古之制，去其重複，使之簡易，然後可。」（八九）

今人吉服不古而凶服古，亦無謂。（八五）

古禮恐難行，如今來卻自有古人做未到處。古人已自有箇活法，如身執事者面垢而已之類。（八九）

又告其門人曰：

而今禮文覺繁多，使人難行。後聖有作，必是裁減了方始行得。（八九）

數日見公說喪禮，太繁絮。禮不如此看，說得人都心悶，須討箇活物事弄。如弄活蛇相似，方好。公今只是弄得一條死蛇，不濟事。某嘗說古者之禮，今只是存他一箇大槩，令勿散失，使人知其意義，要之必不可盡行。如始喪一段，必若欲盡行，則必無哀戚哭泣之情。何者，方哀苦荒迷之際，有何心情一一如古禮之繁細委曲。古者有相禮者，所以導孝子為之。若欲孝子一一盡依古禮，必躬必親，則必無哀戚之情矣。況只依今世俗之禮，亦未為失。但使哀戚之情盡耳。使聖賢者作，必不盡如古禮，必裁酌從今之宜。又如士相見禮、鄉飲酒禮、射禮之屬，而今去那裏行。只是當存他大槩，使人不可不知。方周之盛時，禮文全體皆備，所以不可有纖毫之差。今世盡不見，徒掇拾編緝於殘編斷簡之餘，如何必欲盡做古之禮得。（八九）

禮學多不可考，蓋為其書不全，考來考去，考得更沒下梢，故學禮者多迂闊。一緣讀書不廣，兼亦無書可讀。如周禮「仲春教振旅，如戰之陳」，只此一句，其間有多少事。其陳是如何安排，皆無處可考究。其他禮制皆然。大抵存於今者，只是箇題目在爾。（八四）

古禮難考，尤難在斟酌古今時宜，折衷難易繁簡，求其當理可行，其事則決不止於考求之古禮而已，此所以益難也。

又曰：

古禮於今實難行。嘗謂後世有大聖人者作，與他整理一番，令人甦醒，必不一一盡如古人之繁，但放古之大義。（八四）

古禮難行，後世苟有作者，必須酌古今之宜。若是古人如此繁縟，如何教今人要行得。（八四）

「禮，時為大」，有聖人者作，必將因今之禮而裁酌其中，取其簡易易曉而可行。必不至復取古人繁縟之禮而施之於今也。古禮如此零碎繁冗，今豈可行，亦且得隨時裁損爾。（八四）

若聖賢有作，必須簡易疏通，使見之而易知，推之而易行。（八四）

或問：「親死遺囑教用僧道則如何？」曰：「便是難處。」或曰：「也可以不用否？」曰：「人子之心有所不忍，這事須子細商量。」（八九）

古禮既不可行，道釋卻自有一套通俗可行之禮，此乃朱子當時所以特重講禮之一番沉重心情也。

或問：「設如母卒父在，父要循俗制喪服，用僧道火化，則如何？」曰：「公如何？」曰：「只得不從。」曰：「其他都是皮毛外事，若決如此做，從之也無妨，若火化則不可。」泳曰：「火化則是殘父母之遺骸。」曰：「此話若將與喪服、浮屠一道說，便是未識輕重在。」（八九）

此條胡泳錄戊午所聞，已屬朱子晚年。時火化之風頗盛行，朱子不得已退一步言，喪服用僧道則可，火化則不可。此亦見其意態之開明。然畢生力闢釋道，卻不能不讓釋道之禮遵用於社會，排卻釋道，乃至無禮可行，則朱子晚年意態可資想見。

文集卷三十答張欽夫論墓祭、節祠兩事有云：

祭說辨訂精審，尤荷警發。然此二事，初亦致疑。但見二先生皆有隨俗墓祭不害義理之說，故不敢輕廢。至於節祠，則又有說。蓋今之俗節，古所無有。今既以此為重，至於是日，必具殽羞相宴樂，而其節物亦各有宜，故世俗之情，至於是日，不能不思其祖考，而復以其物享之。雖非禮之正，然亦人情之不能已者。但不當專用此而廢四時之正禮耳。今承誨諭，以為黷而不敬，然欲遂廢之，則恐感時觸物，思慕之心又無以自止。蓋古人不祭則不敢以燕，況今於此俗節，既已據經而廢祭，而生者則飲食宴樂，隨俗自如，殆非「事死如事生，事亡如事存」之意也。三王制禮，因革不同，皆合乎風氣之宜，而不違乎義理之正。愚意時祭之外，各因鄉俗之舊，以其所尚之時，所用之物，奉以大槃，陳於廟中，而以告朔之禮奠焉，則庶幾合乎隆殺之節，而盡乎委曲之情，可以行於永遠。至於元日履端之祭，禮亦無文，今亦只用此例。大抵多本程氏，而參以諸家，比之昨本，稍復精密。繕寫上呈，乞賜審訂。

此書斟酌情理，變通古今，雖屬小節，亦見朱子隨俗制禮之主張，實非專一拘經泥古者之所能及。禮之沿用於社會者如此，其設施於朝廷者，亦復急切難得講定。語類有曰：

在講筵時，論嫡孫承重之服，當時不曾帶得文字行，旋借得儀禮看，又不能得分曉，不免以禮律為證。後來歸家檢注疏看，分明說嗣君有廢疾不任國事者，嫡孫承重。當時若寫此文字出去，誰人敢爭，此亦講學不熟之咎。（一〇七）

又曰：

孫毓云：「外為都宮，太祖在北，二昭二穆，以次而南。」出江都集禮。向作或問時，未見此書，只以意料。後來始見，乃知學不可以不博也。（六三）

此說中庸「宗廟之禮所以序昭穆」，以意推說而暗合前人，然何如獲有的證之更為圓滿乎？此條董銖記丙辰朱子年六十七以後語。朱子至於晚年而學益細，所得益實，據是可見。其治禮，雖主隨俗令今可行，而其不廢考禮之意，固是可以並行不悖也。

語類又曰：

古者禮學是專門名家，始終理會此事。故學者有所傳授，終身守而行之。凡欲行禮有疑者，輒就質問。所以上自宗廟朝廷，下至士庶鄉黨，典禮各各分明。漢唐時猶有此意，如今直是無人。如前者某人丁所生繼母憂，禮經必有明文，當時滿朝更無一人知道合當是如何。大家打閧一場，後來只說莫若從厚。恰似無奈何，本不當如此，姑徇人情從厚為之。豈有堂堂中國，朝廷之上以至天下儒生，無一人識此禮者？然而也是無此人。（八四）

因言：「孫為人君，為祖承重，頃在朝檢此條不見。後歸家檢儀禮疏，說得甚詳。乃知書多看不辦。舊來有明經科，便有人去讀這般書，注疏都讀過。自王介甫新經出，廢明經學究科，人更不讀書。卒有禮文之變，更無人曉得，為害不細。」（八五）

祖宗時有三禮科，學究是也。雖不曉義理，卻尚自記得。自荊公廢了學究科，後來人都不知有儀禮。（八七）

後世禮樂全不足錄，但諸儒議禮頗有好處。六朝人多是精於此，畢竟當時此學自專門名家，朝廷有禮事，便用此等人議之。如今刑法官，只用試大法人做。如本生父母事，卻在隋書劉子翼傳，江西有士人方庭堅引起，今言者得以引用。（八七）

朱子深感於查考禮書之繁重，而有會於古人禮學專門名家之遺意，此亦由其論學貴於當世應用之一觀念而引出。

又曰：

服議，漢儒自為一家之學，以儀禮喪服篇為宗，禮記中小記、大傳則申其說者。詳密之至，如理絲櫛髮。可試考之，畫作圖子，更參以通典及今律令，當有以見古人之意不苟然也。（八九）

是朱子於古人此等專家之學，固亦悉心潛玩，心知其意，然後知雖學究一科，亦不當遽爾廢黜也。

又曰：

禮經難考，今若看得一兩般書猶自得，若看上三四般去，便無討頭處。（九〇）

問濮議。曰：「歐公說不是，溫公、王珪議是。今有為人後者，一日所後之父與所生之父相對坐，其子來喚所後父為父，終不成又喚所生父為父。這自是道理不可。」（一二七）

歐公說固不是，辯之者亦說得偏。既是所生，亦不可不略示殊異。（一〇七）

「當時蓋有引戾園事欲稱皇考者。」問：「稱皇考是否？」曰：「不是。然近世儒者亦多有言合稱皇考者。」（八五）

本朝許多大疑禮，都措置未得。如濮廟事，英宗以皇伯之子入繼大統，後只令嗣王奉祭祀，天

子則無文告。（一二七）

據此，自知議禮之不可忽。僅治理學，不通經學，則不足應付。治經不通考據，亦仍無以折衷解紛。非詢之於專家，斷之於大儒，則終難有愜情當理之論定。求諸宋明理學家中，惟朱子堪當圭臬。朱子於當時議祧僖祖，亦曾參加意見。文集卷十五有祧廟議狀，又面奏祧廟劄子，議祧廟劄子諸篇。語類云：

頃在朝，因禧祖之祧與諸公爭辨，幾至喧忿，後來因是去國。不然，亦必為人論逐。（九〇）

又曰：

祧廟集議，某時怕去爭吵，遂不去，只入文字。後來說諸公在那裏羣起譁然，甚可畏。（一〇七）

此議遠始北宋熙寧時。謂僖祖廟當祧者，有孫固、韓維、司馬光，南渡後有趙汝愚、樓鑰、陳傅良。謂僖祖廟不當祧者，有王安石、程頤。祧廟議狀小貼子有云：

熹既為此議，續搜訪得元祐大儒程頤之說，以為介甫議以為不當祧，所見終是高於世俗之儒。熹竊詳頤之議論，素與王安石不同，至論此事，則深服之，以為高於世俗之儒，足以見理義人心之所同，固有不約而合者。但以衆人不免自有爭較強弱之心。雖於祖考，亦忘遜避。故但見太祖功德之盛，而僖祖則民無得而稱焉，遂欲尊太祖而卑僖祖。又見司馬光、韓維之徒皆是大賢，人所敬信，其議偶不出此，而王安石乃以變亂穿鑿得罪於公議，故欲堅守二賢之說，并安石所當取者而盡廢之。所以無故生此紛紛。

語類亦云：

先生檢熙寧祧廟議示諸生云：「荆公數語是甚次第。若韓維、孫固、張師顏等所說，如何及得他。東坡是甚麼樣會辯，也說得不甚切。」（一〇七）

又曰：

今日偶見韓持國廟議，都不成文字。元祐諸賢文字大率如此，只是胡亂討得一二浮辭引證，便

將來立議論，抵當他人。似此樣議論，如何當得王介父。伊川最說得公道，云：「介父所見，終是高於世俗之儒。」（一〇七）

祧廟一議，乃兩宋朝廷上一大爭辨。北宋惟伊川，南宋惟朱子，獨排眾議，支持荊公之說。朱子奉司馬溫公為六先生之一，議禮往往從溫公而退伊川。趙汝愚、陳傅良，皆朱子良友。由此可見議禮之事，能斟情酌理，秉公心而定是非，不僅當具大識見，亦須有大修養。而此等事在當時，實是不可不爭、不可不辨者。不得居今日而徒以不急之務視之也。

朱子又論樂，曰：

居今而欲行古禮，恐情文不相稱。古樂亦難遽復，且於今樂中去其噍殺促數之音，並考其律呂，令得其正。更令掌辭命之官撰製樂章，其間略述教化訓戒，及賓主相與之情，及如人主待臣下恩意之類，令人歌之，亦足以養人心之和平。（八四）

問樂，曰：「古聲只是和，後來多以悲恨為佳。溫公與范蜀公，胡安定與阮逸、李照爭辨，其實都自理會不得。卻不曾去看通典。通典說得極分明。蓋此事在唐猶有傳者，至唐末遂失其傳。」（九二）

因論樂律，其制作，通典亦略備。史記律書、漢律歷志所載亦詳。范蜀公與溫公都枉了相爭，

只通典亦未曾看。（九二）

自唐以前，樂律尚有制度可考，唐以後都無可考。如杜佑通典所算分數極精。但通典用十分為寸作算法，頗難算。蔡季通只以九分算。本朝范、馬諸公，非惟不識古制，自是於唐制亦不曾詳看。通典又不是隱僻底書，不知當時諸公何故皆不看。只如沈存中博覽，筆談所考器數甚精，亦不曾看此。使其見此，則所論過於范、馬遠甚。（九二）

本朝樂章，只有數人做得好。如王荊公做得全似毛詩，甚好。其他有全做不成文章。橫渠只學古樂府做辭，拗強不似，亦多錯字。（九二）

朱子博考禮樂，兼通古今，其意必求可以實施於當代，其意略具如此。故曰：

觀孔子欲從先進，與寧儉寧戚之意，往往得時得位，亦必不盡循周禮，必須參酌古今，別制為禮以行之。（二三）

又曰：

後世太無制度，若有聖賢為之，就中定其尊卑隆殺之數，使人可以通行，這便是禮。為之去其

哇淫鄙俚之辭，使之不失中和歡悅之意，這便是樂。（八六）

朱子本此，遂有修禮訂樂之計畫。修禮一事，發志已久。文集卷七十四講禮記序說有曰：

熹聞之，學者博學乎先王六藝之文，誦焉以識其辭，講焉以通其意，而無以約之，則非學也。故曰：「博學而詳說之，將以反說約也。」何謂約？禮是也。禮者履也，謂昔之誦而說者，至是可踐而履也。故夫子曰：「君子博學於文，約之以禮。」顏子之稱夫子，亦曰「博我以文，約我以禮」。禮之為義，不其大哉。然古禮非必有經，豈必簡策而後傳。其後禮廢，儒者惜之。乃始論著為書以傳於世。今禮記四十九篇，則其遺說已。今柯君直學，將為諸君誦其說而講明之，諸君其聽之毋忽。易曰：「知崇禮卑」，禮以極卑為事，故自飲食居處洒掃欬唾之間，皆有儀節。聞之若可厭，行之若瑣碎。然惟愈卑故愈約，與所謂極崇之智，殆未可以差殊觀也。

此文為白鹿洞書院諸生說，其時似尚未有欲編修古禮之事。然其治經重禮之意則已躍然紙上。至於編修古禮，其事似由呂東萊發其端。

文集卷五十答潘恭叔有云：

近年讀書，頗覺平穩不費注解處，意味深長。脩得大學、中庸、語、孟諸書，頗勝舊本。禮記須與儀禮相參，通修作一書，乃可觀。中間伯恭欲令門人為之，近見路德章編得兩篇，頗有次第。然渠輩又苦盡力於此，反身都無自得處，亦覺枉費工夫。熹則精力已衰，決不敢自下工夫矣。恭叔暇日能為成之，亦一段有利益事。但地遠不得相聚評訂為恨。

此書當在東萊卒後，或在朱子使浙東歸後。東萊先有意為此事，朱子繼起在後也。文集卷七十四有問呂伯恭三禮篇次一篇，即是主將禮記與儀禮相參通修。但此後朱子修禮計畫又見擴大。

卷五十與潘恭叔又一書云：

儀禮附記，似合只依德章本子，免得拆碎記文本篇。如要逐段參照，即於章末結云：右第幾章。儀禮即云記某篇第幾章當附此。禮記即云當附儀禮某篇第幾章。大戴禮亦合收入，可附儀禮者附之，不可者分入五類。如管子弟子職篇，亦合附入曲禮類。其他經、傳、類書說禮文者，並合編集，別為一書。周禮即以祭禮、賓客、師田、喪紀之屬事別為門，自為一書。如此即禮書大備。但功力不少，須得數人分手，乃可成耳。

此書當為朱子有意修禮書之最先設計。

問：「編喪祭禮，當依先生指授，以儀禮為經，戴記為傳，周禮作旁證。」曰：「和通典也須看，就中卻又議論更革處。」語畢卻云：「子晦正合且做切己工夫，只管就外邊文字上走，支離雜擾，不濟事。」（一一三）

此條廖德明錄，不定在何年。然必在朱子未有決心編禮書之前。欲於三禮外兼取通典，因其有議論因革處，此見朱子論禮更主通今。然又教人先作切己工夫。編禮書，終是就外邊文字上走。及晚年，乃始決心編修禮書。又因工作繁重，分眾手為之，遂亦未能有議論因革處。

文集卷四十八答呂子約有云：

聞子約教學者讀禮，甚善。然此書無一綱領，無下手處。頃年欲作一工夫，後覺精力向衰，遂不敢下手。近日潘恭叔討去整頓，未知做得如何。

此書在丁未，朱子年五十八，在主南康復建白鹿洞書院後已八年。是編修禮書，朱子雖夙有此志，而在此以前，實未親下工夫也。

語類有云：

禮樂廢壞，二千餘年。若以大數觀之，亦未為遠。然已都無稽考處。後來須有一箇大大底人出來，盡數拆洗一番，但未知遠近在幾時。今世變日下，恐必有箇「碩果不食」之理。（八四）

此條吳必大記，在朱子五十九、六十歲時。可見修禮實為朱子晚年一甚大抱負，惟似尚未切實下手。

問：「聞郡中近已開六經？」曰：「已開詩、書、易、春秋，惟二禮未暇及。周禮自是一書。儀禮禮之根本，而禮記乃其枝葉。禮記乃秦漢上下諸儒解釋儀禮之書，又有他說附益於其間。今欲定作一書，先以儀禮篇目置於前，而附禮記於後。如射禮則附以射義。似此類，已得二十餘篇。若其餘曲禮、少儀，又自作一項而以類相從。若疏中有說制度處，亦當采取以益之。舊嘗以此例授潘恭叔，渠亦曾整理數篇來。」（八四）

此條鄭可學錄朱子年六十二所聞，即是在臨漳刊四經事，下距易簀至少在十年以上。蓋至是乃益見有具體計畫，並已切實略下工夫也。窮其本原，在古則謂之禮。通其流變，在後世則為制度。本末兼賅，源流一貫。考古以通今，此為朱子編修禮書之大宗旨所在。

語類又曰：

禮編，纔到長沙，即欲招諸公來同理會。後見彼事冗，且不為久留計，遂止。後至都下，庶幾事體稍定，做箇規模，盡喚天下識禮者修書，如余正父諸人皆教來，今日休矣。（八四）

朱子除知潭州荆湖南路安撫使，於紹熙五年甲寅夏到任，時年六十五。七月光宗内禪，寧宗即位，朱子即赴行在。十月乞放歸。語類此條，正述其時事。

或問：「禮書修得有次第否？」曰：「散在諸處，收拾不聚。最苦每日應酬多，工夫不得專一。若得數月閑，更一兩朋友相助，則可畢矣。頃在朝，欲奏乞專創一局，召四方朋友習禮者數人編修，俟書成將上，然後乞朝廷命之以官，亦以酬其勞，以少助朝廷蒐用遺才之意。事未及舉而某去國矣。」（八四）

文集卷十四有乞修三禮劄子，其文曰：

臣聞之，六經之道同歸，而禮樂之用為急。遭秦滅學，禮樂先壞。漢晉以來，諸儒補緝，竟無全書。其頗存者，三禮而已。周官一書，固為禮之綱領。至其儀法度數，則儀禮乃其本經，而禮記郊特牲、冠義等篇，乃其義說耳。前此猶有三禮、通禮、學究諸科，禮雖不行，而士猶得以誦習而知其說。熙寧以來，王安石變亂舊制，廢罷儀禮，而獨存禮記之科，棄經任傳，遺本宗末，其失已甚。而博士諸生，又不過誦其虛文以供應舉。至於其間亦有因儀法度數之實而立文者，則咸幽冥而莫知其源。一有大議，率用耳學臆斷而已。若乃樂之為教，則又絕無師授，律尺短長，聲音清濁，學士大夫莫有知其說者。而不知其為闕也。故臣頃在山林，嘗與一二學者考訂其說，欲以儀禮為經，而取禮記及諸經史雜書所載有及於禮者，皆以附於本經之下，具列注疏諸儒之說。略有端緒，而私家無書檢閱，無人抄寫，久之未成。會蒙除用，學徒分散，遂不能就。而鍾律之制，則士友間亦有得其遺意者。竊欲更加參考，別為一書，以補六藝之闕，而亦未能具也。欲望聖明特詔有司，許臣就秘書省太常寺關借禮樂諸書，自行招致舊日學徒十餘人，踏逐空閑官屋數間，與之居處，令其編類。於公家無甚費用，而可以興起廢墜，垂之永久，使士知實學，異時可為聖朝制作之助。則斯文幸甚，天下幸甚。

此劄子在甲寅居經筵時，倉猝去國，未及上。知朱子不僅有意修禮書，亦有意樂書也。
年譜慶元二年丙辰，朱子年六十七歲。是年始修禮書。
文集卷五十四答應仁仲有云：

熹亦益衰，精神筋力非復昔時。禮書方了得聘禮以前，已送與四明一二朋友，抄節疏義附入。覲禮以後，黃婿攜去廬陵，與江右一二朋友成之，計亦就草稿矣。前賢常患儀禮難讀，以今觀之，只是經不分章，記不隨經，而注疏各為一書，故使讀者不能遽曉。今定此本，盡去此諸弊，恨不得令韓文公見之也。

文集卷四十五答廖子晦有云：

禮書入疏者，此間已校定得聘禮以前二十餘篇。彼中所編，早得為佳。因此得看禮疏一番，亦非小補。不然，此等如嚼木札，定無功夫看得也。

韓文公嫌儀禮難讀，朱子亦以讀禮疏如嚼木札為無味。正惟為此，乃不得不有人焉為此下一番艱勤工夫也。

文集卷五十四答應仁仲又一書云：

熹目盲不能親書，所喻編禮，老病益侵，而友朋相望皆在千百里外，恐此事不能成，為終身之恨矣。向在長沙、臨安，皆嘗有意欲藉官司之力為之，未及開口而罷。天於此學，如此其厄之，何邪？可歎可歎！

在朱子著述中，先有通鑑綱目，後有禮書，皆須合衆手集體為之。而朱子無如溫公之機緣，於此兩書，皆屢言將為終身之恨，是誠大可同情也。

文集卷三十八答李季章有云：

所編禮傳，已略見端緒，而未能卒就。若更得年餘間未死，且與了卻，亦可瞑目矣。其書大要以儀禮為本，分章附疏，而以小戴諸義各綴其後。其見於他篇或他書，可相發明者，或附於經，或附於義。又其外如弟子職、保傅傳之屬，又自別為篇以附其類。其目有家禮，有鄉禮，有學禮，有邦國禮，有王朝禮，有喪禮，有祭禮，有大傳，有外傳。今其大體已具者，蓋十七八矣。因讀此書，乃知漢儒之學有補於世教者不小，如國君承祖父之重，在經雖無明文，而康成與其門人答問，蓋已及之，具於賈疏，其義甚備，若知後世當有此事者。今吾黨亦未之講，而憸佞之徒又飾邪說以蔽害之，甚可歎也。

此書在戊午，朱子年六十九。先是，紹熙五年秋，光宗內禪，寧宗即位，召赴行在。冬十月，奏乞討論嫡孫承重之服。文集卷十四有乞討論喪服劄子。當時無禮經明文可據，事後修禮書，得賈疏引鄭志語可資作證。朱子有書奏稿後一篇述之。劉子之文曰：

臣聞三年之喪，齊疏之服，飦粥之食，自天子達於庶人，無貴賤之殊。而禮經勑令，子為父，嫡孫承重為祖父，皆斬衰三年。蓋嫡子當為父後以承大宗之重，而不能襲位以執喪，則嫡孫繼統而代之執喪，義當然也。然自漢文短喪之後，歷代因之，天子遂無三年之喪。為父且然，則嫡孫承重，從可知矣。人紀廢壞，三綱不明，千有餘年，莫能釐正。及我大行至尊壽皇聖帝，至性自天，孝誠內發。易月之外，猶執通喪。朝衣朝冠，皆以大布。超越千古拘攣牽掣之弊，革去百王衰陋卑薄之風。甚盛德也。所宜著在方冊，為世法程。子孫守之，永永無斁。而間者遺誥初頒，太上皇帝偶違康豫，不能躬就喪次。陛下實以世嫡之重，仰承大統，則所謂承重之服，著在禮律，所宜一遵壽皇已行之法，易月之外，且以布衣布冠視朝聽政，以代太上皇帝躬執三年之喪。而一時倉卒，不及詳議，遂用漆紗淺黃之服。不惟上違禮律，無以風示天下。且將使壽皇已革之弊去而復留，已行之禮舉而復墜。臣愚不肯，誠竊痛之。然既往之失，不及追改，惟有將來啟殯發引，禮當復用初喪之服。則其變除之節，尚有可議。欲望陛下仰體壽皇聖孝成法，明詔禮官，稽考禮律，預行指定。其官吏軍民男女方喪之禮，亦宜稍為之制，勿使過為華靡。布告郡國，咸使聞知。庶幾漸復古制，而四海之眾，有以著於君臣之義，實天下萬世之幸。

同卷書奏稿後謂：

向來入此文字（指乞討論喪服劄子）時，無文字可檢，又無朋友可問，故大約以禮律言之。亦有疑父在不當承重者，時無明白證驗，但以禮律人情大意答之。心常不安，歸來稽考，始見此說（指賈疏引鄭志，有諸侯父有廢疾、不任國政、不任喪事之問，鄭答以天子諸侯之服皆斬一條。），方得無疑。乃知學之不講，其害如此。而禮經之文誠有闕略，不無待於後人。向使無鄭康成，則此事終未有決斷。不可直謂古經定制，一字不可增損也。

始修禮書在乞討論喪服劄子後兩年，答李季章書在始修禮書後又兩年。五年前，朱子親爭寧宗當為孝宗以嫡孫承重服三年之喪，而未得經文明據。及修禮書，乃知鄭康成早有此說，與朱子立論先後古今若合符節。因謂漢儒之學有補世教不小。「憸佞之徒」，指胡紘輩言。

又年譜甲寅閏十月上祧廟議。文集卷十五有祧廟議狀并圖，又面奏祧廟劄子并圖，又有議祧廟劄子及進擬詔意諸篇，此事在南渡前已為一大爭議，至是復起。朱子引伊川說贊成王安石，而反對司馬光、韓維諸人之說。黃勉齋行狀謂：「事竟不行。經生學士知禮者，皆是先生。一時異議之徒，忌其軋己，權姦遂從而乘之。」蓋禮之傳世，在上則為典章制度，在下則為風俗教化。朱子所用力者，實欲匯通義理考據，溯往古之舊文，應當前之實用。其議喪服，議廟祧，皆當時朝廷大典禮，而亦有關教化之大，固非區區徒為鈎沉炫博，媚古專經之比。至其謂古經定制，非一字不可增損，而漢儒之學有補世教，此又非徒爭程門義理為直接孔孟傳統者所與知。亦非清儒專意尊漢抑宋，惟尚文字考據者所能測。至於因議禮而遭忌逐，黨禁之禍因此而起，治史者於此，可知在朱子當時，禮學仍為治國立政宣教化民一要項，非可用今人眼光忖測，謂如此之類，皆不急之務，大可置之不問不聞也。

文續集卷六答劉德修有云：

今年脚氣幸未大作，但耳聵目昏，日以益甚，舊書不復可讀。而頃年整頓儀禮一書，私居乏人抄寫，學徒又多在遠，不能脫稿。深慮一旦無以下見古人，又恨地遠，不得就明者而正之。

又同上卷一答黃直卿有云：

衰老疾病，旦暮不可保。而罪戾之蹤，又未知所稅駕。兼亦弄了多時，人人知有此書，若被此曹切害，胡寫兩句，取去燒了，則前功盡廢，終為千載之恨矣。

又曰：

儀禮疏義，今并附去，可更斟酌。如已別有規模，則亦不須用此也。可早為之，趁今年秋冬前了卻，從頭點對，并寫得十數本分朋友，藏在名山。即此身便是無事人，不妨閉門靜坐，作粥飯僧過此殘年也。

又曰：

病日益衰，甚望賢者之來，了卻禮書。

又曰：

若非儹促，功夫未易了絕，以此急欲直卿與用之來，庶可并力。

語類又有與胡泳書云：

此間所編喪禮一門，福州（黄直卿）尚未送來。將來若得賢者來參訂，庶幾詳審，不至差互。

（八四）

又有與黃商伯書云：

禮書近得黃直卿與長樂一朋友在此，方得下手整頓。但疾病昏倦時多，又為人事書尺妨廢，不能就緒。（八四）

此書在庚申二月既望，去易簀前二十有二日耳。

又文集卷四十五答楊子直：

夏小正文已編入禮書。但所見數本，率多舛誤。所示未暇參考，少俟工夫，仔細校畢，即納還也。四民月令亦見當時風俗及其治家齊整，亦俟鈔了幷納還。不知近日更得何異書，便中望見告。

此書題注庚申閏二月二十七日書，去夢奠十一日。

又文集卷二十九與黃直卿有云：

禮書今為用之、履之不來，亦不濟事，無人商量耳。可使報之，且就直卿處折衷。如向來喪禮詳略，皆已得中矣。臣禮一篇，兼舊本，今先附案，一面整理。其他幷望參考條例，以次修成。就諸處借來可校作兩樣本，行道大小幷附去，幷紙各千番，可收也。

此書在三月八日，乃夢奠之前夕。

又蔡沈夢奠記云：

初八日癸亥，精舍諸生來問病。諸生退，先生作范伯崇念德書，託寫禮書。又作黃直卿榦書，令收禮書底本，補葺成之。又作敬之在書，令早歸收拾文字。

朱子在卒前一日共作三書，其一催其子歸，餘二書皆為修禮書事。范伯崇一書，文集未收，不可見。要之此書未成，誠當為朱子終生一恨事也。

朱子季子在有跋儀禮經傳通解目錄云：

先君所著家禮五卷，鄉禮三卷，學禮十一卷，邦國禮四卷，王朝禮十四卷，其曰經傳通解者凡二十三卷。蓋先君晚歲之所親定，是為絶筆之書。惟書數一篇，缺而未補。而大射禮、聘禮、公侯大夫禮、諸侯相朝禮八篇（注：四篇皆各有義，故稱八篇。），則猶未脫稿也。其曰集傳、集注者，此書之舊名也。凡十四卷，為王朝禮，而下卜筮篇亦缺。餘則先君所草定，而未暇刪改也。至於喪、祭二禮，則嘗以規模次第屬之門人黃榦，俾之類次。他日書成，亦當相從於此，庶幾此書本末具備。

文續集卷一答黃直卿有云：

王朝禮初欲自為整頓，今無心力看得，已送子約，託其校定，仍令一面附疏。

此書首云：「禮書緣遷徙擾擾，又城中人事終日汩沒，不得工夫點對。」則所云王朝禮託呂子約校定者，似係集傳之舊本，非指經傳通解之新本。集傳本在前，通解本在後，兩書應有小異，今則不可詳論矣。

宋史禮志云：

朱子嘗欲取儀禮、周官、禮記為本，編次朝廷公卿大夫士民之禮，盡取漢晉而下及唐諸儒之說，考訂辨正以為當代之典，未及成書而歿。

今本經傳通解，僅附注疏，並無盡取漢晉而下及唐諸儒之說而加以考訂辨正之事。蓋朱子先曾有此意，其乞修三禮劄子，亦云欲下及「諸經史雜書所載有及於禮者」，「使士知實學，異日可為聖朝制作之助」。其平日議禮，論廟祧，論喪服，皆與其修纂禮書之抱負有密切相關。元人修宋史，尚多通習朱子學者，此一節語，雖與經傳通解內容不合，亦非全無當於朱子之夙所懷想。當是朱子本意如此，而發例太大，不獲如志，故乃僅附注疏，不能廣及他書也。

文集卷六十答曾擇之有云：

禮即理也。但謂之理，則疑若未有形迹之可言；制而為禮，則有品節文章之可見矣。

朱子以理學大儒而晚年以大力修禮，觀此，其用意大可見。清儒挾門戶私見，力排宋學，謂宋儒好言理，不如古人之重禮。然清儒考禮，一意古籍辨訂，曾於當代政治制度民生日用毫不厝意。較之朱子，度量相越，洵不可以道里計矣。

劉剛中問黃直卿曰：「先生學有淵源，羣弟子皆知之矣。比以古昔聖賢，未識到得何人地位？」直卿曰：「自洙泗以還，博文約禮，兩極其至者，先生一人而已。」曰：「然則先生之學，其踵孔顏乎？」直卿曰：「然。」直卿續成朱子禮書未竟之業，此其所言，可謂智足以知其師矣。清儒研三禮，考名物，其實仍是博文工夫。惟朱子修禮書，於博文工夫中寓有極深之約禮精神，此是大不同處。與朱子同時有意修禮書者有余正甫，與朱子意見不相合。文集卷七十一偶讀謾記有一則云：

禮書此書，異時必有兩本。其據周禮，分經傳，不多取國語雜書迂僻蔓衍之說，吾書也。其黜周禮，使事無統紀。合經傳，使書無間別。多取國語雜記之言，使傳者疑而習者蔽，非吾書也。異時此書別本，其亦足以為余筆削之助乎！

竊謂朱子平生著述，可分兩大類。如論孟集注，精心獨運，不能與人共之。如通鑑綱目、儀禮經傳通解，必賴眾手合作，所貴在體例之創定。謾記云云，即自辨其體例之與人異也。文續集卷八答馬奇之有云：

余正父博學強志，亦不易得。禮書中間商量多未合處。近方見其成編，比舊無甚改易。所謂「獨至無助」者，誠然。然渠亦豈容他人之助也。此間所集諸家雜說，未能如彼之好。然儀禮正經段落注疏，卻差明白。但功力頗多，而衰病耗昏，朋友星散，不能得了耳。

別集卷六答馮儀之與此相同，惟「獨至無助」作「獨志無助」。朱子修禮，在大體例上，雖與余書不同，余書有所長，亦不加以抹殺。並有與之書問討論，茲再節錄如次。

文集卷六十三答余正甫：

禮書區別章句，附以傳記，頗有條理。王朝數篇，亦頗該備。只喪祭兩門，已令黃埒攜去，依例編纂。次第非久寄來，首尾便略具矣。但其間微細，尚有漏落。附入疏義一事，用力尤多。度須年歲間方得斷手也。老兄所續修者，又作如何規模？異時得參合考校，早成定本為佳。若彼此用功已多，不可偏廢，即各為一書，相輔而行，亦不相妨也。

又一書云：

示喻編禮，并示其目，三復歎仰不能已。其間有一二小小疑處，恐所取太雜。其間有偽書，如孔叢子之類。又如國語、家語，其詞繁冗，恐反為正書之累。又如授田、地政等目，若不取周禮而雜取何休等說，恐無綱領。是乃名尊周禮而實貶之。又如不附注疏異義，如嫡孫為祖之類，云「欲以俟學者以三隅反」，則何用更編此書，任其縱觀而自得可也。

又曰：

熹竊以為唯周禮為周道盛時聖賢制作。若國語等書，皆衰周末流文字。其間又自雜有一時僭竊之禮，兼以脂粉塗澤之謬詞，是所以使周道日以下衰，不能振起之所由也。至如小戴祭法，首尾皆出魯語，以為禘郊祖宗，皆以其有功於民而祀之，展轉支蔓，殊無義理。又如祭法所記廟制，與王制亦小不同，不知以何為正。此類非一，更望精擇而審處之。蓋此雖止是纂述，未敢決然去取，然其間輕重予奪之微意，亦不可全鹵莽也。

此見禮書雖僅事編纂，然在編纂以前，尚有眞僞之考覈，高下是非之抉擇，非精熟羣經，深明義理，將不足以勝任而愉快。書中評國語及小戴祭法篇等，洵精卓矣。然周禮亦不得遽謂是周道盛時聖賢制作之書。宋儒多疑之，胡五峯亦然。即如儀禮，清儒考訂，亦當出孔子後。古禮散失，無徵難稽。若專為稽古，事終難定，朱子之說亦終無以服人。惟其立志宏大，規模開闊，而意慮周密，條理詳備，求之清代亦無其匹。

又文續集卷一答黃直卿有云：

禮書須直卿與二劉到此，幷手料理，方有汗青之日。老拙衰病，日甚於前。目前外事悉已棄置，只此事未了為念。向使只如余正父所為，則已絶筆久矣。

又一書云：

覺得歲月晚，病痛深，恐不了此一事，夢寐為之不寧也。近又得正父書目，亦有好處。其長處是詞語嚴簡近古，其短處是粗率不精緻，無分別也。

語類：

問：「所編禮，今可一一遵行否？」曰：「人不可不知此源流，豈能一一盡行？後世有聖人出，亦須著變。夏、商、周之禮已自不同。」（八四）

語類又曰：

「禮，時為大」，使聖賢有作，必不一切從古之禮。疑只是以古禮減殺，從今世俗之禮，令稍有防範節文，不至太簡而已。今所集禮書，也只是略存古之制度，使後人自去減殺。求其可行者而已。（八四）

古禮難考，又不能一一復行於後世，朱子皆已反復言之。其修禮書，只為使人明此源流，又使世俗之禮稍有防範節文。如此而已。

語類又多朱子自述其編修禮書大意之語，茲再雜引如下。有曰：

禮經要須編成門類，如冠、昏、喪、祭及他雜碎禮數，皆須分門類編出，考其異同而訂其否，方見得。然今精力已不逮矣，姑存與後人。（八三）

又曰：

禮非全書，而禮記尤雜。今合取儀禮為正，然後取禮記諸書之說以類相從，更取諸儒剖擊之說各附其下，庶便搜閱。（八三）

王介甫廢了儀禮取禮記，某以此知其無識。（八三）

「今之樂猶古之樂」，這裏且要得他與百姓同樂是緊急。若就這裏便與理會今樂非古樂，便是不知務。（六〇）

學者亦有當務。如孟子論今樂猶古樂，與民同樂乃樂之本，學者所當知也。若欲明其聲音節奏，特樂之一事耳。又如修緝禮書，亦是學者之一事。學者須要窮其源本。放得大水下來，則如海潮之至，大船小船莫不浮泛。若上面無水來，則大船小船都動不得。如講學，既能得其大者，則小小文義自是該通。若只於淺處用功，則必不免沉滯之患矣。（六〇）

問「夏禮吾能言之」。曰：「聖人也只說得大綱。須是有所證，方端的。證之須是杞、宋文獻足，方可證。然又須是聖人方能取之以證其言。古禮今不復存，如周禮自是紀載許多事，當時別自有箇禮書。如云『宗伯掌邦禮』，這分明自有禮書。樂書今亦不可見。」（二五）

語類又曰：

所因之禮是天做底，萬世不可易。所損益之禮是人做底，故隨時更變。（二四）

須是有所證，須是聖人方能取以證其言。若徒知求證，而不問所欲證者係何，此則清儒末學之病。又謂學者須窮其源本，放得大水下來；若上面無水，大船小船都動不得。清儒考證多本漢儒，其源本只在故紙堆中。知有古，不知有今，其病亦是只於淺處用功也。

司馬遷云：「究天人之際，通古今之變。」朱子修緝禮書，亦可謂具此意想。

語類又曰：

五聲十二律，不可謂樂之末。猶揖遜周旋，不可謂禮之末。若不是揖遜周旋，又如何見得禮在那裏。（三五）

問：「程子曰：『禮即理也。』尹氏曰：『去人欲則復天理。』或問不取尹說，以為失程子意，何也？」曰：「某之意，不欲其只說復理而不說禮字。蓋說復禮，即說得着實。若說作理則懸空，是箇甚物事。」（四一）

語類又曰：

禮必有因有革，禮之最先起者乃是天做，使後世有所因，故當用得考。儀禮主言禮，禮記則頗流於說理。專憑禮記，亦可陷於懸空不着實之病也。

禮謂之「天理之節文」者，蓋天下皆有當然之理，但此理無形無影，故作此禮文畫出一箇天理與人看，教有規矩，可以憑據，故謂之「天理之節文」。（四二）

此即前引答曾擇之書所云。見朱子於此意，乃屢言之不一言也。

朱子又嘗評溫公、伊川改儀禮之病，語類云：

人著書只是自入些己意，便做病痛。司馬與伊川定昏禮，都是依儀禮，只是各改了一處，便不是古人意。司馬禮云：「親迎奠雁見主昏者即出，不先見妻父母者，以婦未見舅姑也。」是古禮如此。伊川卻教拜了又入堂拜大男小女，這不是。伊川云：「婿迎婦既至，即揖入內，次日見舅姑，三月而廟見。」是古禮。司馬卻說：婦入門，即拜影堂，這又不是。古人意，初未成婦，次日方見舅姑。蓋先得於夫，方可見舅姑。到兩三月，得舅姑意了，舅姑方令見祖廟。某思量今亦不能三月之久，亦須第二日見舅姑，第三日廟見乃安。（八九）

此條言溫公、伊川依儀禮定昏禮，各改一處，皆成病痛。然非古禮不可改，如三月廟見，朱子即欲改為三日是也。清儒顏習齋因依朱子家禮居喪，悟朱子誤刪古禮二字之失，此後乃一意以攻擊程朱為務。不知家禮本非朱子定稿。朱子亦糾伊川誤改儀禮，卻不因此即盡反伊川。且習齋教人習禮樂，又戒人勿讀書。謂朱子教人讀書乃是誤蒼生。不讀禮又何從習？習些什麼？世固未有不讀書而知禮樂之為何者。其弟子李恕谷一見毛奇齡，便知師說之偏，卻終不能反求之於朱子。顏李之學終於及身而止，亦其宜也。

語類又曰：

「古者諸侯，一娶九女。元妃卒，次妃奉事，次妃乃元妃之妾，固不可同坐。若如後世士大夫家，或三娶，皆人家女，雖同祀何害。所謂『禮以義起』也。唐人已如此。」或云：「唐人立廟院，重氏族，固能如此。」曰：「唐人極有可取處。」（一二〇）

又曰：

古者天子諸侯不再娶，故次后與正后有名分。若人家則再娶亦妻也，故可同祭。伊川祭儀，祭繼室於別廟，恐未穩。（一二〇）

「禮以義起」，伊川泥古之誤，朱子明糾之。其修古禮，而曰「唐人極有可取處」，通儒之見，所為卓絕於人者，正為其有本源。故曰：「只於淺處用功，則不免沉滯之患也。」

語類又曰：

橫渠所制禮，多不本諸儀禮，有自杜撰處。如溫公卻是本諸儀禮，最為適古今之宜。（八四）

或問四先生禮。曰：「二程與橫渠多是古禮，溫公則大概本儀禮，而參以今之可行者。要之溫公較穩，其中與古不甚遠，是七八分好。」（八四）

林放問禮之本，儉與戚，亦只是禮之本而已。及其用，也有當文時，不可一向以儉戚為是。故曰「品節斯，斯之謂禮」。蓋自有箇得中恰好處。（二五）

問：「今之墨衰，使於出入而不合禮經，如何？」曰：「若能不出，則不服之亦好。但有出入治事，則只得服之。喪服四制說：『百官備，百物具，不言而事行者，扶而起。言而後事行者，杖而起。身執事而後行者，面垢而已。』蓋惟天子諸侯始得全伸其禮。庶人皆是自執事，不得伸其禮。」（八九）

吳伯英與黃直卿議溝洫。先生徐曰：「今則且理會當世事尚未盡。如刑罰則殺人者不死，有罪者不刑。稅賦則有產者無稅，有稅者無產。何暇議古。」（一〇八）

此等議論，雄偉名通，獨立百世，寧是一輩言禮者所能道。

語類又曰：

立一箇簡易之法，與民由之。惟繁故易廢。使孔子繼周，必能通變，使簡易，不至如是繁碎。今法極繁，人不能變通，只管築塞在這裏。（一〇八）

欲整頓一時之弊，譬如常洗澣，不濟事。須是善洗者一一拆洗，乃不枉了，庶幾有益。（一〇八）

此由言禮而及治道，禮法同是一本也。善洗者須一一拆洗，又詳史學篇，可參讀。朱子不僅有意修緝古禮書，即後代禮書，亦備致拳拳之意。語類又曰：

今日百事無人理會。姑以禮言之。古禮既莫之考，至於後世之沿革因襲者，亦浸失其意而莫之知矣。非止浸失其意，以至名物度數亦莫有曉者。差舛譌謬，不堪着眼。三代之禮，今固難以盡見，其略幸散見於他書。如儀禮十七篇，多是士禮。邦國人君者，僅存一二。遭秦人焚滅之後，至河間獻王始得邦國禮五十六篇獻之，惜乎不行。至唐，此書尚在。諸儒注疏，猶時有引為說者。及後來，無人說着，則書亡矣。豈不大可惜。叔孫通所制漢儀，及曹褒所修，固已非古，然今亦不存。唐有開元、顯慶二禮，顯慶已亡，開元襲隋舊為之。本朝修開寶禮，多本開元，而頗加詳備。及政和間修五禮，一時姦邪以私智損益，疏略牴牾，更沒理會，又不如開寶禮。（八四）

又曰：

今儀禮多是士禮，其中不過有些小朝聘燕饗之禮。自漢以來，凡天子之禮，都是將士禮來增加

為之。河間獻王所得禮五十六篇，卻有天子諸侯之禮，故班固謂愈於推士禮以為天子諸侯之禮者。（八五）

上古禮書極多，如河間獻王收拾得五十六篇，後來藏在祕府，鄭玄輩尚及見之。今注疏中有引援處，後來遂失不傳，可惜可惜。儀禮古亦多有，今所餘十七篇，但多士禮耳。（八五）

通典好一般書。向來朝廷理會制度，某道卻是一件事，後來只恁休了。通典亦自好設一科。通典中間數卷議亦好。（八四）

朱子欲將通典設為一科以資考究，此等見識，亦豈後來清儒窮經媚古，拘拘於三禮名物之間者所能知。

當日助編禮書諸儒可考見者，有：

潘恭叔　答呂子約書云：「近日潘恭叔討取整頓。」又詳見答潘恭叔書。

余正甫　見答余正甫書。

劉貴溪　答余正甫書云：「近忽得劉貴溪書，欣然肯為承當。」

呂芸閣

趙致道　見答余正甫書。又云：「呂書甚精，潘、趙互有得失。」

黃直卿　詳見答黃直卿書。

吳伯豐

李寶之　答黃直卿書：「吳伯豐已寄得祭禮來，渠職事無暇，只是李寶之編集。」又詳見答吳伯豐、李寶之書。

呂子約　答黃直卿書：「王朝禮已送子約，託其校定，仍令一面附疏。彼中更有祭禮，工夫想亦不多。」詳見答呂子約書。

劉履之

劉用之　答黃直卿書：「禮書今為履之、用之不來，亦不濟事，可使報之，就直卿處折衷。」

應仁仲　答應仁仲書：「所喻編禮如此，甚佳。」

趙恭父　見答趙恭父書。

楊信齋　見通解續編序。

浙中朋友　答余正甫書：「分付浙中朋友分手為之。」

明州諸人　答黃直卿書：「家、鄉、邦、國四類，已付明州諸人，依此編入。」

四明、永嘉諸人　答黃直卿書：「分付四明、永嘉諸人，依式為之。」

江右朋友　答應仁仲書：「覲禮以後，黃婿攜至廬陵，與江右一二朋友成之。」

卒成朱子之志者為黄勉齋、楊信齋兩人。

朱子修禮經，事若稽古，實欲通今，彙觀上引，其意昭顯，無可疑者。繼此當一論朱子家禮一書之眞僞。

文集卷七十五有家禮序，其文曰：

凡禮有本有文。自其施於家者言之，則名分之守，愛敬之實，其本也。冠昏喪祭儀章度數者，其文也。其本者，有家日用之常體，固不可以一日而不修。其文又皆所以紀綱人道之終始。雖其行之有時，施之有所，然非講之素明，習之素熟，則其臨事之際，亦無以合宜而應節，是不可以一日而不講且習焉。三代之際，禮經備矣。然其存於今者，宫廬器服之制，出入起居之節，皆已不宜於世。世之君子，雖或酌以古今之變，更為一時之法。然亦或詳或略，無所折衷。至或遺其本而務其末，緩於實而急於文。自有志好禮之士，猶或不能舉其要，而困於貧寠者，尤患其終不能有以及於禮也。熹之愚，蓋兩病焉。是以嘗獨觀古今之籍，因其大體之不可變者，而少加損益於其間，以為一家之書。大抵謹名分，崇愛敬，以為之本。至其施行之際，則又略浮文，敦本實，以竊自附於孔子從先進之遺意。誠願得與同志之士熟講而勉行之，庶幾古人所以修身齊家之道，謹終追遠之心，猶可以復見。而於國家所以敦化導民之意，亦或有小補云。

年譜有「家禮成」一條載乾道六年庚寅，朱子年四十一，居祝孺人喪後。此書眞僞，迭滋後人疑訟。王白田年譜徑將舊譜此條刪去，而詳著其說於年譜考異卷一。厥後夏炘述朱質疑卷七跋家禮篇，又於王氏加糾辨。其文略白：

家禮一書，朱子所編輯。以為草創未定則可，以為他人之所僞託，則不可。黃勉齋、楊信齋、李果齋、陳安卿、黃子耕諸公，皆朱子高第弟子，敬之亦能傳其家學，甫易簀而此書即出，六先生不以為疑。直至元至正間，應氏作家禮辨，以為非朱子書。明邱瓊山斥之，以家禮序決非朱子不能作。王白田發明應氏之說，吾未之敢信。葉味道問：「喪祭之禮今固難行，冠、昏自行可乎？」曰：「亦自可行。某今所定，前一截依溫公，後一截依伊川。」楊信齋家禮附注引朱子曰：「某定昏禮，親迎用溫公，入門以後則從伊川。」此二條，雖不明言家禮，然所定必有一書。今家禮昏禮親迎用書儀，入門以後用伊川說，與葉楊所記者合，則所定即指家禮無疑。文集答汪尚書書云：「嘗因程子之說，草具祭寢之儀，將以行於私家。而連年遭喪，未及盡試。」答張欽夫書云：「祭禮修定處甚多，大抵多本程氏而參以諸家。」與蔡季通書云：「祭禮只是於溫公書儀內少增損之。」葉味道錄云：「某之祭禮不成書，只是將司馬溫公書減卻幾處。」陳安卿錄云：「某嘗修祭禮，只就溫公儀中間行禮處分作五六段，甚簡易曉。後被人竊去，亡之矣。」以上諸條，曰草具，曰修定，曰嘗修，非祭禮明有一書乎？今細校家禮皆合。然則曰草具、修定、嘗修者，非指今之家禮乎？

比觀雙方，夏說為允，即邱濬「家禮序非朱子不能作」一語，已足為此案定讞。若謂序中絕不及居憂，或是先定喪祭，後增冠昏，隔時稍久，故不復提。此實無足深疑。若謂所亡乃祭禮，非家禮，則無法說於文集家禮序一文。又此喪禮究為手書，似亦不當避去不提。故知當以夏說為允。

又文集卷八十一有跋古今家祭禮一文，其文曰：

右古今家祭禮，熹所纂次，凡十有六篇。蓋人之生，無不本乎祖者。故報本反始之心，凡有血氣者之所不能無也。古之聖王，因其所不能無者制為典禮，所以致其精神，篤其恩愛，有義有數，本末詳焉。遭秦滅學，禮最先壞。由漢以來，諸儒繼出，稍稍綴緝，僅存一二。以古今異便，風俗不同，雖有崇儒重道之君，知經好學之士，亦不得盡由古禮，以復於三代之盛。其因時述作，隨事討論，以為一國一家之制者，固未必皆得先王義起之意，然其存於今者，亦無幾矣。惜其散脫殘落，將遂泯沒於無聞，因竊蒐輯敍次，合為一篇以便觀覽，庶其可傳於後。然皆無別（此字原作「雜」，依白田年譜改。）本可參校，往往闕誤不可曉知。雖通典唐書博士官舊藏版本，亦不足據，則他固可知矣。諸家諸書，如荀氏、徐暢、孟冼翊、周元陽、孟詵、徐潤、孫日周等儀，有錄而未見者，尚多有之。有能采集附益，幷得善本通校而廣傳之，庶幾見聞有所興起，相與損益折衷，共成禮俗，於以上助聖朝敦化導民之意，顧不美哉！

文在淳熙元年五月，朱子年四十五歲。上距丁祝孺人憂已五年。其書與家禮不同。家禮乃修定之書，主要采溫公、伊川兩家，加以增損，求其可行。此書乃蒐輯之書，網羅諸家，以廣流傳。殆是朱子修家禮中祭禮時，亦曾參考眾籍，遂纂次及之。其書失傳，王白田年譜考異乃謂陳安卿錄祭禮今亡之者，即此古今家祭禮，非家禮。不知安卿明云今亡之者，乃是只就溫公書修，甚簡而易行者，與此十九卷之古今家祭禮性質篇帙皆不同，豈得混為一談。

又文集卷八十三有跋三家禮範一篇，其文曰：

嗚呼！禮廢久矣。士大夫幼而未嘗習於身，是以長而無以行於家。長而無以行於家，是以進而無以議於朝廷，施於郡縣，退而無以教於閭里，傳之子孫，而莫或知其職之不修也。長沙郡博士邵君淵，得吾亡友敬夫所次三家禮範之書而刻之學宮，蓋欲吾黨之士相與深考而力行之，以厚彝倫而新陋俗，其意美矣。然程、張之言，猶頗未具。獨司馬氏為成書，而讀者見其節文度數之詳，有若未易究者，往往未見習行，而已有望風退怯之意。又或見其堂室之廣，給使之多，儀物之盛，而竊自病其力之不足。是以其書雖布，而傳者徒為篋笥之藏，未有能舉而行之者也。殊不知禮書之文雖多，而身親試之，或不過於頃刻。其物雖博，而亦有所謂不若禮不足而敬有餘者。今乃以安於驕佚，而逆憚其難。以小不備之故，而反就於大不備。豈不誤哉。故熹嘗欲因司馬氏之書，參考諸家之說，裁訂增損，舉綱張目，以附其後，使覽之者得提其要以及其詳，而不憚其難。行之者雖貧且賤，亦得以具其大節，略其繁文，而不失其本意也。顧以病衰，不能及已。今感邵君之意，輒復書以識焉。嗚呼！後之君子，其尚有以成吾之志也夫。

文成於紹熙甲寅八月，朱子年六十五。上距纂次古今家祭禮，則又二十年矣。朱子告葉味道，謂「某之祭禮不成書，只是將溫公書減卻幾處」。其告陳安卿，謂「某修祭禮，只將溫公儀中行禮處分作五六段，甚簡易曉」。觀於此文，則朱子修祭禮時之用意，益見明白。王白田年譜考異，謂「家禮乃有因三家禮範跋語而依仿成之者。蓋自附於後之君子，而傳者以託之朱子所自作，其序文亦依仿禮範跋語」。此乃無證臆說。若如其言，又何解於朱子之告葉陳二人之所云乎？若疑此跋何以不提及二十年前已曾為家禮，則為文各有體要，此跋乃為亡友張敬夫之書而作，不必述及己之舊著。且其時家禮已亡失，又其書本非定本，尚欲有所增益改定，則正是此跋後幅所云云也。夏炘跋家禮說及此事，云：「家禮亡之已久，迫於桑榆，不能補輯，而深有望於後人，故作此言。」遙為允愜。家禮附錄黃齡曰：

「先生既成家禮，為一行童竊以逃，先生易簀，其書始出，其間有與先生晚歲之語不合者，故未嘗為學者道也。」則朱子平日所以少言及家禮，其門人固已言之。又陳淳曰：「嘉定辛未過溫陵，先生季子敬之倅郡，出示家禮一編，云此往年僧寺所亡本也。有士人錄得，會先生葬日攜來，因得之。」朱子卒及其葬，距其跋三家禮範先後不過六年。又值黨禁方嚴，謂有人焉，據其跋文，偽造家禮，又偽作序文，及朱子之卒而獻之其家，有是人，有是理乎！黃榦行狀則云：「所輯家禮，世所遵用，其後多有損益，未及更定。」是亦謂家禮乃未定之稿也。白田竭畢生之力為朱子年譜，世推精審，然遇大節目，考覈每見紕繆。尤甚者，如其定中和舊說之年歲，與其辨家禮之偽皆是。此乃限於識力，無可強求也。

語類又曰：

某自十四歲而孤，十六而免喪。是時祭祀，只依家中舊禮。禮文雖未備，卻甚齊整。先妣執祭事甚虔。及某年十七、八，方考訂得諸家禮，禮文稍備。（九〇）

是朱子在免其父韋齋先生喪後，十七、八歲時，即已有考訂諸家禮之事。此條乃朱子晚年告沈僩語，自來辨朱子家禮眞偽者皆不注意及此，甚為可惜。

又文集卷三十三答呂伯恭有云：

熹近讀易，覺有味。又欲修呂氏鄉約鄉儀，及約冠昏喪祭之儀，削去書過行罰之類，為貧富可通行者。苦多出入，不能就。又恨地遠，無由質正。然旦夕草定，亦當寄呈，俟可否然後改行也。

此書在何叔京卒後，為淳熙乙未之冬，朱子年四十六。殆亦丁母憂後，感愴所積，正猶十七八時考訂諸家禮之心情也。然則朱子家禮，似不在其居憂時作，至是亦尚未成編。至於甲午編次古今家祭禮尚在上年。蓋朱子欲修家禮參考所及，而加以編次。其與朱子所自欲撰著者不同，亦可證知。

又同卷答呂伯恭另一書云：

禮書亦苦多事，未能就緒。書成當不俟脫稿，首以寄呈，求是正也。

此書白田年譜定在丙申。禮書未能就緒，即承前引書而來，據此知朱子確是有意修家禮，而至是猶未成。

語類又曰：

問：「舊嘗收得先生一本祭儀，時祭皆是卜日，今聞卻用二至二分祭，如何？」曰：「卜日無定，慮有不虔。溫公亦云：『只用分至亦可。』」（九〇）

此條輔廣所錄甲寅朱子年六十五以後所聞。是輔廣確曾收得朱子所為之祭儀，此祭儀必是在家禮中散出。是家禮雖為未定之書，而確為朱子親撰，夫復何疑。朱子於編集禮書外，又有編集小學一段工夫。語類：

問：「未格物以前如何致力？」曰：「古人這處已自有小學了。」（一四）

古者初年入小學，只是教之以事，如禮樂射御書數，及孝弟忠信之事。自十六七入大學，然後教之以理，如致知格物及所以為忠信孝弟者。（七）

又論論語「志道、據德、依仁、游藝」曰：

藝是小學工夫。若說先後則藝為先，而三者為後。若說本末，則三者為本而藝其末。固不可徇末而忘本，習藝之功固在先。游者，從容潛玩之意，又當在後。文中子說：「聖人志道、據德、依仁，而後藝可游也。」此說得自好。（三四）

朱子既為大學小學分其本末先後，而又必使本末一貫，先後相融。此條所論，最見深義，極當潛玩。又曰：

某於大學中所以力言小學者，以古人於小學中已自把捉成了，故於大學之道無所不可。今人既無小學之功，卻當以敬為本。（一一五）

程門特地拈出一敬字，自朱子言之，亦所以補古人小學一段工夫耳，非為學大本所在。若能補出古人小學工夫，豈不更善。

年譜淳熙十四年丁未，朱子年五十八歲，小學書成。文集有題小學書云：

古者小學教人，以灑掃應對進退之節，愛親敬長隆師親友之道，皆所以為修身齊家治國平天下之本，而必使之講而習之於幼稚之時。欲其習與智長，化與心成，而無扞格不勝之患也。今其全書雖不可見，而雜出於傳記者亦多。讀者往往直以古今異宜而莫之行。殊不知其無古今之異者，固未始不可行也。今頗蒐輯以為此書，授之童蒙，資其講習，庶幾有補於風化之萬一云爾。

可見朱子編小學，亦猶其編禮書，惟限於為童蒙耳。

王白田朱子年譜考異卷三有云：

按：癸卯與劉子澄書，小學蓋託子澄為之編類。其中有云：「『文章』尤不可泛。」至乙巳又與書云：「小學見此修改，凡定著六篇。」則如今本所定，已刪去「文章」一類矣。凡此可見其次輯之意。又歷丙午、丁未而後成也。又按語類（按卷一〇五，下引同）陳淳錄云：或問：「小學實明倫篇，何以無朋友一條？」曰：「當時是眾編類來，偶缺此爾。」又黃義剛錄云：安卿問：「曲禮『外言不入於閫，內言不出於閫』一條甚切，何以不編入小學？」曰：「這樣處漏落也多。」又曰：「小學多說那恭敬處，少說那防禁。」據此則編類或不止子澄一人。而於兩錄，又可見古人著書得其大者，而於小小處亦不屑屑尋究也。

文集卷三十五答劉子澄有云：

小學書昨奉報，只欲如此間所編者。今細思之，不若來教規模之善。但今所編，皆法制之語。若欲更添嘉言、善行兩類，即兩類之中自須各兼取經史子集之言，其說乃備。但須約取，勿令太泛，乃佳。文章尤不可泛。如離騷忠潔之志固亦可尚，然只正經一篇已自多了，此須更子細抉擇。敘古蒙求亦太多，兼奧澀難讀，恐非啟蒙之具。卻是古樂府及杜子美詩意思好，可取者多，令其喜諷詠，易入心，最為有益也。來喻又有避主張程氏之嫌，程氏何待吾輩主張。然立言垂訓，事關久遠，亦豈當避此嫌耶？其詳雖已見於近思，然其一言半句灼然親切，不可不使後學早聞而先入者，自不妨特見於此書也。

又兩書催速小學書幸早成，便中遺寄。又一書云：

小學見此修改，益以古今故事，移首篇於書尾，使初學開卷便有受用，而末卷益以周、程、張子教人大略，及鄉約雜儀之類，別為下篇，凡定著六篇。

又一書云：

小學能為刊行亦佳，但須更為稍加損益，乃善。近得韓丈書云：「如鄧攸縛子於樹之屬，似涉已甚」，恐此等處誠可削也。若不欲盡去其事，且刊前此語亦佳耳。史傳中嘉言善行，及近世諸先生教人切近之語，亦多有未載者，更望刷出補入，乃為佳也。

知小學編纂類例，皆由朱子親自決奪。采摭之功，應是劉子澄為多，而他人亦有參加。其先除以童蒙習禮為主之外，亦欲增入文章，如離騷、古樂府之類，後乃刪去。又補以歷史故事嘉言善行，使幼學者游心得寬，不違繩墨，而不使有規矩束縛之苦也。

又文集卷二十六與陳丞相別紙云：

近又編小學一書，備載古人事親事長洒掃應對之法，亦有補於學者。

朱子於編小學外，又注意於專為教女子之書。

問：「女子亦當有教。」曰：「如曹大家女戒、溫公家範亦好。」（七）

文集卷三十三答呂伯恭：

弟子職、女戒二書，以溫公家儀系之，尤溪欲刻未及，而漕司取去，今已成書，納去各一本。如可付書肆摹刻以廣其傳，亦深有補於世教。

又卷三十五與劉子澄：

向讀女戒，見其言有未備，及鄙淺處。伯恭亦嘗病之，間嘗欲別集古語如小學之狀為數篇，其目曰正靜，曰卑弱，曰孝愛，曰和睦，曰勤謹，曰儉質，曰寬惠，曰講學。班氏書可取者亦删取之。如正靜篇，即如杜子美「秉心忡忡，防身如律」之語亦可入。凡守身事夫之事皆是也。和睦謂宜其家人，寬惠謂逮下無疾妒，凡御下之事。病倦不能檢閱，幸更為詳此目有無漏落，有即補之，而輯成一書，亦一事也。向見所編家訓，其中似已該備，只就彼采擇，更益以經史子集中事，以經為先，不必太多，精擇而審取之，尤佳也。

是時刻書之風方盛，朱子亦欲藉編輯工作作推廣社會教育之用，此等自與學術上之研究與著作不同，故只提示類例，使他人為之。

語類尚多有論禮樂語，茲復摘錄數條附此。語類有曰：

禮樂者，皆天理之自然。節文也是天理自然，和樂也是天理自然。這天理本是儱侗一直下來，聖人就其中立箇界限，分成段子，其本如此，其末亦如此。其外如此，其裏也如此。但不可差

其界限。才差其界限，便是不合天理。（八七）

「天高地下，萬物散殊，而禮制行矣。流而不息，合同而化，而樂興焉。」皆是自然合當如此。（八七）

禮之誠便是樂之本。樂之本便是禮之誠。若細分之，則樂只是一體周流底物，禮則是兩箇相對着，誠與去偽也。禮則相刑相尅，以此克彼。樂則相生相長，其變無窮。樂如晝夜之循環，陰陽之闔闢，周流貫通。而禮則有向背明暗。論其本則皆出於一。（八七）

禮主減，樂主盈。鬼神亦只是屈伸之義。禮樂鬼神一理。（八七）

「『明則有禮樂，幽則有鬼神』，須知樂便屬神，禮便屬鬼。」因指甘蔗，曰：「其香氣便喚做神，其漿汁便喚做鬼。」（九三）

禮是收縮節約底便是鬼，樂是發揚底便是神。故云：「人者鬼神之會。」說得自好。（八七）

此皆就陰陽宇宙全體而論禮樂。又曰：

不先就切身處理會得道理，便教考究得些禮文制度，又干自家身己甚事。（七）

凡朱子考禮考樂，皆重在切身處，熟觀本節自知。又論徽宗時令人作徵調不成，因曰：

不知是如何，平日也不曾去理會，這須是樂家辨得聲音底方理會得。但是這箇別是一項，未消得理會。（九二）

此又與後儒如顏李輩意想不同。朱子論學，承認有專門名家之業，曰此等未消得理會。此非有所蔑視，乃是自有專業也。朱子治學之所以切實而能博大者在此，亦不可不知。

朱子之四書學

自唐以前，儒者常稱周公孔子。政府所立太學，必以五經為教本。漢書藝文志六藝略後附論語、孝經、爾雅，乃屬幼學之書。孔子之功，在其修訂六藝。論語一書之本身價值，似尚不與五經平等同視。孟子在諸子略，上承子思、曾子，下接孫卿，為儒家者流。唐韓愈為原道，始曰：堯、舜、禹、湯、文、武、周公傳之孔子，孔子傳之孟子而不得其傳。宋人乃始以孔孟並稱。然於孟子，其初猶多非疑，如司馬光、李覯皆是。中庸在南北朝時，因其書與道、釋有可相通，間亦受人重視。唐李翺始本中庸言復性。宋張橫渠初謁范希文，希文授以中庸，是知中庸在理學大行前已見重。二程始以大學開示學者。語、孟、學、庸四書並重，事始北宋。而四書之正式結集，則成於朱子。朱子平日教人，必教其先致力於四書，而五經轉非所急。故曰：「語孟工夫少，得效多。六經工夫多，得效少。」（語類一九）其為語孟集注、學庸章句，乃竭畢生精力，在生平著述中最所用心。朱子卒，其門人編集語類，亦四書在先，五經在後。語類一百四十卷，四書部分共占五十一卷，當全書篇幅三分一以上。五經部分二十六卷，僅約四書部分篇幅之半。其他語類各卷，涉及四書，亦遠勝其涉及五經。亦可謂宋代理學，本重四書過於五經，及朱子而為之發揮盡致。此後元明兩代，皆承朱子此一學風。清儒雖號稱為漢學，自擅以經學見長，然亦多以四書在先，五經在後；以孔孟並稱，代替周孔並稱。雖有科舉功令，然不得專以科舉功令為說。則朱子學之有大影響於後代者，當以其所治之四書學為首，此亦無可否認之事。

年譜孝宗隆興元年癸未，朱子年三十四，論語要義、論語訓蒙口義成。文集卷七十五論語要義目錄序有曰：

> 河南二程先生，獨得孟子以來不傳之學於遺經。熹年十三四時，受其說於先君。未通大義，而先君棄諸孤。中間歷訪師友，以為未足。於是徧求古今諸儒之說，合而編之。誦習既久，益以迷眩。晚親有道，竊有所聞。然後知其穿鑿支離者，固無足取。至於其餘，或引據精密，或解析通明，非無一辭一句之可觀。顧其於聖人之微意，則非程氏之儔矣。隆興改元，屏居無事，與同志一二人從事於此。慨然發憤，盡刪餘說，獨取二先生（此五字依王白田年譜補入）及其門人朋友數家之說，補緝訂正，以為一書。目之曰論語要義。蓋以為學者之讀是書，其文義名物之詳，當求之注疏，有不可略者。若其要義，則於此其庶幾焉。

其論語訓蒙口義序有云：

予既序次論語要義，因為刪錄，以成此編。本之注疏以通其訓詁，參之釋文以正其音讀。然後會之於諸老先生之説，以發其精微。一句之義，繫之本句之下。一章之指，列之本章之左。又以平生所聞於師友而得於心思者，間附見一二條焉。本末精粗，大小詳略，無或敢偏廢也。然本其所以作，取便於童子之習而已，故名之曰訓蒙口義。蓋將藏之家塾，非敢為他人發也。予幼獲承父師之訓，從事於此，二十餘年。材資不敏，未能有得。今乃妄意採掇先儒，有所取捨，度德量力，夫豈所宜。取其易曉，本非述作。以是庶幾其可幸無罪焉耳。嗚呼小子，其懋敬之哉。汲汲焉而毋欲速也，循循焉而毋敢惰也。毋牽於俗學，而絶之以為迂且淡也。毋惑於異端，而躐之以為近且卑也。聖人之言，大中至正之極，而萬世之標準也。古之學者，其始即此以為學，其卒非離此而為道。窮理盡性，修身齊家，推而及人，內外一致。蓋取諸此而無所不備，亦終吾身而已矣。舍是而他求，夫豈無可觀者，然致遠恐泥。昔者吾幾陷焉，今裁自脱，故不願汝曹之為之也。

此兩書，乃朱子最先有關論語之著述，今不傳。朱子當時，已認定論語為學者最先所必治，亦為學者最後之歸宿。其於義理方面，先嘗偏求古今諸儒之説，而終於一遵二程，旁及於其門人及朋友數家而止。其於章句訓詁名器事物之際，則最先即未忽視。厥後朱子為學之能匯通經學、理學而冶之一鑪者，在此已見其端。「晚親有道」，乃指李延平。

又文集卷三十九答許順之有云：

> 熹論語說方了第十三篇，小小疑悟時有之，但終未見道體親切處。如說「仁者渾然與物同體」之類，皆未有實見處。

是朱子在論語要義之前，又先有論語說之草創也。

年譜：「三十五歲，困學恐聞編成。」是書亦不傳。文集卷七十五有困學恐聞編序，云：

> 予嘗以困學名予燕居之室，目其雜記之編曰困學恐聞。蓋取「子路有聞，未之能行，惟恐有聞」之意。以為困而學者，其用力宜如是也。

此編所錄，殆亦主於性理實踐。其詳不可知。朱子又有困學詩，云：

> 舊喜安心苦覓心，捐書絕學費追尋。困衡此日安無地，始覺從前枉寸陰。
> 困學工夫豈易成，斯名獨恐是虛稱。旁人莫笑標題誤，庸行庸言實未能。

朱子少耽禪學，故有捐書絕學，覓心安心之追尋。自見李延平，而其學一變。其論語要義，則正在困學中所成也。

孝宗乾道八年壬辰，朱子四十三歲，論孟精義成。文集卷七十五有語孟集義序，題注此書「初曰精義，後改名集義」。年譜亦云。序文曰：

論孟之書，學者所以求道之至要。古今為之說者，蓋已百有餘家。宋興百年，河洛之間有二程先生者出，然後斯道之傳有繼。其於孔子、孟氏之心，蓋異世而同符也。其所以發明二書之說，言雖近而索之無窮，指雖遠而操之有要。所以興起斯文，開悟後學，可謂至矣。間嘗蒐輯條疏，以附本章之次。既又取夫學之有同於先生者，與其有得於先生者，若橫渠張公、范氏、二呂氏、謝氏、游氏、楊氏、侯氏、尹氏凡九家之說，以附益之，名曰論孟精義。或曰：然則凡說之行於世而不列於此者，皆無取已乎？曰：不然也。漢魏諸儒，正音讀，通訓詁，考制度，辨名物，其功博矣。學者苟不先涉其流，則亦何以用力於此？而近世二三家，與夫學於先生之門人者，其考證推說，亦或時有補於文義之間。學者有得於此而後觀焉，則亦何適而無得哉。

此書兼及語孟，其探索義理，則一本二程，與其九年前為論語要義時意見無大殊。序文中又曰：

若張公之於先生，論其所至，竊意其猶伯夷、伊尹之於孔子。而一時及門之士，考其言行，則又未知其孰可以為孔氏之顏曾也。今錄其言，非敢以為無少異於先生，而悉合乎聖賢之意。亦曰大者旣同，則其淺深疏密毫釐之間，正學者所宜盡心耳。

蓋至是而朱子始悟程門諸子未為能得程氏之眞傳，乃微露其意如此，此乃與其九年前為論語要義時意態不同處。

語類又云：

初解孟子時，見自不明，隨着前輩說，反不自明，不得其要者多矣。（一九）

此條楊方錄庚寅所聞，朱子年四十，蓋是正為語孟精義時也。

又曰：

某舊時看文字甚費力，如論孟諸家解有一箱。每看一段，必檢許多，各就諸說上推尋意脈，各見得落着，然後斷其是非。是底都鈔出，一兩字好亦鈔出。雖未如今集注簡盡，然大綱已定。今集注只是就那上刪來。但人不着心，守見成說，只草草看了。今試將精義來參看一兩段，所以去取底是如何，便自見得。大抵事要思量學要講。（一二〇）

又曰：

凡看文字，諸家說異同處最可觀。某舊日看文字，專看異同處。如謝上蔡之說如彼，楊龜山之說如此，何者為得，何者為失。所以為得者是如何，所以為失者是如何。（一〇四）

凡看文字，諸家說有異同處最可觀。謂如甲說如此，且挦扯住甲，窮盡其詞。乙說如此，且挦扯住乙，窮盡其詞。兩家之說既盡，又參考而窮究之，必有一眞是者出矣。（一一）

某所以讀書自覺得力者，只是不先立論。（一〇四）

朱子治論孟，先成要義，後成精義，皆是不先立論，廣集諸說以資研討。平心看人異同，於異同中見得失。及其既久，已見出，雖欲不立論而不可得。

語類又曰：

讀書考義理，似是而非者難辨。且如精義中，惟程先生說得確當。至其門人，非惟不盡得夫子之意，雖程子之意亦多失之。今讀語孟，不可便道精義都不是，都廢了。須借它做階梯去尋求，將來自見道理。（一九）

此乃朱子現身說法，即是借程門諸子做階梯去尋求也。迨其所見益進，乃始自出手眼，而有集注之書。

語類又曰：

某近來作論語略解，以精義太詳，說得沒緊要處多，似空費工夫，故作此書。而今看得，若不看精義，只看略解，終是不浹洽。（一九）

此條黃榦錄，未定在何年。精義成於四十三歲，五十一歲時重刊稱要義，又改名集義，疑此條應在五十一歲前。所稱論語略解，他處未見，疑即集注之前身。集注成於四十八歲時。是朱子成精義不久，已復不自滿意，認為其所收多沒緊要處，故又改作集注，而略解則在其中間過程中。姑識所疑如此，以待續考。

謂精義說得沒緊要處多者，如語類云：

上蔡論語解，言語極多，看得透時，它只有一兩字是緊要。（一九）

淳熙四年丁酉，朱子年四十八歲，論孟集注、或問成。年譜云：

先生既編次論孟集義，又作訓蒙口義，既而約其精粹妙得本旨者為集注。又疏其所以去取之意為或問。然恐學者轉而趨薄，故或問之書未嘗出以示人。時書肆有竊刊行者，亟請於縣官，追索其板，故惟學者私傳錄之。其後集注刪改日益精密，而或問則不復釐正，故其去取間有不同者。然辨析毫釐，互有發明，亦學者所當熟味也。

按之文集，十五年前所成者乃論語要義，非論孟集義。五年前所成者，乃論孟精義。精義增刻改名要義，其事尚在後。文集卷八十一有書語孟要義序後，謂：

熹頃年編次此書，鋟版建陽，學者傳之久矣。後細考之，程、張諸先生說尚或時有所遺脫。既加補塞，又得毗陵周氏說四篇有半於建陽，復以附於本章。黃某商伯既以刻於其學，慮夫讀者疑於詳略之不同，屬熹書於前序之左，且更定其故號精義者曰要義。

此跋在淳熙七年庚子，朱子五十一歲，在集注成書後。此皆可證舊本年譜之誤。

又按朱子三十四歲為論語要義，四十三歲為論孟精義，讀兩書之序文，先云「獨取二程及其門人朋友數家之說」，後乃云，「又取夫學者之有同於先生與有得於先生者凡九家」。又曰：「若張公之於先生，猶伯夷伊尹之於孔子。」是則其先乃獨尊二程，而二程之朋友則序次於其門人之下。後乃以橫渠與二程平列，又序范祖禹、呂希哲、呂大臨於謝良佐、游酢、楊時、侯仲良、尹焞諸人之前。又謂其門人之言，「非敢以為無少異於先生」。此其進退之間，顯有不同。則精義與要義兩書，先則一意尊程，後乃有貶抑程門之意。此見朱子此十年中學問轉進一大關節，雖僅可微論，然亦確可據信也。

朱子已成精義之後，隨即不滿其書，重為略解與集注，說已在前。及其五十一歲時，又改精義之書為要義，則不認其所收者皆為論孟之精義，而僅得視之為要義也。要義者，乃參考所當及。精義則其語精粹，可依據。二者間之不同，亦屬顯然。故知朱子三十四歲時之取名要義與其五十一歲時之取名要義，名雖同，而所以取名之意則大不同。此又可微論而知。

學者必先明白得此一番經過，乃可進而論朱子之集注。蓋以前之要義、精義，皆是薈萃眾說，而集注則是自出手眼。此其大不同一也。論語要義以及精義，可謂一依二程，而推及至於九家。今總核論孟集注、學庸章句四書徵引諸說，自漢以下至於兩宋凡得五十多家。單就論語集注言，亦得三十餘家。訓詁多用注疏，音讀多用釋文，孟子則用孫奭。其義理方面，論其徵引條說之多寡，二程及程門，仍占三分二以上。然在集注中，實並不見專尊二程之意。二程並世如濂溪、康節、橫渠，上世如董仲舒、韓愈，亦皆稱「子」，同於二程。其意度之寬宏，亦顯與三十四歲初為要義時不同。

今觀集注中所采，師事者如李延平、劉白水，延平直稱曰「師」。白水稱「聘君」而不氏。友如張敬夫、何叔京，罔不采集。前人如王介甫、蘇子瞻，朱子平素極攻之，而集注亦采其說。劉原夫論語解，朱子謂其「要緊處只是老莊」，吳才老作論語十說，朱子以為「其功淺，其害亦淺；又為論語考異，其功漸深，而有深害」。（以上兩條皆見語類第一九）而集注中亦采其說之善者。

文集卷三十一與張敬夫論癸巳論語說「十世可知」條有曰：

嘗究此章之指，惟古注馬氏得之。何晏雖取其說，而復亂以己意。以故後來諸家祖習其言，展轉謬誤，失之愈遠。至近世吳才老、胡致堂，始得其說，最為精當。吳說有續解、考異二書，而考異中此章之說為尤詳。願試一觀，或有取焉。大抵此二家說，其它好處亦多，不可以其後出而忽之也。

至如張無垢，朱子稱其是雜學，又比之洪水猛獸，然語類有云：「張子韶說『審富貴而安貧賤』極好。」今里仁篇集注即采此七字，惟不著無垢名氏而已。

問：「集注所載范浚心銘，不知范曾從誰學？」曰：「不曾從人，但他自見得到，說得此件物事如此好。向見呂伯恭甚忽之，問：『須取他銘則甚？』曰：『但見他說得好，故取之。』曰：『似恁說話，人也多說得到。』曰：『正為少見有人能說得如此者，此意蓋有在也。』」（五九）

語類又云：

樊遲問仁，孔子答以愛人。問知，答以知人。有甚難曉處？樊遲因甚未達？蓋愛人則無所不愛，知人則便有分別。兩箇意思自相反，故疑之。只有曾吉甫說得好：「『舉直錯諸枉』，便是知人。『能使枉者直』，便是愛人。」曾解一部論語，只曉得這一段。（四二）

今集注本章引曾氏，即吉甫。

又曰：

問：「語解胡氏為誰？」曰：「胡明仲也。向見張欽夫殊不取其說。某以為不然。他雖有未至處，若是說得是者豈可廢。」（一九）

又曰：

> 集注中曾氏是文清公。黄氏是黄祖舜。晁氏是晁以道，李氏是李光祖。（一九）

集注之廣搜博采，苟其人有一説可取，即所不廢。亦有其門人弟子見姓氏而初不能推知其為何人者。雖其至友如南軒、東萊亦復疑之。尤如王勉，孟子集注引之者三。其人不見於宋史，亦不見於黄全之學案，生平著述無考。惟知其亦建安人。建甌縣志卷十選舉，列進士王勉，紹興二年壬子張九成榜。夏炘景紫堂集稱之曰建安勉。集注雖不取張子韶，乃采及出其門為進士者。朱子晚年讀書之廣，從善之虚心，其為集注之博采旁搜，亦於此益見。

集注於精義有去取。如孟子精義引吕希哲十四條，集注僅存「有為者譬若掘井」一條。或問申其去之之意。然恐學者風氣趨薄，故或問僅及門傳録，不欲公開傳世。此尤大賢深心，然亦使後世治朱學者，昧於朱子本人生平意態轉變之迹，故特為點明。

語類又云：

> 前輩解説，恐後學難曉，故集注盡撮其要。已説盡了，不須更去注脚外又添一段説話。只把這箇熟看，自然曉得，莫枉費心去外面思量。（一九）

此見集註於精義，不僅多所去，即所取亦是撮要，另化了一番工夫在內。

問：「集注引前輩之說，而增損改易本文，其意如何？」曰：「其說有病，不欲更就下面安注腳。」（一九）

此見集注引諸家，不僅化工夫為之撮要，又有增損改易，不盡是所引諸家之本文。故集注正是朱子之一家言，不得專以會集諸家視之。

語類又曰：

集注中有兩說相似而少異者，亦要相資。有說全別者，是未定也。（一九）

或問：「集注有兩存者，何者為長？」曰：「使某見得長底時，豈復存其短底。只為是二說皆通，故并存之。然必有一說合得聖人之本意，但不可知爾。」復曰：「大率兩說前一說勝。」（一九）

然亦有不盡然者。如「子路問成人」章。

問：「下面說『見利思義，見危授命，久要不忘平生之言』，覺見子路也盡得此三句，不知此數語是夫子說，是子路說？」曰：「這一節難說。程先生說『有忠信而不及於禮樂』，也偏。」至之云：「先生又存胡氏之說在後，便也怕是胡氏之說是，所以存在後。」（四四）

此條游倪錄癸丑所聞，朱子年六十四。只云難說，又云程說也偏，卻未明白肯定胡說之是。

又曰：

「『今之成人者』以下，胡氏以為是子路之言，恐此說卻是。聖人不應只說向下去。且『見利思義』三句，自是子路已了得底事，亦不應只恁地說。蓋子路以其所能而自言，故胡氏以為『有「終身誦之」之固』也。」問：「若如此，夫子安得無言以繼之？」曰：「恐是他退後說，也未可知。」（四四）

此條潘時舉錄癸丑以後所聞，已明白肯定胡說之為是矣。

又曰：

「今之成人」以下，做子路說方順，此言亦似子路模樣。然子路因甚如此說，畢竟亦未見得。（四四）

此條陳淳錄，不知在庚戌抑己未。就語類編次，此條在潘錄後，或當在己未。朱子對此一疑，其告游至之，則曰此條難言，是其不重程意可知。及告潘子善，則是胡非程之意已決。及晚年仍是主胡說。然今集注兩說先後，則未加更定。

正為義理難定，故朱子成集注後，仍教人兼看精義。語類有曰：

諸朋友若先看集義，恐未易分別得，又費工夫，不如看集注。又恐太易了。這事難說，不奈何，且須看集注。教熟了，可更看集義。集義多有好處，某卻不編出者，這處卻好商量，卻好子細看所以去取之意如何。須是看得集義，方始無疑。某舊日只恐集義中有未曉得義理，費盡心力，看來看去，近日方始都無疑矣。（一九）

此條所謂集義，即指精義。精義成書後，初改名要義，後又改名集義。文集無證，證在語類。朱子先謂精義須借它做階梯去尋求，其語已引在前。此條則在上引一條之後。其時朱子已覺往前所集，既不全是「精義」，又不全是「要義」，故又改稱其書為「集義」。只欲學者看集注熟了再去看。此其對精義所收，前後意態不同，更益可知。此條所謂「近日方始都無疑」者，以前尚認精義所收，其中必多精要語，故費盡心力逐一細勘。至是乃確知其大多無當於論孟之本義，故多不編入集注也。又曰「須看得集義方始無疑」者，欲學者先熟集注，再看精義，而明其去取之意，則於集注之解釋論孟本義者可無疑也。此條乃朱子晚年語。觀此可知朱子為學轉而益進之大概。

語類又一條云：

> 因論集注論語，曰：「於學者難說。看衆人所說，七縱八横，如相戰之類，於其中分別得甚妙。然精神短者又難教如此。只教看集義，又皆平易了，興起人不得。」（一九）

此條與上引一條語恰相反，疑「只教看集義」乃「集注」字誤。集義聚諸家說，故曰七縱八横，如觀相戰。集注只就論語原文本義為釋，不見異同，故若平易。精神短者難教其從精義中看出妙處，而只看集注又不易興起，故朱子要人先看集注熟了更看精義也。

今再深一層求之，則不僅精義中所收諸家之說多未編入集注，即二程語亦多刪落，語類又一條云：

> 程先生解經，理在解語內。某集注論語，只是發明其辭，使人玩味經文，理皆在經文內。（一九）

此條分別大可玩味。「理在解語內」，是解者自說己理，乃解者之自有發明。此可謂之是理學。「理在經文內」，此非解者自持己理，特玩味經文而有得，為之發明其辭，理皆經文之理，非解者自持之理，此可謂之是經學。顧亭林曾云：「經學即理學也，捨經學安有所謂理學哉。」此其淵源，實亦朱子先發。故朱子之論孟集注，實乃朱子當時從程門理學轉入語孟經學一大轉手也。

朱子先為論孟精義，只是把二程語及其他橫渠以下九家之說依次附於論孟各章之次，而名之曰精義，則若論孟精義即已在此。此其先後易位，輕重倒置，而宋代理學家一種高自位置之心，亦從而見。其後朱子又將精義改名要義，又改名集義，每改一名，其平實謙抑之意益見。然要之仍是以宋儒義說孔孟，非就孔孟說孔孟也。故乃繼之以集注。

語類又曰：

看文字，自理會一直路去，豈不知有千蹊萬徑，不如且只就一直路去，久久自然通透。如精義諸老先生說非不好，只是說得忒寬，易使人向別處去。某所以做箇集注，便要人只恁地思量文義，曉得了，只管玩味，便見聖人意思出來。（二一）

此乃朱子以論孟原文本義折衷諸家，謂諸家說非是不好，只是不盡恰當於論孟之本意。即伊川之述明道，亦僅曰直得孟子以來不傳之祕而已。至朱子乃曰程、張之說有為孟子所未及。則分別異同，與衡評得失，應是兩事。朱子論學之主要關鍵，亭林亦未為眞得其精髓。故如亭林之學，亦僅得稱是經學，不得稱是理學也。

問：「先生往時初學，亦覺心有不專一否？」曰：「某初為學，全無見成規模。這邊也去理會尋討，那邊也去理會尋討。向時諸前輩，每人各是一般說話。後來見李先生，李先生較說得有下落，說得較縝密。若看如今，自是有見成下工夫處。看來須是先理會箇安着處。譬如人治生，也須先理會箇屋子，安着身己，方始如何經營，如何積累，漸漸須做成家計。」（一〇四）

此條葉賀孫錄。

又曰：

前日得公書，備悉雅意。聖賢見成事迹，一一可考而行。今日之來，若捨六經之外，求所謂玄妙之說則無之。近世儒者，不將聖賢言語為切己可行之事，必於上面求新奇可喜之論，屈曲纏繞，詭祕變怪。不知聖賢之心本不如此。既以自欺，又轉相授受，復以欺人。某嘗謂雖使聖人復生，亦只將六經、語孟之所載者循而行之，必不更有所作為。（一一四）

此條亦葉賀孫錄，乃是與賀孫初見時，即辛亥朱子年六十二歲時語。自二程開理學風氣，學者莫不競倡新說，即二程嫡傳如謝楊之徒，亦皆不免此弊。殆愈後而愈甚。朱子得李延平啟示，令去聖經中求義，此亦不專在文字上求，主要乃在求其切己可行。朱子由此工夫，乃能脫出當時理學家積習，確信得前日諸人之誤。此乃朱子治學一條眞血脈，遠在朱子三十歲前即已走上此路。到六十歲後乃追憶延平當時教法，再行提出，指示學者，此誠治朱子學者所當深切着眼之一大節目。朱子此數十年中，逐一闡透了前輩諸人之誤，其功夫所在，正可於其自論孟精義轉到論孟集注之一段經過中窺見。所謂前日諸人之誤者，即二程亦不免，惟朱子不欲一一提出加以辨駁耳。

語類又曰：

> 某解語孟，訓詁皆存，學者觀書，不可只看緊要處，閑慢處要都周匝。（一一）

> 某所集注論語，至於訓詁皆子細者，蓋要人字字與某着意看，字字思索到，莫要只作等閒看過了。（一一）

朱在過庭所聞有云：

集注於正文之下，止解説字訓文義，與聖經正意。如諸家之説有切當明白者，即引用而不沒其名。如學而首章，先尹氏而後程子，亦只是順正文解下來，非有高下去取也。章末用圈而列諸家之説者，或文外之意，而於正文有所發明，不容略去。或通論一章之意，其説切要，而不可不知也。

是集注引諸家，正文下與圈後又有不同。即二程説，亦列圈後為多。

語類又曰：

前輩之説，不欲辨他不是，只自曉得便了。（六八）

此亦或問不欲公開傳世，恐學者轉而趨薄之意。朱子論孟集注中與二程抱不同見解而又有關於義理之大節目處者，實亦不少。詳程朱解經相異篇，此不復及。

年譜列集注成書在朱子四十八歲。其實此只初稿，此下二十餘年，尚不斷改訂，文集、語類多可證。

文集卷三十四答呂伯恭有云：

熹來此，日間應接衮衮，暮夜稍得閒，向書冊，則精神已昏，思就枕矣。以此兩月間，只看得兩篇論語，亦是黃直卿先為看過，參考同異了，方為折中。

此書在淳熙己亥，朱子五十歲初赴南康任之後。上距集注成書已兩年，尚自逐篇參酌諸家異同，則其逐有改定可知。

又文集卷五十三答胡季隨有云：

熹於論、孟、大學、中庸，一生用功，粗有成說。然近日讀之，一二大節目處，猶有謬誤，不住修削。有時隨手又覺病生。以此觀之，此豈易事。若只恃一時聰明才氣，略看一過，便謂事了，豈不輕脫自誤之甚。

此書當在淳熙癸卯，朱子年五十四，自浙東提舉去任歸來，築武夷精舍以居之後，故書首謂「杜門衰病如昔」也。此書距答東萊書又四年，而猶不住修削。

語類有云：

論語集注，蓋某十年前本，為朋友間傳去，鄉人遂不告而刊。及知覺，則已分裂四出，而不可

收矣。其間多所未穩，煞誤看讀。（一九）

此條楊道夫錄，己酉朱子年六十以後所聞。朱子不認其丁酉所為集注是定本，據此益見。又文集卷六十二答張元德有云：

大學等書，近多改定處，未暇錄寄。亦有未及整頓者。如論孟兩書，甚恨其出之早也。

此書白田年譜定在紹熙庚戌，朱子年六十一。然觀書中語，是時學庸兩書正重加改定，並有未及整頓者，而學庸章句兩序在己酉，則此答張元德書亦應在己酉，當與楊道夫錄一條相先後。文集同卷下一書云：

大學近已刊行，今附去一本。雖未是定本，然亦稍勝於舊。臨漳四子四經各往一本。

臨漳四子四經刊於庚戌，則白田認前一書在庚戌必誤。又朱子是年始刊大學，未認是定本，則論孟集注為人不告而刊行者，朱子未認為定本可知。而其至是猶不斷有改定亦可知。

語類又一條云：

張元德問：「語孟或問乃丁酉本，不知後來改定如何？」答曰：「論孟集注後來改定處多，遂與或問不甚相應，又無工夫修得或問，故不曾傳出。今莫若且就正經上玩味，有未通處，參考集注，更自思索，為佳。」

此條不定在何年，「丁酉本」即是書肆所竊刊行者。「莫若就正經玩味，參考集注，更自思索」，此朱子教人讀論孟最後意見。不主再讀或問，即是不主再讀精義也。又此條語類亦見文集卷六十二答張元德書。語類中往往有鈔文集錄入者，此亦其例。

張仁叟問論語或問。曰：「是十五年前文字，與今說不類。當時欲修，後來精力衰，那箇工夫大，後掉了。」（一〇五）

距丁酉後十五年，當在辛亥、壬子，朱子年六十二、三歲時，當與前條張元德問約略相先後。

又一條云：

先生說：「論語或問不須看。」請問，曰：「支離。」（一〇五）

此條湯泳錄乙卯所聞，朱子年六十六。至是，始徑告學者不須看或問。可知集注不斷改定，已與四十八歲初成書時大異。其逐步輕視或問，即其逐步輕視精義、集義所收可知。謂之支離者，謂其所收皆旁枝，離論語本義遠，愈辨則愈支離，故不須看也。

又文集卷六十三答孫敬甫有云：

南康語孟，是後來所定本；然比讀之，尚有合改定處，未及下手。義理無窮，玩之愈久，愈覺有說不到處。然又只是目前事，人自當面蹉過也。大學亦有删定數處，未暇錄去。

此書在慶元丙辰，朱子年六十七。書中云：

祠官雖幸得請，然時論洶洶，未有寧息之期，賤迹蓋未可保。

朱子以乙卯冬十二月得詔依舊祕閣修撰，提舉南京鴻慶宮。翌年十二月落職罷祠。蓋上距集注成書已十九年。又書中開首即云：

熹衰病，年例春夏須一發，今年發遲，此衰年老態欲死之漸。

其時朱子體況已如此，處境又如彼，而此後三年間，於集注尚不斷有改定。朱子之為集注，乃積數十年心力不斷改定，已如上述。故朱子於集注，亦時自稱道。語類有曰：

集注乃集義之精髓。（一九）

集義所收，乃北宋理學諸儒闡發孔孟義理之精髓，而集注又為集義之精髓。蓋使北宋理學獲得論定，歸於一是，以上承孔孟義理傳統，實為集注之功。朱子乃集宋儒理學與自漢以下經學之大成而綰於一身，而集注則其最高之結晶品也。語類又曰：

某語孟集注，添一字不得，減一字不得。（一九）

又曰：

不多一箇字，不少一箇字。（一九）

論語集注，如秤上稱來無異，不高些，不低些。（一九）

某於論孟，四十餘年理會。中間逐字稱等，不教偏些子。（一九）

精義是許多言語，而集注能有幾何言語。一字是一字，其間有一字當百十字底。（一九）

因言讀書用功之難，諸公覺得大故淺近，不曾着心。某舊時用心甚苦，思量這道理，如過危木橋子，相去只在豪髮之間，才失腳便跌落下去，用心極苦。五十歲已後，覺得心力短，看見道理只爭絲髮之間，只是心力把不上。所以大學、中庸、語、孟諸文字，皆是五十歲已前做了。五十以後，長進得甚不多。（一〇四）

此條沈僩錄，乃朱子晚年語。義理精微，是非得失，所差在毫釐間，如游、楊、謝諸人，皆親炙程門，而下梢皆流入禪去，故曰一失腳便跌落也。別篇羅舉朱子解語孟與二程相異，亦復如是。

又曰：

讀書須是虛心方得。他聖人說一字是一字，自家只平着心去秤停他，都不使得一豪杜撰，只順他去。某向時也杜撰，說得終不濟事。如今方見得分明。方見得聖人一言一字不吾欺。只今六十一歲，方理會得恁地。若或去年死也則枉了。自今夏來，覺見得纔是聖人說話，也不少一箇

字，也不多一箇字，恰恰地好，都不用一些穿鑿。（一〇四）

此條楊道夫錄，此皆自道為集注經過之甘苦也。上條謂五十以後長進甚不多，此條謂六十一歲方理會得恁地。蓋從編集諸家精義，至其自出手眼，別闢途徑，草為集注，以確然成為一家言者，事在五十歲以前。而此下十年來，又不斷有進步，不斷有改定，此與上一條當會合參讀，朱子當時語意始可想見。朱子又自曰：「某為人遲鈍，旋見得旋改，一年之內改了數遍」，然大體已在前時把握到，故曰五十年後長進不多。又曰「只今六十一歲方理會得恁地」者，是年四子書刊於臨漳，已有定本也。然朱子於六十一歲後，四書工作，仍自不斷有改進，此尤不可不知。

語類又曰：

三十年前長進，三十年後長進得不多。（一〇四）

此條沈僩錄戊午朱子年六十九以後所聞。大賢之學，與年俱進，與日俱新，云「三十年前長進」者，乃指其時專一潛心性理之學言也。云「三十年後長進得不多」者，大端已定，用心只在字義訓釋上，綱宗既得，無大變動也。而迄於晚年，終自覺得長進不多。先既曰五十後長進不多，此又曰三十後長進不多，讀者當由此善體大賢之心情。不得刻舟求劍，乃眞疑其為學之畢生無多長進也。

語類又曰：

文字可汲汲看，悠悠不得。急看，方接得前面看了底。若放慢，則與前面意思不相接矣。莫學某看文字，看到六十一歲，方略見得道理恁地。今老矣，看得，做甚使得。學某不濟事，公宜及早向前。（一〇四）

此條徐寓錄庚戌朱子年六十一以後所聞，應在庚戌後。集注成書在五十以前，此下二十年不斷改定，論其分量，自不甚多，而凡所改定，義理益精益密。此條又當與上引三條會合細參，乃見朱子當時之語意所指也。

語類又曰：

某覺得今年方無疑。（一〇四）

此條童伯羽錄庚戌所聞，朱子年六十一。

又曰：

理會得時，今老而死矣，能受用得幾年。然十數年前理會不得，死又卻可惜。（一〇四）

此條黃士毅錄，在丙辰冬，朱子年六十七。是時所理會，當較六十一時又進。

又曰：

某當初講學，也豈意到這裏。幸而天假之年，許多道理在這裏。今年頗覺勝似去年，去年勝似前年。（一〇四）

此條林夔孫錄丁巳朱子年六十八以後所聞，是較丙辰冬又進也。

問：「前年侍坐所聞，似與今別。前年云：『近方看得這道理透。若以前死卻，亦是枉死了。』今先生忽發歎，以為只如此，不覺老了。還當以前是就道理說，今就勳業上說？」先生曰：「不如此。自是覺得無甚長進，於上面猶覺得隔一膜。」又云：「於上面但覺透得一半。」（一〇四）

此條葉賀孫錄辛亥朱子年六十二以後所聞，未定在何年。朱子晚歲，不斷自感有進，然卻謂上面猶覺得隔一膜，此猶有立卓爾，望道如未見之謂也。上引諸條，當切就集注為書之不斷改定言，則更符朱子語意之實際。

慶元三年丁巳正旦朱子於其藏書閣下東楹書曰：

周敬王四十一年壬戌孔子卒，至宋慶元三年丁巳一千六百七十六年。

丁巳朱子年六十八，是亦可見朱子晚歲心情矣。

朱子自述生平為論孟集注所下工力，具如上引。

年譜紹熙三年壬子，朱子六十三歲，孟子要略成，時距論孟集注成書又十五年。文續集卷一答黃直卿有云：

病中看得孟子要略章章分明，覺得從前多是衍說，已略修正。此書似有益於學者，但不合顛倒聖賢成書，此為未安耳。

問：「看要略，見先生所說孟子，皆歸之仁義，如說性及以後諸處皆然。」曰：「是他見得這道理通透，見得裏面本來都無別物事，只有箇仁義。到得說將出，都離這箇不得。不是要安排如此。道也是離這仁義不得。舍仁義不足以見道。如造化，只是箇陰陽。舍陰陽不足以明造化。」

（一〇五）

因整要略，謂：「孟子發明許多道理都盡，自此外更無別法思維。這箇先從性看，看得這箇物事破了，然後看入裏面去，終不甚費力。要知雖有此數十條，是古人已說過，不得不與他理會。到得做工夫時，卻不用得許多。難得勇猛底人直捷便做去。」（一〇五）

據此兩條，見朱子晚年思想，確有走歸最平實簡易之傾向。如其論性，則曰只有仁義。論造化，則曰只有陰陽。於孟子則只選得數十條，而曰「難得勇猛底人直捷便做去」。此一傾向，大堪注意。然辨析性理，力求簡單，正可移出精力來研求經世實用之學，非謂工夫只是易簡而止也。此乃朱子晚年學術進向一新開展。細讀語類朱子晚年所以告其門弟子者自可知。

問：「要指不取『杞柳』一章。」曰：「此章自分曉，更無可玩索，不用入，亦可。卻是『生之謂性』一段難曉，說得來反恐鶻突，故不編入。」（一〇五）

問：「孟子首章先剖判箇天理人欲，令人曉得，其托始之意甚明。先生所編要略，卻是要從源頭說來，所以不同。」曰：「某向時編此書，今看來亦不必。只孟子便直恁分曉示人，自是好了。」（一〇五）

此條潘時舉録癸丑朱子年六十四以後所聞，不知在何年。其答黄直卿，謂「要略似有益於學者」。此又謂「今看來，此書亦不必編」。今不知此兩條究是孰先孰後。如潘時舉所問，孟子首章便已如此分曉示人，自是好了，故曰要略亦不必編，此乃朱子之虚心接納。與其所謂要略似有益於學者，義各有當，可不問其兩說之究為孰先孰後也。惟熟玩此兩說，似其告黄直卿者應在後，所謂「顛倒卻聖賢成書，此為未安」，疑是因潘時舉所問而發。

王白田年譜考異有曰：「語類諸家問語所舉集注，往往與今本不同。考其年，則在乙卯、丙辰後。是其修改，直待没身而後已也。」今考諸家問集注，可據以知集注之續有修正，其年不盡在乙卯、丙辰之後，本書程朱經解相異篇論此頗詳。今復舉彼篇所未及者數條附此，讀者其兼觀焉可也。

問：「集注云：『和者心以為安而行之不迫』，後又引程子云『恭而安，別而和』二句。竊謂『行之不迫』，只說得『恭而安』，卻未有『別而和』底意思。」曰：「是如此。」後來集注卻去了程說。（二二）

此條潘柄録癸卯所聞，朱子年五十四。

問：「『因不失其親』，集注舊連上句義禮，後本卻不如此。」曰：「後來看得信與義，恭與禮，

因與親，各各是一事有此兩項。」（二二）

此條吳雉錄，不知何年。

問「使民敬忠以勸」。曰：「便是文字難看。如這樣處，當初只是大概看了便休。而今思之，方知集注說得未盡。」（二四）

此條黃義剛錄癸丑朱子年六十四以後所聞。今集注已說得與此條語類相似，知有改定。

或問：「『吾斯之未能信』，注云『未有以眞知其實然而保其不叛也』。」（二八）

此條沈僩錄戊午朱子年六十九以後所聞。今集注無此語，則朱子經或人問後又自感不安而加改定也。

文集卷六十一答歐陽希遜，問：

孟子「施於四體，四體不言而喻」，集注云：「言四體雖不能言，而其理自可曉也。」似若指在人而言。

朱子答曰：

集注此義，近看得似未安，恐只是說四體不待安排而自然中禮也。

集注今本則云：

「四體不言而喻」，言四體不待吾言而自能曉吾意也。

是孟子此四字，朱子集注凡三易其說而始定。

問「四體不言而喻」。曰：「是四體不待命令而自如此。謂手容恭，不待自家教他恭，而自然恭。足容重，不待自家教他重，而自然重。不待教他如此而自如此也。」（六〇）

此條呂燾錄己未所聞，朱子年七十。與集注今本解說無殊。然疑呂燾若已見「四體不待吾言而自能曉吾意」之說，文義已極明白，何為再不有所問。或是呂燾所見當時集注，尚如今本云云；今本此條乃朱子因呂燾問後改定。惜呂燾此條所錄，未詳記其所問之語，乃亦無以證吾說。然朱子答歐陽希遜已在晚年，故知孟子此章注語乃朱子晚年所定。

語類又云：

某嘗說自孔孟滅後，諸儒不子細讀得聖人之書，曉得聖人之旨，只是自說他一副當道理。說得卻也好看，只是非聖人之意，硬將聖人經旨說從他道理上來。孟子說「以意逆志」者，以自家之意逆聖人之志，如人去路頭迎接那人相似。或今日接着不定，明日接着不定。或那人來也不定，不來也不定。或更遲數日來也不定。如此方謂之以意逆志。今人讀書，卻不去等候迎接那人，只認硬趕捉那人來，更不由他情願。又教他莫要做聲，待我與你說道理。聖賢已死，他看你如何說，他又不會出來與你爭，只是非聖賢之意。他本要自說他一樣道理，又恐不見信於人，偶然窺見聖人說處與己意合，便從頭如此解將去，更不子細虛心看聖人所說是如何。正如人販私鹽，擔私貨，恐人捉他，須用求得官員一兩封書，并掩頭行引，方敢過場務偷免稅錢。今之學者正是如此。只是將聖人經書拖帶印證己之所說而已。何嘗眞實得聖人之意。此無他，患在於不子細讀聖人之書。（三七）

此條沈僩錄戊午以後所聞，乃朱子六十九、七十時，正是晚年語也。其曰「今人讀書」云云，又曰

「今之學者」云云，固是指朱子並世學者言。然此種學弊，遠自北宋理學諸賢已所不免。朱子先為精義，後則僅稱集義，其自為集注，於集義所收，刪削實多，而斟酌益密，此皆其子細讀書之所得。故朱子又屢教人須子細看他集注。然集注為書，又若語語平實，不見深致，欲子細看亦不易，故朱子又教人兼讀精義，庶乎有所窺入。然解人又豈易得。歷六七百年迄今，眞能子細讀集注者亦復寥寥。本篇特為闡發集注成書之經過，讀者其無以僅止於敍述看此篇，亦無以僅事乎考據看此篇，則甚幸。

年譜淳熙十六年己酉朱子年六十歲，二月序大學章句，三月序中庸章句。文集答呂伯恭書云：

> 中庸章句一本上納，此是草本，幸勿示人。更有詳說一書，字多未暇，俟後便寄去。大學章句幷往。亦有詳說，後便寄也。

此書在淳熙元年甲午，朱子年四十五，尚在集注成書前。自草本至於成書，亦歷十五年之久。王白田曰：「詳說疑即或問稿。」

又與張敬夫書云：

> 大學中庸章句，緣此略修一過，再錄上呈。

此書在淳熙二年乙未，是此一年間，章句又經略修。

問：「趙書記欲以先生中庸解鋟木，如何？」先生曰：「公歸時，煩說與，切不可。某為人遲鈍，旋見得旋改，一年之內改了數遍不可知。」又自笑云：「那得箇人如此著述。」（六二）

或問：「大學解已定否？」曰：「據某而今自謂穩矣，只恐數年後又見不穩。這箇不由自家。」

問中庸解。曰：「此書難看。大學本文未詳者，某於或問則詳之。此書在章句。其或問中皆是辨諸家說，恐未必是。有疑處，皆以『蓋』言之。」（一四）

此條陳淳錄庚戌所聞，在章句序後一年。是則中庸解起稿甚早，序文至久始出，故有是問也。上引此兩書，亦稱大學解、中庸解，後乃特稱章句，其意見於文集卷八十一記大學後、書中庸後兩篇。記大學後云：

大學一篇，經二百有五字，傳十章，今見於戴氏禮書。而簡編散脫，傳文頗失其次，子程子蓋嘗正之。熹不自揆，竊因其說，復定此本。

此下歷記一、二、三三章從程本而增，四、五章今定，六章從程本，七章以下並從舊本。

又曰：

其先賢所正衍文誤字，皆存其本文，而圍其上，旁注所改又與今所疑者，幷見於釋音。

其書中庸後云：

熹嘗伏讀其書，而妄以己意分其章句。竊惟子程子以為孔門傳授心法，是豈可以章句求哉。然又聞之，學者之於經，未有不得於辭而能通其意者，是以敢私識之，以待誦習而玩心焉。

是朱子為此兩書重分章句，乃其特所注意，故特以章句名也。

文集卷五十四答應仁仲有云：

大學、中庸屢改，終未能到得無可改處。大學近方似少病。道理最是講論時說得透。纔涉紙墨，便覺不能及其一二。縱說得出，亦無精彩。以此見聖賢心事，今只於紙上看，如何見得到底。每一念此，未嘗不撫卷慨然也。

又一書云：

中庸等書未敢刻。聞有盜印者，方此追究未定，甚以為撓也。

此兩書當在漳郡歸後。書中云：「熹一出，狼狽不可言，歸來已決杜門之計，讀書益有味」，是也。是在紹熙二年辛亥朱子年六十二。其時學庸章句皆未付刻。臨漳所刊四子，文集卷八十二有書後一篇，有曰：

且考舊聞，為之音訓，以便讀者。又悉著凡程子之言及於此者附於其後，以見讀之之法。

是則凡二程言及四書中義理之處，亦所不及。所著只如「大學，孔氏之遺書，而初學入德之門」之類，所謂「以見讀之之法」而已。此見朱子晚年，對己說所定，仍未自信其為無可改，於北宋先儒之說，則僅程門諸家都已捨去，即二程語亦多不闌入也。

問：「中庸編集得如何？」曰：「便是難說。緣前輩諸公說得多了，其間儘有差舛處，又不欲盡駁難它底，所以難下手。不比大學，都未曾有人說。」（六二）

此條吳雉錄，未定在何年。

又一條云：

先生以中庸或問見授，云：「亦有未滿意處，如評論程子、諸子說處尚多𢶡。」（六二）

此條黃㽦錄戊申所聞，朱子年五十九。是時或問，不僅評及諸子，亦評及程子可知。

又曰：

游、楊、呂、侯諸先生解中庸，只說他所見一面道理，卻不將聖人言語折衷，所以多失。（六二）

游、楊諸公解中庸，引書語皆失本意。（六二）

理學最難。可惜許多印行文字，其間無道理底甚多。雖伊洛門人，亦不免如此。如解中庸，正說得數句好，下面便有幾句走作，無道理了，不知是如何？（六二）

以上諸條周明作錄壬子以後所聞。壬子朱子年六十三。於程門多致不滿。黃東發日鈔云：「朱子因石塾集解刪成輯略。別為章句以總其歸。」北宋諸儒說中庸者多矣，朱子先因石子重所集諸解而加刪輯，故曰輯略，又稱集解，而終嫌其芠薙難盡，故又為章句也。

文續集卷一答黃直卿有云：

> 中庸恐是或問簡徑，而章句反成繁冗。如鳶魚下添解說之類。又集解逐段下駁諸先生說，亦恐太迫，不穩。便試更思之。或只如舊，而添集解、或問以載注中之說，如何。

此因中庸解者已多，朱子不欲盡駁難，而發其意於章句，故云「或問簡徑，而章句反成繁冗」，乃又欲將注中說添入集解與或問中也。此書當在偽學禁以後。續集以此編在論大學絜矩一書後可知。今讀章句，即如鳶飛魚躍一節，似是在此書後又經改定。則中庸章句一書，亦是不斷改定，至老未已也。集解即精義改名，如論孟精義之改稱集義然。

又文集卷二十七答詹帥書有云：

> 伏蒙開喻印書利病，但兩年以來，節次改定，又已不少，其間極有大義所繫，不可不改者。亦有一兩文字，若無利害，而不改終覺有病者。大學、中庸二書所改尤多。中庸序中，推本堯舜傳授來歷，添入一段甚詳。大學格物章改定用功程度甚明。刪去辨論冗說極多。舊本真是見得

未眞。

此書在紹熙五年甲寅辭官還考亭之後。所謂「兩年以來」，指乙卯、丙辰言，是時朱子年六十六、七。王白田年譜繫此書於乙巳，殆是丁巳之譌。

以上略敍中庸，以下再及大學。

文集卷三十九答許順之有云：

大學之說，近日多所更定，舊說極陋處不少，大抵本領不是，只管妄作，自悮悮人，深為可懼耳。

此書在乾道三年丁亥，朱子年三十八。蓋自三十四歲論語要義成書後即著手從事孟子、學、庸也。

語類有曰：

某於大學，用工甚多。溫公作通鑑，言「臣平生精力盡在此書」，某於大學亦然。論、孟、中庸卻不費力。（一四）

此條郭友仁錄戊午所聞，朱子年六十九。距其為章句序，近十年矣。

語類又一條云：

「某於論孟，四十餘年理會。中間逐字稱等，不教偏些子。學者將注處宜子細看。」又曰：「解說聖賢之言，要義理相接去，如水相接去，則水流不礙後。」又云：「中庸解每番看過，不甚有疑。大學則一面看，一面疑，未甚愜意，所以改削不已。」（一九）

此條王過錄甲寅朱子年六十五以後所聞，不定在何年。或與上引郭友仁一條相先後。郭錄云：「論孟中庸卻不費力」，此條謂論孟理會四十餘年，費力亦甚矣。蓋朱子晚年，對論、孟、中庸比較愜意，而大學猶在不已改削中，故其告郭、王兩人者如此。又其告郭，只謂於大學用工尤多，告王則曰，於大學，一面看，一面疑。似告王尚在前，告郭則大工夫亦已近完成也。

說大學、啟蒙畢，因言：「某一生只看得這兩件文字透，見得前賢所未到處。若使天假之年，庶幾將許多書逐件看得恁地，煞有工夫。」（一四）

此條葉賀孫錄辛亥朱子年六十二以後所聞，未定在何年。惟玩其語氣，似猶在王、郭兩條之後。合觀此三條，見朱子晚年對大學一書之用力。易啟蒙成書在朱子五十七歲，至是當距十年以上，朱子猶自稱道其書，以與大學並提，謂「一生只看得這兩件文字透」。然此兩書，乃最引起後人之爭論。朱子於易圖尊先天，於大學有格物補傳，自謂見得前賢所未到處。其實已是越出易與大學兩書之外，與其平生治經力主發明經書本義者亦似微有不同。然此正是朱子治經與兩漢及清儒意義分別所在。至其究與易、大學兩書本義是否有當，則自可別論也。黃震東發日鈔，引述其師董槐意，謂大學小戴原本無闕文，特錯簡釐正未盡，故東發解大學，先鈔戴記本文，云以存古昔，然後鈔朱子章句於下。則固不待陽明之出，而始有古本大學之表章矣。惟朱子所主格物補傳大義，屬另一事，可不幷為一談。

文續集卷一答黃直卿有云：

> 大學向所寫者，自謂已是定本。近因與諸人講論，覺得「絜矩」一章尚有未細密處。文字元來直是難看。彼才得一說終身不移者，若非上智，即是下愚。

此書已在偽學禁起，落職罷祠之後。書中又云：

> 此番出來，更歷鍛煉，儘覺有長進處。向來未免有疑處，今皆不疑矣。

是大學章句，亦如論孟集注，垂及晚年，仍有改定。至於易簀前三日，猶改大學誠意章，語詳誠意篇，此不贅。

或問朱敬之：「有異聞乎？」曰：「平常只是在外面聽朋友問答，或時裏面亦只說某病痛處。得一日教看大學，曰：『我平生精力盡在此書。先須通此，方可讀書。』」（一四）

此條亦葉賀孫錄，當亦是朱子晚年語。

又曰：

伊川舊日教人先看大學，那時未有解說，想也看得鶻突。而今有注解，覺大段分曉了，只在子細去看。（一四）

此條亦葉賀孫錄。朱子畢生尊二程，正為其論學大綱皆從二程來。如讀書先看大學，此乃程門教法，朱子遵守勿渝。至其對大學之解說，則並非一遵二程。其他皆然。

語類又曰：

學問須以大學為先，次論語，次孟子，次中庸。中庸工夫密，規模大。（一四）

某要人先讀大學，以定其規模。次讀論語，以立其根本。次讀孟子，以觀其發越。次讀中庸，以求古人之微妙處。（一四）

論、孟、中庸，待大學通貫浹洽，無可得看後方看，乃佳。道學不明，不是上面欠卻工夫，乃是下面元無根脚。（一四）

讀書，且從易曉易解處去讀。如大學、中庸、語、孟四書，道理粲然，人只是不去看。若理會得此四書，何書不可讀，何理不可究，何事不可處。（一四）

此皆朱子教人治學先四書，尤先大學也。

文續集卷一答黃直卿有云：

大學，諸生看者多無入處，不知病在甚處。似是規模太廣，令人心量包羅不得也。不如看語、孟者，漸見次第。

此書又見文集卷四十六，惟文集中此書多了上一截，續集中此書則多了下一截。此引一節，則兩處所同。此書已在慶元三年丁巳，朱子年六十八，蔡季通貶道州之後。朱子至是又親切體驗到學者看大學多無入處，不如看語孟漸見次第。朱子乃亦時有教人先讀論語之說，文集卷五十八答王欽之有云：

但願頗采前說，而以論語為先。近年與朋友商量，亦多以此告之，然未見有看得徹尾者。論語二十篇尚不耐煩看得了，況所謂「死而後已」者，又豈能辨如此長遠功夫耶。

此即主以論語為先。若果如此，或可於程門以大學開示學者之成法有所改進。惟朱子書告黃直卿以後，似於此層未有加深一層之討論，遂使在程朱教人為學入門之重要問題上留下一未了公案。其所為補傳，稍後如董槐、葉夢鼎、王柏皆不謂然，謂大學未有闕。更後陽明由格物轉到致良知，亦是承此公案來。

語類又曰：

大學是一箇腔子，而今卻要去填教實著。如他說「格物」，自家須是去格物後填教實著。如他說「誠意」，自家須是去誠意後亦填教實著。（一四）

其實格物誠意兩大綱領，即已是規模廣大，令人心量包羅不得矣。陽明講學，正就此兩綱領轉去象山路上。

語類又曰：

大學重處都在前面，後面工夫漸漸輕了。（一四）

大學章句之用力，亦重在前面，如格物補傳及易簀前三日改定大學誠意章是也。

又本篇前引朱子告黃直卿論孟子要略一節，與此處引諸生看大學多無入處一節，正在同一書中。可見朱子晚年確有指導學者入門力求易簡之一趨向。然朱子雖重心性修養，亦重格物窮理與治平實踐大用，必求本末始終內外精粗一以貫之。在心性探討上力求簡易，正可在格物窮理治平大道上多下工夫。觀於陳淳所錄朱子在病中所面命諸人者大可見。此乃其講學特殊精神所在。故教人讀論語以立其根本，讀孟子以觀其發越，讀中庸以求其微妙處，而終必首之以大學以定其規模也。逮其晚年，亦終未有變其初說之迹。讀者通覽本書各章，當可首肯我此所推測。

吳澄草廬嘗曰：

朱子中庸章句、或問，擇之精，語之詳矣。惟精之又精鄰於巧，詳之又詳流於多。其渾然者，巧則裂。其粲然者，多則惑。澄少讀中庸，不無一二與朱子異。後觀饒伯輿父所見亦然。恨生晚，不獲就正之。

饒伯輿雙峯，乃黃勉齋一支，乃朱門之再傳。是則不僅大學，即中庸章句、或問，其後學亦頗不能盡守。然此不足為朱子病。朱子為學之精詳，烏得謂更無所失，為後人所不滿乎。

茲再略引朱子對四書通論各條如下。

文集卷八十二書臨漳所刊四子後有云：

聖人作經以詔後世，欲求道以入德者，舍此為無所用其心矣。然去聖既遠，講誦失傳，自其象數名物訓詁凡例之間，老師宿儒，尚有不能知者。況於新學小生，驟而讀之，是亦安能遽有以得其大指要歸也哉。故河南程夫子之教人，必先使之用力乎大學、論語、中庸、孟子之言，然後及乎六經。蓋其難易遠近大小之序，固如此而不可亂也。故今刻四古經而遂及乎此四書者以先後之。且考舊聞為之音訓，以便觀者。又悉著凡程子之言及於此者附於其後，以見讀之之法，學者得以覽焉。抑嘗妄謂中庸雖七篇之所自出，然讀者不先於孟子而遽及之，則亦非所以為入道之漸也。

朱子融會理學於經學，又確定伊洛為上承孔孟之道統，厥功之偉，端在其定為「四子書」，而又為之作集注與章句。至其反復叮嚀，必使讀者先孟子而後中庸，尤為有甚深之義蘊。並退六經於四書之後，必使學者先四書後六經，更為於中國學術史上有旋乾轉坤之大力。其於經書，實則所破更勝於所立，如其論詩、論易、論春秋皆可見。如詩風有男女淫奔之作，易為卜筮書，書有今古文之辨，春秋無逐字之褒貶，聖人五經，大體只如是。又自謂誦詩研易之所得，如雞肋焉。用力之勤，而始知其實非學者之急務。此其在學術史上之發現與貢獻固大莫與倫矣。

語類又云：

語孟工夫少，得效多。六經工夫多，得效少。（一九）

問：「孔子教人，就事上做工夫，孟子教人，就心上做工夫，何故不同？」曰：「聖賢教人，立箇門戶，各自不同。」（一九）

孟子教人，多言理義大體，孔子則就切實做工夫處教人。（一九）

孔子教人，只從中間起，使人便做功夫去。久則自能知向上底道理。所謂「下學上達」也。孟子始終都舉，先要人識心性着落，卻下工夫做去。（一九）

論語不說心，只說實事。孟子說心，後來遂有求心之病。（一九）

孔子教人極直截，孟子較費力。孟子必要充廣，孔子教人合下便有下手處。（一九）

孔子教人，只言「居處恭，執事敬，與人忠」，含蓄得意思在其中，使人自求之。到孟子，便指出了性善，早不似聖人了。（一九）

孔子只說忠信篤敬，孟子便發出性善，直是漏洩。（一九）

孔子體面大，不用恁地說，道理自在裏面。孟子多是就發見處盡說與人，終不似夫子立得根本住。（一九）

孟子比孔子時，說得高。然「孟子道性善，言必稱堯舜」，又見孟子說得實。（一九）

此言孟子比後人之高言心性者為實也。

孟子要熟讀，論語卻費思索。孟子熟讀易見，蓋緣是他有許多答問發揚。（一九）

看孟子與看論語不同。論語要冷看，孟子要熟讀。論語逐文逐意，各是一義，故用子細靜觀，孟子成大段，首尾通貫，熟讀文義自見，不可逐一句一字上理會。（一九）

或云：「論語不如中庸。」曰：「只是一理。若看得透，方知無異。論語是每日零碎問，譬如大海也是水，一勺也是水。所說千言萬語，皆是一理。須是透得，則推之其他道理皆通。」（一九）

中庸，初學者未當理會。（六二）

學者須是見得箇道理了，方可看此書，將來印證。（六二）

中庸多說無形影，如鬼神，如「天地參」等類，說得高，說下學處少，說上達處多。（六二）

或問大學之書。曰：「此譬如人起屋，是畫一箇大地盤在這裏。理會得這箇了，他日若有材

料，依此起將去。」（一四）

大學一書，如行程相似。識得行程，便須行始得。若只讀得空殼子，亦無益。（一四）

大學是一箇腔子，而今卻要去填教實。（一四）

大學所載，只是箇題目如此，要須自用工夫做將去。（一四）

大學總說了又逐段更說。許多道理，聖賢怕有些子照管不到，節節覺察將去，到這裏有恁地病，到那裏有恁地病。（一四）

大學後面，其失亦漸輕。（一四）

今人都是為人而學，某所以教諸公讀大學，且看古人為學是如何，是理會甚事。諸公願為古人之學乎？願為今人之學乎？（一四）

是朱子於四書，只於論語無間然。其於孟子、中庸、大學三書，各有評騭，而皆切中肯綮，此尤學者所當細玩。

文續集卷五答羅參議有云：

老兄既知外學之非，而欲留意於此，恐於論、孟、中庸、大學之書，不可不熟讀而詳味。章句之間，雖若淺近，不足用心，然聖賢之言，無不造極。學之不博，則約不可守。今於六經未能遍考，而止以論、孟、中庸、大學為務，則已未為博矣，況又從而忽略之，無乃太約乎。

羅宗約卒於乾道四年，朱子此時意見，尚謂治論孟四書，當進而遍考六經，後乃不復主此說。惟「學之不博，則約不可守」，此一大宗旨則無變，特其所謂博學者，不專指六經爾。與羅一書，仍值注意。

朱子論解經　上

朱子生平著述，用力於解經者為多。論孟集注、學庸章句、詩集傳、易本義皆是。故其論解經工夫，亦特多精要語。不僅為漢唐儒所不及，亦後來清儒所未逮。茲篇摘要彙列，以見大概。朱子嘗言：「今日談經有四患」，其說詳朱子與二程解經相異篇。又曰：

今學者不會看文字，多是先立私意，自主張己說。只借聖人言語做起頭，便自把己意接說將去。病痛專在這上，不可不戒。（一一七）

問：「如先生所言推求經義，將來到底還別有見處否？」曰：「若說如釋氏之言有他心通，則無也。但只見得合如此爾。」再問：「所說尋求義理仍須虛心觀之，不知如何是虛心？」曰：「須退一步思量。今人觀書，先自立了意後方觀，盡率古人語言入做自家意思中來。如此只是推廣得自家意思，如何見得古人意思。須得退步者，不要自作意思，只虛此心，將古人語言放前面，看他意思，倒殺向何處去。如此，方可有長進處。孟子說詩，要『以意逆志』，逆者等待之謂。如前途等待一人未來，且須耐心，自有來時。其心急切，又要進前尋求，卻不是以意逆志，是以意捉志也。如此，只是牽率古人言語入做自家意中來，終無長益。」（一一）

此所陳義，朱子再四屢言，別詳讀書篇，學者最當深切體味。朱子又戒其門人曰：

公說道理，只要撮那頭一段尖底，末梢便要到那大而化之極處。中間許多，都把做渣滓，不要理會。相似把箇利刃截斷，中間都不用了。這箇便是大病。（一一七）

讀書最忌以己見去說。但欲合己見，不知非本來意旨。須是且就他說說教分明。有不通處，卻以己意較量。（一一七）

且就本文理會。牽傍會合，最學者之病。（一一八）

理會這箇，且理會這箇。莫引證見。相將都理會不得。（一一八）

且只據所讀本文，逐句逐字理會教分明。不須旁及外說，枝蔓游衍，反為無益。（五二）

自家當如奴僕，只去隨他聖人言語。教住便住，教去便去。（三六）

學者只是依先儒註解，逐句逐字與我理會，着實做將去，少間自見。最怕自立說籠罩，此為學者之大病。（四〇）

大抵某之解經，只是順聖賢語意，看其血脈通貫處，為之解釋，不敢自以己意說道理。（五二）

凡觀書，且論此一處文義如何，不必它說。（四四）

看註解時，不可遺了緊要字。蓋解中有極散緩者，有緩急之間者，有極緊要者。（一一）

公看文字有箇病。不只就文字裏面看，卻要去別生閑意。大抵看文字，須是只就他裏面看，儘有意思。公今未見得本意是如何，卻將一兩句好言語裹了一重，沒理會在裏面，此是讀書之大病。須是且就他本文逐字剔碎了，見這道理，直透過，無些子窒礙。（四六）

朱子教人看書立說之意如此，其教人解經亦如此。故曰：

解經不必做文字，只合解釋得文義通，則理自明，意自足。今多去上做文字，少間說來說去，只說得他自己一片道理，經意卻蹉過了。嘗見一僧云：「今人解書，如一盞酒，本自好，被這一人來添些水，那一人來又添些水，次第添來添去，都淡了。」他禪家儘見得這樣，只是他又忒無註解。（一〇三）

解說聖賢之言，要義理相接去，如水相接去，則水流不礙。（一九）

不須更去註腳外又添一段說話。（一九）

某解書，如訓詁一二字等處，多有不必解處。只是解書之法如此，亦是教人知得看文字不可忽略。（一〇五）

此皆是教人解經正法。又曰：

大率說經使人難曉，不是道理有錯處時，便是語言有病。不是語言有病時，便是移了這步位。（一六）

自出己意，則道理易錯。作文字，則易於語言有病。移了步位，也是失了經文之本意。亦有因經文而自己推發出許多道理來，如孔子之十翼。然亦不得離本文，別生說。故曰：

彖辭、文言、繫辭，皆是因而發底，不可一例看。（六六）

易只是箇卜筮之書，孔子卻就這上依傍說些道理教人。雖孔子，也只得隨他那物事說，不敢別生說。（六六）

又曰：

自晉以來，解經者卻改變得不同。如王弼、郭象輩是也。漢儒解經，依經演繹。晉人則不然，捨經而自作文。（六七）

某尋常解經，只要依訓詁說字。（七二）

某釋經，每下一字，直是稱等輕重方敢寫出。（一〇五）

解書之法，只是不要添字。（八一）

且如解易，只是添虛字去迎過意來便得。今人解易，乃去添他實字，卻是借他做己意說了。又恐或者一說有以破之，其勢不得不支離更為一說以護吝之。說千說萬，與易全不相干。（六七）

解書須先還他成句，次還他文義。添無緊要字卻不妨，添重字不得。今人所添者恰是重字。（一一）

解經謂之解者，只要解釋出來，將聖賢之語解開了，庶易讀。（一一）

聖人言語本自明白，不須解說，只為學者看不出，所以做出註解與學者省一半力。（一九）

隨文解義。（一一）

解經不可便亂說，當觀前後字義。（五九）

解經當如破的。（一一）

聖經字若箇主人，解者猶若奴僕。今人不識主人，且因奴僕通名，方識得主人，畢竟不如經字也。（一一）

傳注惟古注不作文，卻好看。只隨經句分說，不離經意，最好。疏亦然。今人解書，且圖要作文，又加辨說，百般生疑。故其文雖可讀，而經意殊遠。程子易傳亦成作文，說了又說。故今人觀者，更不看本經，只讀傳，亦非所以使人思也。（一一）

教小兒讀書，如訓詁，則當依古註。（七）

以上通論解經法。

又曰：

尚書有不必解者，有須着意解者，有須略解，有難解，有不可解者。（七八）

讀尚書，可通則通。不可通，姑置之。（七八）

看尚書，漸漸覺曉不得，便是有長進。若從頭至尾解得，便是亂道。（七九）

讀尚書有一箇法，半截曉得，半截曉不得。曉得底看，曉不得底且闕之。不可強通，強通則穿鑿。（七九）

若說不行而必強立一說，雖若可觀，只恐道理不如此。（七九）

問：「東萊書說如何？」曰：「說得巧了。向嘗問他有疑處否？曰：『都解得通。』到兩三年後再相見，曰：『儘有可疑者。』」（七九）

「庸庸祗祗威威顯民」，此等語，既不可曉，只得且用古註。古註既是杜撰。如今便別求説，又杜撰，不如他矣。（七九）

以上論解尚書。

又曰：

易解得處少，難解處多。（七二）

上經猶可曉，易解。下經多有不可曉難解處。不知是某看到末梢懶了，解不得，為復是難解。（六七）

六十四卦只是上經説得齊整，下經便亂董董地。繫辭也如此，只是上繫好看，下繫便沒理會。論語後十篇亦然。孟子末後卻剗地好。然而如那般「以追蠡」樣説話，也不可曉。（六七）

象數義多難明。（七六）

易之象理會不得。如乾為馬，而乾之卦卻專説龍。如此之類皆不通。（六六）

易中取象處，亦有難理會者。（六六）

易畢竟是有象，只是今難推。（六六）

易不可易讀。（六七）

易是箇無形影底物，不如且先讀詩、書、禮，卻緊要。「子所雅言，詩書執禮，皆雅言也。」（六七）

易與春秋難看，非學者所當先。（六七）

今人纔理會二書，便入於鑿。（六七）

某纔見人說看易，便知他錯了。未嘗識那為學之序。（六七）

某近看易，見得聖人本無許多勞攘。自是後世一向亂說，妄意增減，硬要作一說以強通其義，所以聖人經旨愈見不明。（六七）

或言某人近註易。曰：「緣易是一件無頭面底物，故人人各以其意思去解說得。近見一兩人所注，說得一片道理也都好，但不知聖人元初之意，果是如何。春秋亦然。」（六七）

旅六五，而今只如這小小文義亦無人去解析得。（七三）

中孚、小過兩卦，鶻突不可曉，小過尤甚。（七三）

說易如水上打毬，這頭打來，那頭又打去，都不惹着水方得。今人說都打入水裏去了。（七三）

讀易如水面打毬，不沾着水方得。沾着水便不活了。今人卻要按從泥裏去，如何看得。（七三）

易不是說殺底物事，只可輕輕地說。（七三）

以上論解易。

又曰：

詩纔說得密，便說他不着。（八〇）

不會寬說，每篇便求一箇實事塡塞了。（八〇）

無證而可疑者，只當闕之，不可據序作證，委曲牽合，必欲如序者之意，寧失詩人之本意，不恤也。此是序者大害處。（八〇）

聖人有法度之言，如春秋、書、禮是也。一字皆有理。如詩亦要逐字將理去讀，便都礙了。（八〇）

看詩且看他大意。（八〇）

不要死殺看了。（八〇）

看詩，義理外，更好看他文章。（八〇）

毛、鄭所謂山東老學究。（八〇）

以上論解詩。朱子於易有本義，於詩有集傳，特所究心。故其言之尤深至。解經工夫，當知隨經而有不同，亦非專務訓詁考據而可盡其能事也。

又曰：

春秋煞有不可曉處。（八三）

只是據他有這箇事在，據他載得恁地。而今卻要去一字半字上理會褒貶，卻要去求聖人之意。你如何知得他肚裏事。（八三）

孔子但據直書而善惡自著。今若必要推說，須是得魯史舊文，參校筆削異同，然後為可見，而亦豈復可得也。（八三）

生乎千百載之下，欲逆推乎千百載上聖人之心。況自家之心又未如得聖人，如何知得聖人肚裏事。某所以都不敢信諸家解。除非是得孔子還魂親說出，不知如何。（八三）

漢末有發霍光女壻范明友墓，家奴猶活。說光家事，多與漢書相應。春秋穿鑿說，亦不妨。只恐一旦於地中得夫子家奴出來說夫子當時意不如此爾。（八三）

說春秋者只好獨自說，不可與人論難。蓋自說則橫說豎說皆可。論難着，便說不行。（八三）

某嘗說詩、書是隔一重兩重說，易、春秋於隔三重四重說。春秋義例，易爻象，說者用之各信己見，但未知曾得聖人當初本意否。且不如讓渠如此說，且存取大意，得三綱五常不至廢墜，足矣。今欲直得聖人本意不差，未須理會經，先須於論語、孟子中專意看他。切不可忙，虛心觀之，不須先自立見識，徐徐以俟之，莫立課程。（一〇四）

春秋是學者末後事。惟是理明義精，方見得。春秋是言天下之事。今不去理會身己上事，卻去

理會天下之事。到理會得天下事，於身己上卻不曾處置得。所以學者讀書，先要理會自己本分上事。（一一六）

以上論解春秋。

問春秋、周禮疑難。曰：「此等皆無佐證，強說不得。若穿鑿說出來，便是侮聖言。不如且研窮義理。義理明，則皆可遍通矣。」因曰：「看文字，且先看明白易曉者。此語是某發出來，諸公可記取。」（八三）

求通義理，則莫如先讀論孟。朱子極少言「此義自某發之者」。只謂看文字且先看明白易曉者，乃自彼發之，此語眞大可記取也。

問周禮。曰：「不敢教人學。非是不可學，亦非是不當學，只為學有先後，先須理會自家身心合做底。學周禮卻是後一截事。而今且把來說看，還有一句干涉吾人身心上事否。」（八六）

以上雜引諸條，論解經不可自作文，當隨文解義。只可添無緊要字，不可添重字。經文有難解、不可解者，不可強通，穿鑿杜撰。又論學有先後，諸經書皆當置為後圖。凡此諸說，莫非至理名言。若清儒能瞭此意，則儘可省卻許多浪用工夫。

又曰：

解經當取易曉底語句解難曉底，不當反取難曉底解易曉者。（四六）

看文字不要搬遮來說。方說這一事未了，又取那一事來比並說。搬來愈多，愈理會不得。少間便撰出新奇說話來說將去，元不是眞實道理。最不要如此。（四八）

如論語「德不孤，必有鄰」，引易中「德不孤」來說，恐將論語所說攪得沒理會。（二七）

且就本文上，看取正意。不須立說，別生枝蔓。（一九）

今人自看得不子細，只見於我意不合，便胡罵古人。（二〇）

豈不知有千蹊萬徑，不如且只就一直路去，久久自然通透。（二一）

看文字，且要將他正意平直看去，要得他如水相似。只要他平直滔滔流去。若去看偏旁處，如水流時，這邊壅一堆泥，那邊壅一堆沙。這水便不得條直流去。（三〇）

大凡說書，只就眼前說出底便好。崎嶇尋出底，便不好。（七〇）

凡此皆教人看書解經最親切精要語，當與讀書篇合看。

朱子於歷來解經諸家，亦時有評騭。如曰：

鄭康成是箇好人，考禮名數大有功，事事都理會得。如漢律令亦皆有注，儘有許多精力。東漢諸儒煞好。盧植也好。（八七）

康成也可謂大儒。（八七）

問：「禮記古注外無以加否？」曰：「鄭注自好。看注看疏自可了。」（八七）

淇奧之詩，「『瑟兮僩兮』者，恂慄也」，恂字鄭氏讀為峻。某始者言此只是「恂恂如也」之恂，何必如此。及讀莊子，見所謂「木處則惴慄恂懼」，然後知鄭氏之音為當。要之如這般處，須是讀得書多，然後方見得。（一七）

「至誠無息」一段，鄭氏曰：「言至誠之德著於四方。」是也。諸家多將做進德次第說，只一箇「至誠」已該了，豈復更有許多節次，不須說入裏面來。古註有不可易處。如「非天子不議禮」一段，鄭氏曰：「言作禮樂者，必聖人在天子之位。」甚簡當。（六四）

「至誠無息」一段，諸儒說多不明，卻是古注是。（六四）

朱子推尊鄭氏，重視古注如此，又何遜於後來之清儒。朱子又謂中庸前輩諸公說得多，其間儘有差舛處，又不欲盡駁難他底。尊古注，嫌近代諸說，其心持平，立意不苟。較之清儒尊漢抑宋，牢守門戶，不問是非，其氣量襟抱之相去又如何。

又曰：

「十世可知」章，諸先生說得「損益」字，不知更有箇「因」字不曾說。「因」字最重。程先生也只滾說將去。三代之禮，大概都相因了。所損也只損得這些箇，所益也只益得這些箇。此所以百世可知也。且如秦，最是不善繼周，酷虐無比。然而所因之禮，如三綱五常，竟滅不得。馬氏注：「所因謂三綱五常，損益謂質文三統。」此說極好。（二四）

此言近世諸儒說不如馬鄭古注，即二程及朱子自說處，亦謂不免有不及，此眞見大賢之平心。

問：「伊川於漢儒取大毛公，如何？」曰：「今亦難考。但詩注頗簡易，不甚泥章句。」（一三七）

禮記有王肅注煞好。（八七）

後漢鄭玄與王肅之學互相詆訾。王肅固多非是，然亦有考援得好處。（八三）

五經中，周禮疏最好。詩與禮記次之。書、易疏亂道。易疏只是將王輔嗣注來虛說一片。（八六）

文集卷三十五答呂伯恭有云：

近看中庸古注，極有好處。如説篇首一句，便以五行五常言之。後來雜佛老而言之者，豈能如是之慤實耶。因此方知擺落傳注，須是兩程先生方始開得這口。若後學未到此地位，便承虚接響，容易呵叱，恐屬僭越，氣象不好，不可以不戒耳。

又文集卷三十一答張敬夫有云：

秦漢諸儒解釋文義，雖未盡當，然所得亦多，今且就分數多處論之，以為得其言而不得其意，與奪之際似已平允。若更於此一向刻核過當，卻恐意思迫窄，而議論偏頗，反不足以服彼之心。

又一書云：

平日解經，最為守章句者，然亦多是推衍文義，自做一片文字。非惟屋下架屋，説得意味淡薄，且是使人看者將注與經作兩項工夫做了，下梢看得支離。至於本旨，全不相照。以此方知漢儒可謂善説經者。只説訓詁，使人以此訓詁玩索經文，訓詁經文不相離異，只做一道看了，直是意味深長也。

自二程出，學者羣相推尊，以為直得孔孟不傳之秘。於漢儒說經，遂加鄙棄。至朱子時，南軒亦不免此。前一書，謂「以為得其言不得其意，與奪之際似已平允」。其實既得其言，即可由言以尋義。此書乃直謂漢儒善說經，訓詁經文不相離異，只做一道看。此其闡述漢儒經學，以矯挽推衍文義、屋下架屋之時病，尤可謂深切淵微。故使經學、理學仍得啣接，不致破裂各走一極端，實亦朱子當時一莫大功績也。

語類亦曰：

漢儒注書，只注難曉處，不全注盡本文，其辭甚簡。（一三五）

文集卷三十一答張敬夫又一書云：

近卻看得周禮、儀禮一過，注疏見成，卻覺不甚費力也。

語類又曰：

祖宗以來，學者但守注疏。其後便論道。如二蘇直是要論道。但注疏如何棄得。（一二九）

棄注疏而論道，不惟二蘇，二程以下理學家皆不免。能切實虛心看注疏，在有宋一代理學中，殆亦惟朱子一人。

文集卷七十四記解經篇云：

凡解釋文字，不可令注腳成文，成文則注與經各為一事，人唯看注而忘經。不然即須各作一番理會，添卻一項工夫。竊謂須只似漢儒毛、孔之流，略釋訓詁名物，及文義理致尤難明者。而其易明處，更不須貼句相續，乃為得體。蓋如此，則讀者看注，即知其非經外之文，卻須將注再就經上體會，自然思慮歸一，功力不分，而其玩索之味，亦益深長矣。

所論誠是解經惟一正軌。後來清儒以漢學自尊，取以與宋儒理學爭門戶，於朱子尤所嫉視。然其解經，訓詁名物之考據，一字一物，累數千言不自休。使人僅知有訓詁考據，不知復有經義，取以與朱子較得失，固何如耶。

文集卷六十四答或人書有云：

前賢之說，雖或煩冗，反晦經旨。然其源深流遠，氣象從容，實與聖賢微意泯然默契。今雖務為簡潔，然細觀之，覺得卻有淺迫氣象。而玩索未精，涵養不熟，言句之間，粗率而礙理處卻多有之。尹和靖嘗言：「經雖以誦說而傳，亦以講解而陋。」此言深有味也。近方見此意思。若更得數年閑放未死，當更於閑靜中淘汰之，庶幾內外俱進，不負平日師友之訓。但恐無復此日耳。

此書專對當時理學家解經而發。理學家解經重義理，斯必有待於玩索之精，涵養之熟，否則不免如尹和靖所謂經以講解而陋之病，非可務為簡潔便是也。朱子謂欲加淘汰，正謂欲求簡潔以避講解之陋。謂「內外俱進」者，玩索涵養事屬內，淘汰簡潔事屬外，此朱子解經理想所期。朱子於漢以後人解經，亦非一味推重，亦有特加排斥者。語類又曰：

解書難得分曉。趙岐孟子，拙而不明。王弼周易，巧而不明。（五一）

趙岐孟子，做得絮氣悶人。（五一）

古來人解書，最有一箇韋昭無理會。（九二）

韋昭是箇不分曉底人。國語本自不分曉，更着他不曉事，愈見鶻突。（九二）

「樽酒簋貳」，今人硬説作二簋，其實無二簋之實。陸德明自注斷，人自不曾去看。如所謂「貳」，乃是周禮「大祭三貳」之貳，是副貳之貳。此不是某穿鑿，卻有古本。（六七）

「樽酒簋」做一句，自是説文如此。（七一）

問：「坎之六四，舊讀『樽酒簋，貳用缶』，本義從之，其説如何？」曰：「既曰『樽酒簋貳』，又曰『用缶』，亦不成文理。貳，益之也。」（七一）

以上朱子論古注。

朱子自注書，於采摭古注外，亦多據古籍。如説「北辰居其所而眾星拱之」，引晉書天文志。（見語類二十三。）如解「誰毁誰譽」章，引班固景帝贊。（見語類四十五。）解「蕭牆」蕭字，曰「也不曾考究，但據舊説，亦未知是否」。（見語類四十六。）説「無施勞」，引易「勞而不伐」，與「勞謙君子」。（見語類二十九。）説「所過者化，所存者神」，引荀子言「仁人之兵」亦用此兩語。（見語類六十。）説「唐棣之華，偏其反而」，引晉書「偏」作「翩」。（見語類三十七。）後代清儒，自負以反宋學義理者，曰校勘，曰訓詁，曰考據。此等朱子實已一一運用，詳校勘、考據諸篇，此不贅。

朱子又備論有宋諸儒之解經，其言曰：

二程未出時，便有胡安定、孫泰山、石徂徠，他們説經，雖是甚有疏略處，觀其推明治道，直

是凜凜然可畏。（八三）

因言歐陽永叔詩本義，曰：「其中辨毛、鄭處，文辭舒緩，而其說直到底，不可移易。」（八〇）

毛、鄭所謂山東老學究，歐陽會文章，故詩意得之亦多。但是不合以今人文章如他底意思去看，故皆局促了詩意。古人文章有五七十里不回頭者。蘇黃門詩說疏放，覺得好。（八〇）

歐陽公詩本義，煞說得有好處。（八〇）

子由詩解好處多，歐公詩本義亦好。（八〇）

「履帝武敏」，自歐公不信祥瑞，故後人纔見說祥瑞皆闢之。然「鳳鳥不至，河不出圖」，孔子之言，不成亦以為非。（八一）

契之生，詩中亦云「天命玄鳥，降而生商」。蓋以為稷、契皆天生之爾。此等不可以言盡，當意會之。（八一）

此等處，解經者只當憑詩文推說詩意，憑孔子語推說孔子慨歎之意，卻不煩自立說，必欲一一加以推翻駁正，乃與解經無關。

又曰：

程先生詩傳，取義太多。詩人平易，恐不如此。（八〇）

伊川詩說多未是。（八一）

二南亦是採民言而被樂章爾，程先生必要說是周公作，不知是如何，某不敢從。（八〇）

橫渠云：「置心平易始知詩」，然橫渠解詩多不平易。（八〇）

呂伯恭說詩太巧。看古人意思自寬平，何嘗如此纖細拘迫。（八一）

伯恭專信序，又不免牽合。伯恭凡百長厚，不肯非毀前輩，要出脫回護。不知道只為得箇解經人，卻不曾為得聖人本意。是便道是，不是便道不是，方得。（八〇）

以上論解詩。

或問：「書解莫是東坡書為上否？」曰：「然。」又問：「但若失之簡。」曰：「亦有只消如此解者。」（七八）

東坡書解卻好，他看得文勢好。（七八）

東坡書解，文義得處較多。尚有粘滯，是未盡透徹。（七八）

尚書句讀，王介甫、蘇子瞻整頓得數處甚是。見得古注全然錯。舊看郭象解莊子有不可曉處，後得呂吉甫解看，卻有說得文義的當者。（七八）

因論書解，曰：「仁甫解亦不可不看。」（七八）

荆公不解洛誥，但云「其間煞有不可強通處，今姑擇其可曉者釋之」。今人多說荆公穿鑿，他卻有如此處。若今人解書，又卻須要解盡。（七八）

因論點句，曰：「荆公酒誥點句，夐出諸儒之表。」（七九）

「王氏新經儘有好處。蓋其極平生心力，豈無見得著處。」因舉書中改古注點句數處云：「皆如此讀得好。此等文字，某嘗欲看一過，與摭撮其好者，而未暇。」（一三〇）

三舍士人，守得荆公學甚固。（一三〇）

「允恭克讓」，程先生說得義理亦好，只恐書意不如此。程先生說多如此，詩尤甚。然卻得許多義理在其中。（七八）

以上論解書。

又曰：

易是荆公舊作，卻自好。三經新義是後來作底，卻不好。（七八）

明道愛舉「聖人以此齋戒以神明其德夫」一句，雖不是本文意思，要之意思自好。（七五）

「神明其德」言卜筮。（七五）

伊川說易，亦有不分曉處甚多。（七二）

易「涣其羣」，伊川解卻成「涣而羣」，卻是東坡說得好。（六六）

同人「類族辨物」，伊川之說不可曉。（七〇）

易傳「艮其背」，說似差了，不可曉。（七三）

伊川解「艮其背」段，若別做一段看，卻好。只是移放易上說，便難通。（七三）

遯卦程說雖善，而有不通，某切以為不然。（七二）

伊川以八索為過處，某不敢如此說。（三四）

程易發明道理，大義極精，只於易文義多有強說不通處。（六八）

伊川所自發，與經文又似隔一重皮膜，所以看者無箇貫穿處。今須先得經文本意了，則看程傳便不致如門扇無臼，轉動不得。（一一七）

程子之說，說得道理儘好，儘開闊，只是不如此，未有許多道理在。（七一）

聖人說得甚淺，伊川說得太深。聖人所說短，伊川解得長。（七二）

伊川解經，是據他一時所見道理恁地說，未必便是聖經本旨。（一〇五）

以上論解易。

又曰：

春秋大旨，近世如蘇子由、呂居仁，卻看得平。（八三）

問胡文定春秋解。曰：「說得太深。蘇子由教人看左傳，不過只是看它事之本末，而以義理折衷去取之耳。」（五五）

胡文定說春秋，高而不曉事情。（八三）

呂居仁春秋甚明白。（八三）

以上論解春秋。

又曰：

荊公門人陸農師，煞能考禮。（八七）

禮書如陸農師禮象，陳用之禮書，亦該博。陳底似勝陸底。後世禮樂全不足錄，但諸儒議禮頗有好處，此不可廢。當別類作一書方好。（八七）

方、馬二解，合當參考，儘有說好處，不可以其新學而黜之。（八七）

文集卷五十九答李寶之有云：

禘郊祖宗之說，公、穀、國語、家語、趙氏春秋纂例、中說、橫渠禮說皆當考。

以上論解禮經。

問：「仲弓問仁，孔子告之以『出門如見大賓』云云，伊川只說作敬。」曰：「伊川不是就經上說，是偶然摘此兩句，所以只說作敬。公今但且就他這二句上看其氣象是如何。」（四二）

伊川自借論語本章此兩句說敬字，非是以敬說論語之仁，故朱子教其門人且就伊川所引用此兩句來看敬，其自為論語本章集注則不用伊川。蓋伊川意只重說理，朱子意則兼重說經。必經義先得，乃可據經推說理。否則只說理，卻不可牽連說到經，反使經義晦失。如此例極多，朱子註論語則糾其失，泛言義理則亦承用，學者當分別觀之。

問：「二程解論語『為力不同科』，添了字多方解得，恐未穩。」曰：「便是如此。」（二五）

問：「伊川解『犂牛之子』，可信否？」曰：「聖人必不肯對人子說人父不善。」（三一）

二程解論語，朱子糾其失者多矣，此處姑舉其兩例。

語類又曰：

生事葬祭之必以禮，聖人說得本闊，人人可用，不特為三家僭禮而設。然就孟懿子身上看時，亦有些意思如此。至龜山又卻只說那不及禮者，皆是倚於偏。此最釋經之大病。（二三）

「極高明」是就行處說，言不為私欲所累耳，楊氏將作知說，不是。（六四）

問：「『文理密察』，龜山解云：『理於義也。』」曰：「便是怕如此。說這一句了未得，又添一句，都不可曉。此是聖人於至纖至悉處無不謹審。且如一物，初破作兩片，又破作四片。若未恰好，又破作八片。只管詳密。文是文章，如物之文縷，理是條理。每事詳密審察，故曰『足以有別』。」（六四）

伊洛門人，不僅解經多失，即闡述師旨亦多誤，語詳朱子評程門篇。此處姑舉楊氏為例。

問橫渠說「絕四之外，心可存處，必有事焉，聖不可知也」。曰：「橫渠此說，又拽退孟子數重，自說得深，古聖賢無此等議論。若如此說，將使讀者終身理會不得，其流必有弊。」（三六）

舊見欽夫解論語，某嘗語之云：「如此是別為一書與論語相詰難也。」（一一五）

綜觀上引，朱子雖甚重古註，然於北宋諸儒新說亦多節取，不加抹殺。荆公與二蘇兄弟，為理學家所深惡，然朱子於其解經優處，稱道備至。而於二程、横渠乃至其同時友好如南軒、東萊，轉多不滿。用心之至公至正至大至平，所以能會合經學理學兩者之長，以自成其一家之學也。

朱子治經，不僅博取之於北宋諸大儒，即名業較次，不逮孫、胡、歐、蘇、荆公諸人者，苟有可采，亦多不遺。如曰：

曾彥和，熙豐後人，解禹貢，林少穎、吳才老甚取之。（七八）

李經叔異，伯紀丞相弟，解書甚好，亦善考證。（七八）

吳才老於考究上極有功夫，只是義理上自是看得有不子細。（七八）

吳才老說梓材是洛誥中書，甚好。其他文字，亦有錯亂而移易得出人意表者，然無如才老此樣處恰恰好。（七九）

「庭燎有煇」，煇，火氣也，天欲明而見其煙光相雜。此是吳才老之說，說此一字極有功。（八一）

近世考訂訓釋之學，惟吳才老、洪慶善為善。（一三八）

林少穎書儘有好處。（七八）

林少穎解「放勳」之「放」作「推而放之四海」之放，比之程氏說為優。（七八）

問「然而無有乎爾，則亦無有乎爾」。曰：「惟三山林少穎向某說得最好。『若禹、皋陶則見而知之，湯則聞而知之。』蓋曰若非前面見而知得，後之人如何聞而知之也。孟子去孔子之世如此其未遠，近聖人之居如此其近，然而已無有見而知之者，則五百歲之後，又豈復有聞而知之者乎。」（六一）

今孟子集註引林氏說而又加以發揮。

程泰之演蕃露，其零碎小小議論，亦多可取。如辨罘罳之類是也。（一三八）

沈存中博覽，筆談所考器數甚精。呂伯恭不喜筆談，以為皆是亂說。某與言：「未可恁地說，恐老兄欺他未得在。只是他做人不甚好耳。」（九二）

薛士龍書解，其學問多於地名上有工夫。（七八）

偶舉數例，可概其餘。尤如鄭漁仲之於詩序，吳才老之於音韻，程大昌之於禹貢，方崧卿之於韓文，洪興祖之於楚辭，苟有所得，必多方采納，誠所謂「夫子焉不學，而亦何常師之有」也。

四書集注章句，最為朱子畢生精心結撰。其引古注，有董仲舒、司馬遷、揚雄、馬融、鄭玄、服虔、孔安國、趙岐、王肅、何晏、皇侃、陸元朗、趙伯循、韓愈、丁公著等十五家。引宋人有四十一家。語類特舉胡、曾、黄、晁、李五人，因當時門弟子不知其確為何人而述及之。孟子集注引王勉三條，此人宋史無傳，僅建甌縣志有紹興進士王勉，當即其人。其所採録，既是精謹之至，而有並世不知其名，後世又失其傳者。則其編集取捨之意，亦可由此想見。

語類又云：

「在興化南寺見林艾軒言：『曾點言志一段，「歸」自釋音作「饋」字。此是物各付物之意。曾點不是要與冠者童子眞箇去浴沂風雩，只是見那人有冠者，有童子，也有在那裏澡浴底，也有在那裏乘涼底，也有在那裏饋餉饁南畝底。曾點見得這意思，此謂物各付物。』艾軒甚祕其説，密言於先生。（一三二）

此條甚見風趣。艾軒亦當時學人，其解經如此，亦見當時風氣。附録於此，以見朱子之功在當時，以及於後世之一斑。

文集卷六十九學校貢舉私議，暢論治經必重專家，其言曰：

治經必專家法者，天下之理，固不外於人之一心，然聖賢之言，則有淵奧爾雅而不可以臆斷者。其制度名物行事本末，又非今日之見聞所能及也。故治經者必因先儒已成之説而推之。借曰未必盡是，亦當究其所以得失之故，而後可以反求諸心而正其謬。此漢之諸儒所以專門名家，各守師說，而不敢輕有變焉者也。但其守之太拘，而不能精思明辨以求眞是，則為病耳。然以此之故，當時風俗終是淳厚。近年以來，習俗苟偷，學無宗主。治經者不復讀其經之本文與夫先儒之傳注，但取近時科舉中選之文，諷誦摹倣，擇取經中可為題目之句，以意扭揑，妄作主張。明知不是經意，但取便於行文，不暇恤也。今欲正之，莫若討論諸經之說，各立家法，而皆以注疏為主。

此與清代乾嘉以下治經重家法之意亦復何異。惟朱子又謂守之太拘，不能精思明辨以求眞是，則清儒亦不免。

又文集卷七十四策問曰：

漢世專門之學，近世議者深斥之。今百工曲藝，莫不有師。至於學者尊其所聞，則斥以為專門而深惡之，不識其何說也。

時朱子在同安，其論已推尊專門，主治經必重家法，然不謂惟漢有家法，又推以論近代，此與清儒之一意尊漢者有不同。故貢舉私議又曰：

如易則兼取胡瑗、石介、歐陽修、王安石、邵雍、程頤、張載、呂大臨、楊時。書則兼取劉敞、王安石、蘇軾、程頤、楊時、晁說之、葉夢得、吳棫、薛季宣、呂祖謙。詩則兼取歐陽修、蘇軾、程頤、張載、王安石、呂大臨、楊時、呂祖謙。周禮則劉敞、王安石、楊時。儀禮則劉敞。二戴禮記則劉敞、程頤、張載、呂大臨。春秋則啖助、趙正、陸淳、孫明復、劉敞、程頤、胡安國。大學、論語、中庸、孟子，則又皆有集解等書，而蘇軾、王雱、吳棫、胡寅等說亦可采。

又附小注曰：

以上諸家，更加考訂增損，如劉彝等說，恐亦可取。

是朱子解經，極重古註，並亦不廢北宋及當代諸家，此之謂博學之，而後可以有審問、慎思之工夫繼之也。

語類又曰：

莊老二書，解註者甚多，竟無一人說得他本義出。只據他臆說。某若拈出便別，只是不欲得。

（一二五）

朱子讀書精密，其解書，必以解出書中本義為主。此乃其自負語。其為論孟集注，主要在求出論孟本義。若為老莊作解，當亦能為後人指出老莊本義，不加以一己之臆說，而惜乎其不欲為之也。

今語類卷一百二十五皆論老莊語，可見朱子說老莊之大概。姑舉一二則示例。

「聖人執左契而不責於人」。契有左右，左所以啣右，言左契，受之義也。

說左右契者多矣，或言右契所以取，左契所以與，較為得之。然皆主財物債務言。朱子此條下一「受」字，最於老子本義獨為恰當。

問「谷神」。曰：「谷只是虛而能受，神謂無所不應。它又云：『虛而不屈，動而愈出。』有一物之不受，則虛而屈矣。有一物之不應，是動而不能出矣。」

問「谷神不死」。曰：「谷之虛也，聲達焉則響應之，乃神化之自然也。」

從來説「谷神」，皆知谷之爲虚，而不知谷之爲受與神之爲應，則於老子意，失其淵微矣。

又曰：

「玄牝」，牝是有所受而能生物者也。至妙之理，有生生之意焉。

「玄牝」，蓋言萬物之感而應之不窮，如言「聖人執左契而不責於人」。

「玄牝」從來言其能生，而不言其有所受，更不言其有所應。朱子以執左契言玄牝，可謂妙得神會。即據此「谷神」、「玄牝」、「左契」三語，諸家説義皆得其偏，朱子獨得其全。諸家皆淺言之，朱子獨深言之。此無他，言義理者忽於訓詁考據，治訓詁考據者則不能進一步深求其義理。又平日缺乏格物精神，不能隨事而格，故言之皆不切至也。

問：「『三十輻共一轂，當其無，有車之用』，『無』是車之坐處否？」曰：「恐不然。若以坐處爲無，則上文自是就輻轂而言，與下文户牖埏埴是一例語。某嘗思之，無是轂中空處，惟其中空，故能受軸而運轉不窮。猶傘柄上木管子，衆骨所會者，不知名何。緣管子中空，又可受傘柄而開闔下上，車之轂，亦猶是也。莊子所謂『樞始得其環中，以應無窮』，亦此意。」

此條說無字，據上下文而定其所指，是從事訓詁考據者之所有事。又旁會之於傘柄上木管，此是格物。又舉莊子樞字，則說義理而見其會通。又其說轂之中空故能受軸，與上引說「玄牝」、「左契」、「谷神」三者，莫不以一「受」字貫串說之。此非於老子書有甚深之會通，曷克有此見解。故知朱子若為老莊作解，必能如其註論孟之迥出恆常也。

朱子論解經　下

解經之要，在於解字義，朱子於此極推二程。雖有勝藍之詣，而終不忘其出藍之溯。語類：

問：「何謂『發己自盡』？」曰：「且如某今病得七分，對人説只道三兩分，這便是發於己者不能盡。」「何謂『循物無違』？」曰：「正如恰方説病相似。他本只是七分，或添作十分，或減作五分，這便不是循物，便是有違。要之兩箇只是一理。忠是存諸內，信是形諸外。忠則必信，不信必是不曾忠。所以謂『表裏之謂』也。」問：「伊川謂『盡己之謂忠，以實之謂信，忠信內外也』，只是這意。」曰：「然。明道之語，周於事物之理，便恁地圓轉。伊川之語嚴，故截然方正。大抵字義到二程説得方釋然。只如忠信二字，先儒何嘗説得到此。伊川語解有一處云：『一心之謂誠，盡心之謂忠，存於中之謂孚，見於事之謂信。』被他秤停得也不多半箇字，也不少半箇字。」（二一）

此條楊道夫、徐寓同有錄，在朱子六十、六十一以後，論孟集注成書已十二、三年，故曰朱子時時不忘其出藍之溯也。朱子解論語「忠恕一貫」章亦本二程，而盛加讚揚。語類有曰：

曾子說忠恕，如說「小德川流，大德敦化」一般，自有交關妙處。當時門弟子想亦未曉得，惟孔子與曾子曉得。自後千餘年，更無人曉得，惟二程說得如此分明。其門人更不曉得，惟侯氏、謝氏曉得。某向來只推見二程之說，卻與胡籍溪、范直閣說，二人皆不以為然。及後來見侯氏說得原來如此分明，但諸人不曾子細看爾。（二七）

自孔子告曾子，曾子說下在此，千五百年無人曉得，待得二程先生出，方得明白。前前後後許多人說，今看來都一似說夢。（二七）

此兩條鄭南升、葉賀孫錄，或是朱子六十四歲兩人同時所聞。

或問：「先生與范直閣論忠恕，與集注同否？」曰：「此是三十歲以前書，大概也是。然說得不似而今，看得又較別。」（二七）

此條黃義剛錄，在朱子六十四以後。朱子解此章，雖一本之二程，然亦更有發揮，已分別詳著於本書忠恕章與一貫章。觀此，知朱子於二程，時時不勝其追溯出藍之殷也。

語類又曰：

「存神過化」，程說甚精，正得孟子本意。過是身所經歷處；無不感動，如「黎民於變」，便是化。存是存主處，不是主宰。是存這事，這事便來應。二程看文字最精密。如中庸說，門人多不能曉其意。（六〇）

「只是過處人便化，更不待久。此纔有所存，彼便應，言感應之速也。所以荀子云：『仁人之兵，所過者化，所存者神』，只是簞食壺漿以迎王師處便是神。」問：「如『舞干羽於兩階，七旬有苗格』，亦是此理。」曰：「然。」（六〇）

所存主處便神妙不測，「立之斯立，道之斯行，綏之斯來，動之斯和」，莫知其所以然而然也。（六〇）

此條說過字、存字、化字、神字是訓詁。引孟子本文，引荀子，引尚書，是考據。兼就事上言，不專就心上言，是義理。而恰切有當於孟子之本意。朱子解經，皆就二程此等處來，而朱子自所造詣，上視二程，實可當勝藍之譽而無媿。此皆學者所當細究。

問「合虛與氣有性之名，合性與知覺有心之名」。曰：「虛只是說理。橫渠之言大率有未瑩處。有心則自有知覺，又何合性與知覺之有。」（六〇）

此條評橫渠正蒙中語，謂之未瑩，誠如所指。然朱子於二程所下字義，亦多糾正，當續詳於下。

又文集卷三十二答張敬夫論仁說，力辨謝上蔡「心有知覺為仁」之說之非是。又曰：

伯逢又謂：「上蔡之意自有精神，得其精神，則天地之用皆我之用矣。」此說甚高甚妙。然既未嘗識其名義，又不論其實下功處，而驟語其精神，此所以立意愈高，為說愈妙，而反之於身，愈無根本可據之地也。所謂「天地之用即我之用」，殆亦其傳聞想像如此爾，實未嘗到此地位也。

朱子所以必嚴辨於名義，乃為識其名義而求其實下功處。苟錯解名義，則實下功處亦必隨而錯。所以必論其實下功處，則為要實到此地位。苟實下功處錯了，則實所到之地位亦必隨而錯。故學者遇朱子解經嚴辨名義處，必同時注意其所指示之實下功夫處，與其教人所欲到達之眞實地位，乃始可謂明白得朱子解經之精神所在。而諸家解經誤失，亦可同以此意求之。

文集卷三十與張欽夫論程集改字有云：

熹則一生在文義上做窠窟。

又卷八十二題太極西銘解後云：

近見儒者多議兩書之失，或乃未嘗通其文義而妄肆詆訶。因出此解，庶幾學者由辭以得意。

又卷八十一書中庸後謂：

學者之於經，未有不得於辭而能通其意者。

卷七十二雜學辨「張無垢中庸解」謂：

文義猶不暇通，而遽欲語其精微。

蓋其馳心高妙，而於章句未及致詳，以求為察，亦非文義。

蓋欲眞識古人之義理，則必先求之於文義，而章句亦不可忽。朱子畢生解經，功力實在此。

卷八十二書伊川先生帖後云：

近世學者閱理不精，正坐讀書太草草。

忽於校勘訓詁章句，亦即讀書草草之病。

文續集卷六答江隱君有云：

區區之病，正坐執滯於文字言語之間，未能脫然有貫通處。但精義二字聞諸長者，來教之云，似於名言之間小有可疑。雖非大指所係，然亦學者發端下手處，恐不可略。

朱子論學，多自謙自病語，此固大賢之用心，然亦指示學者之要道。此書所云，固非謂文字言語之間可以忽略而躐等，以求其脫然貫通之一境也。

又文集卷五十答楊元範有云：

字畫音韻，是經中淺事，故先儒得其大者，多不留意。然不知此等處不理會，卻枉費了無限辭說牽補，而卒不得其本義，亦甚害事也。

朱子治經，欲求得經中本義，雖一字畫之細，一音韻之末，亦不輕易放過。而其在文義方面所用之工夫則尤要，所謂名義界分之間也。文集卷四十二答吳晦叔有云：

大凡理會義理，須先剖析得名義界分，各有歸著。然後於中自然有貫通處。雖曰貫通，而渾然之中所謂粲然者，初未嘗亂也。今詳來示，似於名字界分未嘗剖析，而遽欲以一理包之，故其所論，既有巴攬牽合之勢，又有雜亂重複支離渙散之病。而其所謂「先難」、「下學」實用功處，又皆倒置錯陳，不可承用。

渾然燦然，即理一而分殊也。剖析得名義界分而得其會通，即由分殊見理一也。指陳備極重要，學者所當留意。又曰：

蒙教以勿恃簡策，須是自加思索，超然自見無疑，方能自信。此又區區平日之病，敢不奉承。然此一義，向非得之簡策，則傳聞襲見，終身錯認聖賢旨意，必矣。又況簡策之言，皆古先聖賢所以加惠後學，垂教無窮，所謂先得我心之同然者，將於是乎在。雖不可一向尋行數墨，然亦不可遽舍此而他求也。程子曰：「善學者求言必自近。易於近者，非知言也。」愚意卻願尊兄深味此意，勿遽忽易。凡吾心之所得，必以考之聖賢之書，脫有一字之不同，則更精思明辨以益求至當之歸。毋憚一時究索之勞，使小惑苟解而大礙愈張也。

求義理者每易徒恃己心，自謂得其渾然，而於簡策文字之粲然者轉所忽。此書又是朱子之自謙，所謂「區區平日之病」，正是其畢生大用功處也。

同卷答石子重有云：

須將仁義禮智作一處看，交相參照，方見疆界分明。而疆界分明之中，卻自有貫通總攝處。

疆界分明即粲然，貫通總攝則渾然矣。清儒言「訓詁明而後義理明」，與朱子之注重文義，有同有不同。清儒所謂訓詁，乃依憑古注，旁通之於爾雅、說文，以求得此一字之義，而每非此字在書中所特殊含蘊之義理深微所在。如朱子謂：「仁者，心之德，愛之理。」「禮者，天理之節文。」用此十一字來剖解仁、禮二字，此乃精究義理，千錘百鍊而來，又豈僅務訓詁者所能企及。

問「仁者人也」。曰：「此仁字不是別物，即是這人底道理。將這仁與人合，便是道。中庸『仁者人也』，對『義者宜也』，意又不同。人字是以人身言之。仁字有生意，是言人之生道也。中庸是切己言之，孟子是統而言之。」問禮記「仁者右也，道者左也。仁者心也，道者義也」。曰：「這般話理會作甚。」（六一）

此條言仁者人之生道，何等剴闢而切至。又分別孟子、中庸皆言「仁者，人也」而意不同。又斥禮記言仁與道，謂這般話不須理會，是又何等大膽。此則更非務訓詁以求義理者之所與知。

問「義者心之制，事之宜」。曰：「事之宜，也是說在外底事之宜。但我才見箇事來，便知這箇事合恁地處，此便是事之宜也。義如刀相似，其鋒可以割制。他物才到面前，便割將去。然鋒與刀則初未嘗相離也。」（五一）

所謂事之宜，方是指那事物當然之理，未說到處置合宜處。（五一）

「事之宜，亦非是就在外之事說。看甚麼事來，這裏面便有箇宜處，這便是義。」又舉伊川曰：「在物為理，處物為義。」又曰：「義似一柄利刀，看甚物來，皆割得去。非是刀之割物處是義，只這刀便是義。」（五一）

此處以「心之制，事之宜」六字解義字，又用如許話來解此六字。至於「心之德，愛之理」六字，則所用以為解說者更多。此乃解說一番道理，非解說一箇字義而已也。

問：「『仁人心，義人路』，路是設譬喻，仁卻是直指人心否？」曰：「路字非譬喻，恐人難曉，故謂此為人之路，在所必行爾。」（五九）

「誰能出不由戶，何莫由斯道也。」此處下一「必」字，非可說為增字詁經。此等皆非精熟義理莫辨。

又曰：

「子罕言利」，蓋凡做事，只循這道理做去，利自在其中矣。如「利涉大川」，「利用行師」，聖人豈不言利。（三六）

這利字是箇監界鏖糟底物事。若說全不要利，又不成特地去利而就害。孔子於易，只說「利者義之和」，又曰「利物足以和義」，只說到這裏。（三六）

義之和處便是利。老蘇嘗以為義剛而不和，惟有利在其中故和。此不成議論。卻不是因義之不和而遂用些小利以和之。後來東坡解易，亦用此說，更不成議論也。（三六）

夫子罕言者，乃「放於利而行」之利。若「利用出入」，乃義之所安處，卻不可以為一般。（三

六）

易所言「利」字，謂當做底。（三六）

明道云：「義無對。」或曰：「義與利對。」道夫問曰：「若曰『義者利之和』，則義依舊無對。」曰：「正是恁地。」（五九）

如此等處，皆是辨義理，非關明訓詁。

又如云：

禮者仁之發，智者義之藏。

此說仁義禮智四字，可謂粲然渾然。皆由甚深義理中出，豈徒求字義便可獲得。語類卷五論性、情、心、意等名義，卷六論仁義禮智等名義，皆從貫通總攝處剖劃出疆界分明。清儒如阮元，專據鄭康成「相人偶」三字，便謂已得仁字義訓，不僅不識義理，實亦是不識訓詁。

問：「『當仁』似適當為仁之事，集注似以當為擔當之意。」曰：「如公說當字，謂值為仁則不讓，如此恐不值處煞多。所以覺得做任字說是。恐這仁字是指大處，難做處說，這般處須着擔

當，不可說道自家做不得，是師長可做底事。」（四五）

此章「當」字有異訓，「師」字亦可有異訓，朱子以大處難做處說仁字，求之蒼、雅小學字書，何從得證。然實不得不謂是說得此章義理精神出，此始可謂之經學，亦始可謂之理學。

問「天命之謂性，充體謂氣，感觸謂情，主宰謂心，立趨向謂志，有所思謂意，有所逐謂欲」。答云：「此語或中或否，皆出臆度，要之未可遽論。且涵泳玩索，久之當自有見。」銖嘗見先生云：「名義之語極難下，如說性則有天地之性，氣質之性。說仁則伊川有專言之仁，偏言之仁。此等且要默識心通。」（五）

此見所謂尋求文義，乃別自有下工夫處，非即憑古注，通爾雅、說文即得也。

語類說中庸「庸」字義有云：

「惟其平常，故不可易。如飲食之有五穀，衣服之有布帛。若是奇羞異味，錦綺組繡，不久便須厭了。庸固是定理，若直解為定理，卻不見得平常意思。今以平常言，然定理自在其中矣。」

問：「『中庸』二字，舊說依程子『不偏不易』之語，今說得是不偏不倚無過不及而平常之理，似以不偏不倚無過不及說中，乃是精密切至之語，而以平常說庸，恰似不相粘着。」曰：「此其所以粘着。蓋緣處得極精極密，只是如此平常。若有些子詫異，便不是極精極密，便不是中庸。」（六二）

程子以「不易」說「庸」字，朱子以「平常」說「庸」字。所以有此改易，此乃有關義理之辨，非純屬訓詁問題。

尚書湯誓「惟皇上帝降衷於下民」，語類云：

孔安國以衷為善，便無意思。衷只是中，便與「民受天地之中」一般。（七九）

上條朱子改程氏解中庸「庸」字，此條改古注孔安國解尚書「降衷」字，皆斟酌至善，非徒務訓詁者所能至。

又如說洪範「皇極」云：

「皇極」非說大中之道。若說大中，則皇極都了，五行五事等，皆無歸着處。（七九）

「皇」是指人君，「極」便是指其身為天下做箇樣子，使天下視之以為標準。（七九）

中不可解做極，「極」無中意，只是在中，乃至極之所，為四向所標準，故因以為中。如屋極亦只是在中，為四向所準。如「建邦設都以為民極」，亦只是中天下而立，為四方所標準。如「粒我烝民，莫匪爾極」，「來牟」豈有中意？亦只是使人皆以此為準。如北極，如宸極，皆然。若只說中，則殊不見「極」之義矣。（七九）

「極，盡也。」指前面香卓：「四邊盡處是極，所以謂之四極。四邊視中央，中央即是極也。如屋之極，極高之處，四邊到此盡了，去不得，故謂之極。至善亦如此。應於事到至善，是極盡了，更無去處，『故君子無所不用其極』。」（七九）

「皇」有訓大處，惟「皇極」之「皇」，不可訓大，「皇」只當作君。（七九）

「皇建其有極」，不成是大建其有中？「時人斯其惟皇之極」，不成是時人斯其惟大之中？（七九）

東坡書傳中說得「極」字亦好。（七九）

朱子與象山辨濂溪「太極」，辨洪範「皇極」，費卻多少唇舌，則知義訓之學之不可不講。

問：「孔子時中，所謂隨時而中否？」曰：「然。」問：「三子之德各偏於一，亦各盡其一德之中否？」曰：「非也。既云偏，則不得謂之中矣。三子之德，但各至於一偏之極，不可謂之中。」問：「既云一偏，何以謂之聖？」曰：「聖只是做到極至處，自然安行，不待勉強，故謂之聖。聖非中之謂也。所謂：『智譬則巧，聖譬則力，猶射於百步之外，其至爾力也，其中非爾力也。』中便是中處。如顏子之學，則已知夫中處，但力未到耳。」問：「顏子則已知中處而力未至，三子力有餘而不知中處否？」曰：「然。」（五八）

此條以「中」與「極」之辨說孟子此章「聖」與「智」之辨，亦可謂巧而有中矣。

易說「中正」，伊川謂：「中重於正，正不必中也。」言中，則正已在其中。蓋無正則做中不出來，而單言正，則未必能中也。夷惠諸子，其正與夫子同，而夫子之中，則非諸子所及。（五七）

此條又以「中」與「正」之辨說孟子三子與孔子之辨。此等皆根據義理大節目以辨字義，非明字義以明義理之謂也。

問「可欲之謂善，有諸己之謂信，充實之謂美」。曰：「善人只是資質好底人，孔子所謂『不踐迹，亦不入於室』者是也。是箇都無惡底人。亦不知得如何是善，只是自是箇好人而已。『有諸己之謂信』，是都知得了，實是如此做。此是就心上說，心裏都理會得。『充實之謂美』，是就行上說。事事都行得盡，充滿，即實。美在其中而無待於外。如公等說話，都是去外面旋討箇善來栽培，放在這裏，都是有待於外。如仁，我本有這仁，卻不曾知得，卻去旋討箇仁來注解了，方曉得這是仁，方堅執之而不失。如義，我元有這義，卻不曾知得，卻旋去討箇義來注解了，方曉得這是義，堅守之而勿失。這都是有待於外。無待於外底，他善都在裏面流出來。韓文公所謂『足乎己，無待於外之謂德』，是也。有待於外底，如伊川所謂富人多寶貧子借看之喻是也。」又曰：「『可欲之謂善』，如人有百萬貫錢，世界他都不知得，只認有錢使，有屋住，有飯喫，有衣着而已。『有諸己之謂信』，則知得我有許多田地，有許多步畝，有許多金銀珠玉，是如何營運，是從那裏來，盡知得了。」（六一）

此條分說善、信、美三字。孟子原文已自有注解，如曰「可欲之謂善」，「有諸己之謂信」，「充實之謂美」是也。故知說此難在義理上，不在訓詁解注上。此條沈僩所錄，乃朱子晚年語。

程氏說此云：

士之所難者，在有諸己而已。能有諸己，則居之安，資之深，而美且大可以馴致矣。徒知可欲之善，而若存若亡而已，則能不受變於俗者鮮矣。

此說可欲之善尚在外，須待有諸己。然孟子本文乃說樂正子「善人也，信人也」，在此二之中，而在美且大之下。程說顯有不是，故朱子改說之，曰：

「可欲之謂善」，「可欲」只是說這人可愛。（六一）

此條陳淳錄，亦朱子晚年語。

又曰：

他有可欲處，人便欲他，豈不是渠身上事。（六一）

此條潘時舉錄癸丑以後所聞，在朱子六十四以後，當與沈、陳所錄略同時。較之程說，顯為得是。但善人既已是說他身上事，何以進一層又說「有諸己」？集注云：

凡所謂善，皆實有之，如惡惡臭，如好好色，是則可謂信人矣。

此說似仍受程說影響，遠不如沈僩錄一條之切當而明析。竊疑集注先成，未又改定。然則孟子此章

「可欲之謂善，有諸己之謂信」兩句，仍須逐字注解。惟非關訓詁，乃須切就孟子本文而發揮其內涵之義理。朱子說此章側重在有諸己而無待於外一義。若待外面去討箇仁字義字來注解，方曉得仁與義而堅執之，這是可欲在外，又次了一等，非能反求諸己也。然則謂訓詁明而後義理明，其無當實際，抑可見矣。

又文集卷三十一答張敬夫孟子說疑義亦論及此兩句，曰：

竊詳所解，熹舊說亦然。自今觀之，恐過高而非本意也。蓋此六位，為六等人。皆他人指而名之之辭。則信人亦不得為自信之信。蓋善者人之所同欲，惡者人之所同惡。人之為人，有可欲而無可惡，則可謂之善人矣。然此特天資之善耳。不知善之為善，則守之不固，有時而失之。惟知其所以為善而固守之，然後能實有諸己而不失，乃可謂之信人也。張子曰：「可欲之謂善，志仁則無惡也。誠善於心之謂信。」正是此意。

此處「張子曰」以下乃小注，「誠善於心」四字，不如朱子謂「心裏都理會得」，義更明白。莫不飲食，鮮能知味；忠信如丘而不知好學；此處「信人」，加一「知」字說之，實為明當。而文集此書後面又附一注云：

此說「信」字未是，後別有說。

竊疑此乃朱子經歷了許多時後之自注。所謂後別有說者，當即是如今集注之說，亦即是前面小注引橫渠「誠善於心」之意。竊疑橫渠之所謂誠善，乃是中庸「自明誠」之誠，非「自誠明」之誠。必如沈僩所錄之解釋，乃始於此章本義為恰切。然則孟子此章之兩語，朱子說之再三，文集、語類、集注，各有參差。孰為其最先之說，孰為其最後之定見，尚待學者之自為尋究，解經又豈易事。而朱子為學之精進不苟，亦可於此一節見之。

語類又曰：

「程子曰：『乾，聖人之分也，可欲之善屬焉。坤，賢人之分也，有諸己之信屬焉。』一箇是自然，一箇是做工夫積習而至。」又曰：「善、信、美、大、聖、神是六等人。『可欲之謂善』，是說資稟好。可欲是別人以為可欲。『有諸己之謂信』，是說學。」又曰：「『直方大』，直方然後大，積習而至。然後能『不習無不利』。」（六一）

此條李閎祖錄戊申朱子五十九歲以後所聞，未定在何年。殆亦晚年語。論語「必有忠信如丘者焉，不如丘之好學也」。既以善、信、美、大、聖、神為六等，豈得謂「可欲」之「善」屬聖，「有諸己」

之「信」轉屬賢。朱子以為一是自然，一是做工夫積習而成，仍因程說為發揮。則雖說「可欲」是別人以為可欲，又說資稟，而仍不如沈僩所錄一條之明白而清析。今語類所收對孟子此章之說共十四條，其間仍多牽混程說。只沈僩錄一條，可謂是朱子對此章之最後定論。當據此以糾正其他諸條之與此有違離者，並當據此以糾正集注之所云。為古書解說字義，此豈易事。朱子解經，多有超越二程處，亦即此可見。而朱子書亦復難讀，亦有語類是而集注未是者。辨程朱異說已不易，辨朱子一人之說之先後相異，而又必究其孰失孰得，則更不易也。

又詩大雅烝民：「既明且哲，以保其身」，語類云：

只是上文「肅肅王命，仲山甫將之，邦國若否，仲山甫明之」，便是明哲。所謂明哲者，只是曉天下事理，順理而行，自然災害不及其身，可以保其祿位。今人以邪心讀詩，謂明哲是見幾知微，先去占取便宜。如揚子雲說「明哲煌煌，旁燭無疆。遜于不虞，以保天命」，便是占便宜底說話。所以他一生被這幾句誤。然明哲保身，亦只是常法。若到那舍生取義處，又不如此論。（八一）

此不就「明哲」本字解，不只就此兩語之本文解，乃直承上文解下而大義自顯。朱子所指之邪說，乃遠自揚子雲以來。若解經必覓古人說為證，則揚子雲只堪證邪說，不堪證正義，又將如之何。

語類又曰：

「興於詩，立於禮，成於樂」，非是初學有許多次第，乃是到後來方能如此。不是說用工夫次第，乃是得效次第如此。（三五）

如此條所辨析，又豈僅務於訓詁考據者之所能道？

又曰：

只是「思無邪」一句好，不是一部詩皆思無邪。（八〇）

此則牽涉到全部詩經三百首之內容，然此條所記實嫌簡約過甚，不如集注之詳明。集注曰：

凡詩之言，善者可以感發人之善心，惡者可以懲創人之逸志，其用歸於使人得其情性之正而已。然其言微婉，且或各因一事而發。求其直指全體，則未有若此之明且盡者。故夫子言詩三百篇，而惟此一言足以盡蓋其義。其示人之意亦深切矣。

依朱子意，論語此章，乃孔子教人讀詩法也。清儒堅守詩序，必欲說成詩三百無一首有邪思，費盡訓詁考據工夫，逐字而解，逐句而辨，曲說巧說，反把興於詩之可有功效淹沒。學者將詩集傳與清儒說詩成績比觀，其間得失高下自見。可見解經說經，應先有一番本領工夫，非僅務於逐字訓詁，逐事考訂，瑣碎饕績，所能勝任。而朱子解經說經，正從逐字訓詁逐事考訂中獲得結論。本末精粗，一以貫之，此其所以為不可及。學者要明得集注此章之義，須細讀本書朱子詩學篇及辨僞篇。如要明得朱子解經說經工夫，則須細讀本書朱子經學諸篇及解經諸篇。而後可以心知其意，黽勉以赴。

文集卷三十一有與張敬夫論癸巳論語說，皆就南軒說論語而逐章逐字加以辨正，讀此可見朱子解經之細密。茲隨手拈兩條為例。

子張篇「君子學以致其道」。

張氏曰：

致者，極其致也。

朱子辨之云：

恐當云：致者，極其所至也。

張氏又曰：

自未合者言之，非用力以致之，則不能有諸躬。

朱子辨之云：

道固欲其有諸躬。然此經意，但謂極其所至耳，不為有諸躬者發也。若曰有諸躬，則當訓致為致師之致，如蘇氏之說矣。然本文意不如此。

此條釋「致」字，張云「極其致」，顯不如朱子云「極其所至」，義明而淨。張云「非用力則不能有諸躬」，則致字當如致師之致，又與上語有歧。顯不如朱子云欲其有諸躬者之能極其所至，義既直貫而又完備。本章既云君子，則不能謂其無道在躬。故曰本文意不為有諸躬者發。集注此章云：

致，極也。君子不學，則奪於外誘而志不篤。

志不篤，即不能極其所至。若專就義理言，蘇氏、張氏亦自各說得一番道理，然與論語本義不恰切。所謂訓詁明而後義理明，如朱子此條乃可當之。而究其實，則是義理明而後訓詁可明也。

又里仁篇「君子之於天下也，無適也，無莫也，義之與比」。

張氏曰：

或曰：「異端無適無莫，而不知義之與比」，失之矣。夫異端之所以不知義者，正以其有適有莫也。

朱子辨之曰：

異端有適有莫，蓋出於程子之言。然譏其無適莫而不知義，亦謝氏之說。言雖不同，而各有所指，未可遽以此而非彼也。若論先後，則正以其初無適莫而不知義，故徇其私意以為可否，而反為有適莫。旣有適莫，故遂不復求義之所在，而卒陷於一偏之說也。

此條所辨，不關訓詁，專屬義理。程氏、張氏謂異端有適有莫，謝氏則謂異端亦無適無莫。朱子匯而通之，謂老釋異端，先因無適莫而不知義，卒至於有適莫而徇其私。而細就老釋言究之，彼輩實亦主無適莫者。故朱子於此兩說，尤取謝氏，而特以之通於程說。集注此章圈外只引謝說，其意可見。

語類有云：

「南軒說『無適無莫』：『適是有所必，莫是無所主』，便見得不安。程氏謂『無所往，無所不往，且要「義之與比」處』，便安了。」曰：「古人訓釋字義，無用適字為往字者。此適字當如『吾誰適從』之適，音的，是端的之意。言無所定，亦無所不定爾。欽夫云：『吾儒無適無莫，釋氏有適有莫』，此亦可通。」（二六）

此條始論「適」「莫」二字之義訓。朱子不取程說，轉近張說，故辨論語說此章，不辨及其字義也。觀此兩則，朱子注論語，博涉多端，用力之勤，陳義之精，胥可推見。

論語「士不可以不弘毅」章：

問：「弘是寬容之義否？」曰：「固是。但不是寬容人，乃寬容得義理耳。人之狹隘者，只守得一義一理便自足，既滯一隅，卻如何能任重。必能容納吞受得眾理，方是弘。」（三五）

弘不只是有度量能容物之謂，正是「執德不弘」之弘。是無所不容，心裏無足時，不說我德已如此便住。如無底之谷，擲一物於中，無有窮盡。若有滿足之心，便不是弘。（三五）

弘是開闊周遍。（三五）

問「執德不弘」。曰：「言其不廣也。纔狹隘則容受不得。」（四九）

弘便知道理儘有，自家心下儘有，地步寬闊，着得在。（四九）

蓋義理無窮，心體無限。（四九）

「執德不弘」，弘是深潛玩味之意。不弘是着不得。（四九）

「執德不弘」，人多以寬大訓弘字，大無意味，如何接連得「焉能為有、焉能為亡」文義相貫。蓋弘字有深沉重厚之意。横渠謂：「義理深沉方有造，非淺易輕浮所可得也。」此語最佳。（一一）

寬大能容，乃「弘」字正面義。狹隘不受，是其反面義。然說論語此兩章，必切就人之心德言，必緊扣上論語本文「執德不弘」四字言，於是轉出深沉厚重之意，又轉出「義理無窮，心體無限」之義。此乃辨字訓與闡義理不同所在。

其說易之恆卦，曰：

恆非一定之謂。（七二）

恆是箇一條物事徹頭徹尾，不是尋常字。古字作恆，其說像一隻船兩頭靠岸，可見徹頭徹尾。（七二）

問「常非一定之謂，一定則不能恆矣」。曰：「物理之始終變易，所以為恆而不窮。然所謂不易者，亦須有以變通，乃能不窮。惟其如此，所以為恆。論其體則終是恆。然體之常，所以為用之變。用之變，乃所以為體之恆。」（七二）

能常而後能變，能常而不已，所以能變。及其變也，常亦只在其中。伊川卻說變而後能常，非是。（七二）

「天地之道，恆久而不已」，這箇只是說久。（七二）

此處辨恆與常、與一定、與變、與久諸義之相互關係。謂能常而後能變，能常不已，所以能變，非可謂變而後能常。辨析深至，此豈單說「恆」字義便能盡其精微之所在？「恆」是一象形字，朱子以「徹頭徹尾」說之，可謂精切。此等處，可見朱子辨字訓，闡義理，皆各盡其能事之所至。

問：「『明動變化』，伊川以『君子所過者化』解動字，是和那變化二字都說在裏面否？」曰：「動是方感動他，變則已改其舊俗，然尚有痕瑕在。化則都消化了，無復痕迹矣。」（六四）

明動變化字皆非難解。所難者在能深入事理，說來明確而親切，非以訓詁明義理，乃是以義理定訓詁也。

問：「程子說『致曲』云：『於偏勝處發。』似未安。如此則專主一偏矣。」曰：「此說甚可疑。須於事上論，不當於人上論。」（六四）

此亦以義理定訓詁。

問：「博厚高明悠久六字，先生解云：『所積者廣博而深厚，則所發者高大而光明』，是逐字解，至悠久二字，卻只做一箇說了。據下文『天地之道，博也，厚也，高也，明也，悠也，久也』，則悠與久字，其義恐亦各別。」先生良久曰：「悠，長也。悠是自今觀後，見其無終窮之意。久是就他骨子裏說，鎮常如此之意。」翌早又云：「昨夜思量，下得兩句：悠是據始以要終，久是隨處而常在。」（六四）

今章句云：「存諸中者既久，則驗於外者益悠遠而無窮矣。」又曰：「悠久，即悠遠，舉內外而言之也。」語類此條，謂「久」是存於中，「悠」為驗於外。悠、久兩字加以分別，疑在輔廣問後，非章句之原文也。據此，見朱子解經之不苟。其分析字義，多由精思而來，與後來清儒之必據古籍旁稱博引者亦不同。

又如說「敬愼思慮」曰：

敬字大，愼字細小。如人行路，一直恁地去，便是敬。前面險處防有喫跌，便是愼。愼是惟恐有失之之意。如思慮兩字，思是恁地思去，慮是怕不恁地底意思。（七〇）

此乃以日常眼前事解字，以日用俗語解字，解來活潑親切，其易於得人悟會，較之從來訓詁家相傳格套，相去誠不可以道里計。

又如分析「意必固我」四字曰：

必在事先，固在事後，固只是滯不化。（三六）

意，私意之發。必在事先，固在事後。我，私意成就。四者相因，如循環。（三六）

我生意，意又生必，必又生固，又歸宿於我。（三六）

意是爲惡先鋒，我是爲惡成就。正如四德，貞是好底成就處，我是惡底成就處。（三六）

此乃以四項一串說之，又以「元亨利貞」四德相擬，其事皆在訓詁之外，是亦義理明而後訓詁明也。

問「矜而不爭」。曰：「矜是自把捉底意思，故書曰：『不矜細行，終累大德。』」（四五）

或問：「『不矜細行』與『矜而不爭』之矜如何？」曰：「相似，是箇珍惜持守之意。」（四五）

此乃自用新字解古書，復以古書相互作解，而求得其通義。

又如論知覺曰：

先知者，因事而知。先覺者，因理而覺。知者，因事因物皆可以知，覺則是自心中有所覺悟。（五八）

又如說書「德無常師，主善為師，善無常主，協于克一」，曰：

德以事言，善以理言，一以心言。協字卻是如「以此合彼」之合。此心纔一，便終始不變而有常也。（七九）

「從一中流出者，無有不善。曰『常厥德』，曰『庸德』，曰『一德』，只是一箇。」或問：「一恐只是專一之一。」曰：「如此則絕說不來。」（七九）

一為心，不為專一，亦所辨在義理，不在訓詁。

又如曰：

誠敬寡欲，不可以次序做工夫。數者雖則未嘗不串，然其實各是一件事。不成道敬則欲自寡，卻全不去做寡欲底工夫。（一二）

此皆是說事，說工夫，不關說字。

又如說「周公之才之美」章驕吝二字，曰：

挾其所有是吝，誇其所無是驕。（三五）

驕是枝葉發露處，吝是根本藏蓄處。（三五）

驕是傲於外，吝是靳惜於中。（三五）

為是要驕人，所以吝。（三五）

又辨易險阻字：

問「乾常易以知險，坤常簡以知阻」。曰：「自上臨下為險，自下升上為阻。」（七四）

又說「知險知阻」，曰：「舊因登山而知之。」（七六）

因登山而得乾坤險阻之說。尋常將險阻作一箇意思。（七六）

又論忠恕，曰：

忠如瓶中之水，恕如瓶中瀉在盞中之水。（二七）

如一椀水分作十盞，這十盞水，依舊只是這一椀水。（二七）

合忠恕，正是仁。（二七）

又論剛與慾，曰：

那拖泥帶水底便是慾，那壁立千仞底便是剛。（二八）

或問：「剛與悻悻何異？」曰：「剛者外面退然自守，而中不詘於慾，所以為剛。悻悻者，外面有崛強之貌，便是有計較勝負之意，此便是慾也。」（二八）

問：「先生解侃侃、誾誾四字，不與古注同。古注以侃侃為和樂，誾誾為中正。」曰：「衎字乃訓和樂，與此侃字不同。說文以侃為剛直，後漢書中亦云侃然正色。誾誾是『和說而諍』，此意思甚好。和說則不失事上之恭，諍則又不失自家義理之正。」（三八）

或問鄉黨如「恂恂」、「侃侃」之類。曰：「如此類解說則甚易，須是以心體之，眞自見箇氣象始得。」（三八）

「誾誾」，說文云：「和悅而諍。」漢志：「洙泗之間斷斷」，義同。（三八）

史記云：「魯道之衰，洙泗之間，齗齗如也。」齗誾字同。當道化盛時，斑白者不提挈不負戴於道路，少壯者代其事。到周衰，少壯者尚欲執其任，而老者自不肯安，爭欲自提挈，自負戴，此正是「和悅而諍」。（三八）

漢書：諸尚書爭一任事，其中有云：「誾誾侃侃，得禮之容。緘默邪心，非朝廷福。」（三八）

上所雜引，如釋驕吝，乃觀人於微而得。如釋險阻，乃登山經歷而悟。如釋忠恕，舉面前人人易曉事。釋剛慾，舉人人盡知之成語。凡所稱述，皆足以增益人之智慧，指導人之德行，與搬引古書，為某一字作訓詁者，事大不同。惟釋誾誾、侃侃，據說文，旁證之於史記、漢書，乃與清儒訓詁工夫一例。惟云「如此類解說則甚易，須是以心體之」，則其意境仍不同。如辨剛與悻悻，直入心髓深處，若非以己心自為體會，決不能瞭其所云。

問「養心莫善於寡欲」。曰：「緊要在寡字、多字。看那事又要，這事又要，便是多欲。」（六一）

欲是好欲，不是不好底欲。不好底欲不當言寡。（六一）

只是眼前底事，才多欲，便將本心都紛雜了。且如秀才要讀書，要讀這一件，又要讀那一件。又要學寫字，又要學作詩。這心一齊都出外去。所以伊川教人直是都不去他處用其心。人只有一箇心，如何分做許多去。若只管去閑處用了心，到得合用處，都不得力。只是要得寡欲。存這心，最是難。（六一）

集注云：「多而不節，未有不失其本心者」，多字對寡字說。才要多些子，便是欲。（六一）

此處「欲」字，是好是不好，不關訓詁，乃是以事理推之，而分別其好與不好也。

問「君子以仁存心，以禮存心」。曰：「這箇存心，與『存其心、養其性』底存心不同。只是處心。」（五七）

問：「『以仁存心』，如何下以字？」曰：「不下以字也不得。」問：「程子謂『以敬直內，則不直矣』，何也？」曰：「此處又是解直方二字，從上說下來，『敬以直內』方順，『以敬』則不順矣。」（五七）

此等非深於義理不辨。然亦似只在一字一句文義文法上辨，此又不可不知。

問「以意逆志」。曰：「此是教人讀書之法。自家虛心在這裏看他書道理如何來，自家便迎接將來。而今人讀書，都是去捉他，不是逆志。」（五八）

逆是前去追迎之之意。蓋是將自家意思去前面等候詩人之志來，如等人來相似。須是等得來，方自然相合。不似而今人便將意去捉志也。（五八）

譬如有一客來，自家去迎他。他來則接之，不來則已。若必去捉他來，則不可。（五八）

此雖只釋一「逆」字，然實朱子平日教人讀書解經主要精意所在。

又如曰：

「說在心，樂主發散在外。」說是中心自喜說。樂便是說之發於外者。（二〇）

說是感於外而發於中，樂則充於中而溢於外。（二〇）

說便如暗歡喜相似，樂便是箇發越通暢底氣象。（二〇）

又說「溫良恭儉讓」：

良即是良善，猶今言善人。(二二)

或問：「良何以訓『易直』？」曰：「良，如今人言無嶢崎為良善，無險阻密蔽。」(二二)

因舉：「韓詩外傳有一段與樂記相似，但『易直子諒之心生矣』處，改『子諒』二字為『慈良』，此卻分明也。」(二二)

問集注云：「剛者勇之體，勇者剛之發。」曰：「春秋傳云：『使勇而無剛者嘗寇』，則勇者發見於外者也。」(四七)

又說「君子周而不比」：

周與比外面相似，而裏面大差了。如驕泰、和同亦然。幾微之間不可不辨。(二四)

周是公底比，比是私底周。(二四)

問：「『忠信為周，阿黨為比』，如何？」曰：「忠信為周，只緣左傳『周爰咨諏』指作忠信，後人遂將來妄解，最無道理。」(二四)

以上諸例，或用俗語，或引古籍，而古籍有可據有不可據，務使字義明顯而義理正確，其所下工夫與務求自立說者不同，亦與專致力於訓詁考據者不同。

又說易大壯「喪羊于易」曰：

易不若作疆場之易。漢食貨志疆場之場正作易。後面「喪牛于易」，亦同此義。今本義所注，只是從前所說如此，只且仍舊耳。（七二）

引漢書食貨志說易卦此「易」字當作疆場之易，可謂確當。易本義只作容易之易解，其下又曰：「或作疆場之場，亦通。漢食貨志場作易。」是朱子先說此「易」字是容易之易。後讀漢志，乃謂作疆場之場亦通。最後語類此條，始謂不若作疆場之易也。朱子讀書之博，與其解經之不苟，胥於此見。易本義所解，有時不如語類，亦如上引孟子集注有不如語類處。此皆朱子隨時有得，而不及改定其成書也。

又曰：

太極如一木生上，分而為枝幹，又分而生花生葉。生生不窮，到得成果子，裏面又有生生不窮之理。生將出去，又是無限箇太極，更無停息。只是到成果實時又卻少歇。不是止，到這裏自

合少止。正所謂「終始萬物，莫盛乎艮」，「艮止」是生息之意。（七五）

此條論易「艮」字義，正是以義理定訓詁，不以訓詁定義理。

問：「配天配上帝，帝只是天，天只是帝，卻分祭，何也？」曰：「為壇而祭，故謂之天。祭於屋下，而以神祇祭之，故謂之帝。」（八二）

后稷配天，文王配上帝，此非所配有不同，只是其禮制異，因而用天字、帝字以為別。

又說易睽之六三，「其人天且劓」，曰：

「天」合作「而」，剃鬚也。篆文天作𠀘，而作𦓐。（七二）

此條似以意推定，初學固不當輕為慕效，然曲士拘儒，亦不得對此漫加詬病。

問「巽稱而隱」。曰：「稱為稱物之義。某前時以稱揚為說，錯了。」（七六）

此條林學蒙記甲寅朱子六十五以後語。一字之訓，至其晚年，猶復斟酌不已，即此可見。

或問：「『二女果』，趙氏以果為侍，有所據否？」曰：「某嘗推究此，廣韻從女從果者，亦曰侍也。」（六一）

孟子「二女果」果字，朱子據廣韻婐字證趙岐注訓侍之得。若專從此等處看，朱子解經工夫，與後儒專務為訓詁考據之學者何異？

問：「列女傳引詩車舝『辰彼碩女』作『展彼碩女』。」先生以為然，且云：「向來煞尋得。」（八一）

又曰：

周頌清廟「假以溢我」，當從左氏作「何以恤我」。何、遐通轉而為假。（八一）

凡此皆極似後來清儒考據精神。

或問：「『乾知太始，坤作成物，乾以易知，坤以簡能』，如何是知？」曰：「知字訓管字，不當解作知見之知。太始是『萬物資始』，乾以易故管之。成物是『萬物資生』，坤以簡故能之。」（七四）

「乾知太始」，知，主之意也。如知縣、知州。乾為其初，為其萌芽。「坤作成物」，坤管下面一截。因乾先發，得有頭腦，特因而為之，故簡。（七四）

又曰：

大抵談經只要自在，不必泥於一字之間。（七四）

朱子說此一「知」字，極簡當，極明析。得此一「知」字之正義，而易經此節大義皆迎刃解矣。然又謂「談經只要自在，不必泥於一字之間」者，為此節知、能二字並用，讀者易於從知見之知着想。苟能先得此節大義，則不必泥在此一字上多滋思索也。此處所發明，卻似與朱子平日自謂一生在文義上做窠窟者正相反，其中義蘊及實際工夫所在，學者尤當細辨。朱子戒學者不要將聖賢語言硬折入他窩窟裏（二七），又戒學者強將名義比類牽合而說（二七），此等處，苟非眞下工夫，皆不易驟曉。

又曰：

學者千章萬句，只是理會一箇心。（四二）

某這裏，須是事事從心上理會起。（一一六）

若不從文字上做工夫，又茫然不知下手處。若是字字而求，句句而論，不於身心上着切體認，則又無所益。（一一九）

文集卷五十二答姜叔權有云：

示喻日用工夫，甚善。然若論實下工夫處，卻使許多名字不着。須更趨要約，而自然不害衆理之默契，乃為佳爾。

是則朱子之學，又豈僅僅為解經說文義而已。或者為趨要約，乃目傳注為榛塞，擯義訓為陸沉，認為留意簡策，即屬支離，此雖為朱子所不許。然如何而默契衆理，知有使許多名字不着之處，則正貴於學者之自尋索也。

朱子與二程解經相異 上

朱子尊述二程，可謂至矣。然語類載朱子於二程遺說諍議駁正，就其事題，約略計之，當近兩百之多。若論條數，有一事而言之異時，記者異人，重複至二三條、七八條者。則總數至少當在三四百條以上。自二程至朱子凡四傳，其間程門高弟，已多失師旨。朱子始抉發其精義，糾摘其違失，使程學光昌，終獲大傳於後世，實維朱子之功。然朱子本人立說，實亦有與二程相異者。舉其大者列之篇，亦治宋儒理學者所當知也。

語類云：

自堯舜以下，若不生箇孔子，後人去何處討分曉。孔子後若無箇孟子，也未有分曉。孟子後數千載，乃始得程先生兄弟發明此理。（九三）

「天不生仲尼，萬古長如夜。」後又不生孟子亦不得。二千年後，又不生二程亦不得。（九三）

此見朱子之所推尊於二程者。然又曰：

聖人語言甚實，且即吾身日用常行之間可見。不必求之太高。論語一書，何嘗有懸空說底話。只為漢儒一向尋求訓詁，更不看聖人意思，所以二程先生不得不發明道理，放得稍高。不期今日學者，乃捨近求遠，處下窺高，一向懸空說了，扛得兩腳都不着地。（一一三）

又曰：

明道說話，亦有說過處，又其說闊，人有難曉處。伊川較子細，說較無過，然亦有不可理會處。（九三）

明道說經處遠，不甚協注。（九三）

聖人說得甚淺，伊川說得太深。聖人所說短，伊川解得長。（七二）

程子之說，說得道理儘好，儘開闊。只是不如此，未有許多道理在。（七一）

朱子因此有說經四病之說。其言曰：

今之談經者，往往有四者之病：本卑也而抗之使高，本淺也而鑿之使深，本近也而推之使遠，本明也而必使至於晦。此今日談經之大患也。（七六）

問：「先生解經有異於程子說者，如何？」曰：「程子說或一句自有兩三說，其間必有一說是，兩說不是。理一而已，安有兩三說皆是之理。蓋其說或後嘗改之。今所以與之異者，安知不曾經他改來。蓋一章而衆說叢然，若不平心明目，自有主張，斷入一說，則必無衆說皆是之理。」（一〇五）

說經當只求經文之本義。然非平心明目，直契古人，則不古臻此。讀者愼勿以為說經求本義，其事甚易。並以僅得本義，為無所發見也。

語類又曰：

雖非經意，然其說自好，便只行得。大凡看人解經，雖一時有與經意稍遠，然其說底自是一說，自有用處，不可廢。（七六）

是則說經雖失本意，而仍有不可廢者。所當並存，不可執一而論。

大凡朱子說經主求本義，本義既得，乃可推說，一也。經之本義只有一是，不能二三其說，二也。有非經之本義而說自可存者，三也。二程講學，既是溯源孔孟，則不得不歸於說經以求依歸。在此方面，則端賴有朱子。非朱子，則不獲光昌以大其傳也。

說經主求本義，則文義訓詁、名物考據皆不當忽。語類駁正二程說經處，以關於此方面者為多，此篇不縷舉；專舉其有關論孟義理方面者。然亦拉雜摘出，姑以為例，殊不能多引也。

論語子罕篇「知者不惑」章。

或問「勇者不懼」，舉程子「明理可以無懼」之說。曰：「明理固是能勇，然便接那『不懼』未得，蓋爭一節在。」（三七）

論語不憂、不惑、不懼三項分說。明理近不惑，未便說到勇字，故曰爭一節在。

又曰：

氣足以助道義，故不懼。故孟子說：「配義與道，無是餒也。」今有見得道理分曉，而反懾怯者，氣不足也。（三七）

有仁知而後有勇，然而仁知又少勇不得。所以中庸說仁知勇三者。勇本是箇沒緊要底，然仁知不是勇，則做不到頭，半塗而廢。（三七）

人有見得道理而懾怯者，若非養得有浩然之氣，則明理未便能無懼。又指出勇與知仁同為三達德之意。集注本章不取程說，不僅程說與論語本文不合，亦自於說義理處有欠也。

或問本章云：「謝氏得之，但辭氣少和平耳。」則程說為集注自始所不取。謝說今亦不見於集注，則後又刪之也。

論語雍也篇「居敬而行簡」章。

問：「注言『自處以敬，則中有所主而自治嚴。』程子曰：『居敬則心中無物，故所行自簡。』二說不相礙否？」先生問：「如何？」曰：「看集注是就本文說，伊川就居簡處發意。」曰：「伊川說有未盡。」（三〇）

此條徐寓錄庚戌朱子年六十一以後所聞，未定在何年。集注圈外引程說，與朱子自注義解不同，故有「二說不相礙否」之問。朱子答「伊川說有未盡」，不知是指其未盡論語本文原意，抑伊川語本身有未盡。看下文，朱子自有此兩面見解。

問：「伊川說『居敬則心中無物而自簡』，意覺不同。」曰：「是有些子差。但此說自不相害。

果能居敬，則理明心定，自是簡。這說如一箇物相似，內外都貫通。行簡是外面說，居敬自簡，又就裏面說。看這般所在，固要知得與本文少異，又要知得與本文全不相妨。」（三〇）

此條葉賀孫錄辛亥朱子年六十二以後所聞，不知在何年。然當不甚後，或與前條相隔無幾時。「意覺不同」，謂與論語本文意有不同。朱子云：「要知得與本文少異，又要知得與本文不相妨。」故集注引見圈外。雖非原文本義，而可引伸推說，擴大會合，此乃朱子論學宏通博大之一例。

又曰：

「居敬行簡」，是有本領底簡。「居簡行簡」，是無本領底簡。程子曰：「居敬則所行自簡」，此是程子之意，非仲弓本意也。（三〇）

此條萬人傑錄庚子朱子年五十一以後所聞，亦不知在何年。謂程子語非仲弓本意，即是與本文少異也。

又曰：

徒務行簡，老子是也，乃所以為不簡。子桑伯子或以為子桑戶。（三〇）

此條黃升卿錄辛亥所聞。朱子年六十二。「徒務行簡」，是即無本領底簡。「乃所以為不簡」，此即圈外引伊川語「先有心於簡，即多一簡字」之意。集注引胡氏語：「子桑伯子疑即莊周所謂子桑戶」，或問早有稱引，知為集注所本有。此處特以證「徒務行簡，老子是也」之義，非有他故。

叔器問：「集注何不全用程說？」曰：「程子只說得一邊，只是說得敬中有簡底意思。也是如此。但亦有敬而不簡者，某所以不敢全依他說。」（三〇）

此條黃義剛錄癸丑朱子年六十四以後所聞，疑應在己未朱子年七十時，語詳下。上引各條，只說伊川語非仲弓本意，與論語本文有些子差。此條卻見伊川語本身有問題。伊川謂敬則自簡，但亦有敬而不簡者。

胡問：「何謂行簡？」曰：「所行處簡要，不恁煩碎。居上煩碎，則在下者如何奉承得。故曰『臨下以簡』。程子謂敬則自然簡，只說得敬中有簡底人，亦有人自處以敬而所行不簡，卻說不及。聖人所以曰居敬，曰行簡，二者須要周盡。」（三〇）

此條陳淳錄。陳淳所錄有在庚戌、有在己未，此條恐是在己未，因其已指出伊川此語既與論語本章原義不同，兼亦其語本身有病，較其答葉賀孫者不同，故知不在庚戌也。上引黃義剛錄胡叔器問一條，亦云有敬而不簡者，故不敢全依他說，此乃同一人所問，而記錄人不同，故語辭輕重有別，故知黃義剛錄亦在己未也。

又一條云：

胡叔器問：「『居敬則心中無物而所行自簡』，此說如何？」曰：「據某看『居敬而行簡，以臨其民』，則行簡自是一項，這而字是別喚起。今固有居敬底人，把得忒重，卻反行得煩碎底。今說道居敬則所行自簡，恐卻無此意。『臨下以簡，御衆以寬』，簡自別是一項，只要揀那緊要底來行。」又問：「看簡字也有兩樣。」曰：「只是這箇簡，豈有兩樣。」又曰：「看他諸公所論，只是爭個敬字。」（三〇）

此條亦黃義剛錄胡叔器所問，與上引黃義剛錄胡叔器問當是兩番所問。疑上一條所問在前，其時胡叔器乃問集注何不全用程說，而又加己意。第二番問，既知伊川說有病，乃問行簡究如何。陳淳記所標問目似較得之。黃義剛此條所標問目，則語頗未析。朱子此番所答，較前番答者更為明白。蓋伊川只重看了敬字，而忽略了簡字，故曰「看他諸公所論只是爭箇敬字」也。

問：「居敬則內直，內直則外自方。居敬而行簡，亦猶內直而外方歟。若居簡而行簡，則是喜靜惡動怕事苟安之人矣。」曰：「程子說居敬而行簡，只作一事。今看得來恐是兩事。居敬是自處以敬，行簡是所行得要。」（三〇）

此條輔廣錄甲寅朱子年六十五以後所聞，疑亦當與胡叔器第二番問略同時。朱子答語簡淨扼要。簡指臨民，得要即是不煩碎。

問「居敬而行簡」。曰：「這箇是兩件工夫。如公所言，則只是居敬了自然心虛理明，所行自簡，這箇只說得一邊。居敬固是心虛，心虛固能理明，推着去，固是如此。然如何會居敬了便自得他理明，更有幾多工夫在。若如此說，則居敬行簡底，又那裏得來如此。則子桑伯子大故是箇居敬之人矣。世間有那居敬而所行不簡，又有不能居敬而所行卻簡易者。據仲弓之言，自是兩事。須子細看始得。」又曰：「須是兩頭盡，不只偏做一頭。如云內外，不只是盡其內而不用盡其外。如云本末，不只是致力於本而不務乎其末。居敬了，又要行簡。聖人教人為學皆如此，不只偏說一邊。」（三〇）

此條沈僩錄戊午朱子年六十九以後所聞，應在朱子七十，在黃義剛、陳淳錄胡叔器問之後。所答明暢宏通，雖是說論語本章義，卻亦是說修行為學要旨。以此條較之答葉賀孫一條，語義大異。今集注圈外仍引伊川語，苟不讀語類，又不分別語類各條之先後，則亦將如朱子弟子各人所疑，究不知朱子真意所在矣。據此一例，知集注實不易讀，語類可當集注之疏，又是朱子自疏，故更為可貴也。

考或問此章云：「程子之說得之矣。」又曰：「程子之言，蓋已曲盡其旨，熟考而深思之可也。」知集注初乃全用程說。今本集注顯係後定。伊川曰「居敬則心中無物，所行自簡」，語義究是偏落一邊。朱子七十時告沈僩則曰：「須是兩頭盡，不只偏做一路。如云內外，不只盡其內而不用盡其外。如云本末，不只是致力於本而不務其末。」此乃朱子晚年論學之最後定見。伊川語究與明道近，與朱子遠，此等處極當細辨。因朱子極稱伊川「性即理」以及「進學則在致知」等語，象山並以伊川、朱子同譏，後人遂謂朱子、伊川相近，而與明道則遠，實不然。

又雍也「君子博學於文」章。

問：「明道言：『博學於文而不約之以禮，必至於汗漫。所謂約之以禮者，能守禮而由於規矩也，未及知之也。』既能守禮而由規矩，謂之未及於知，何也？」曰：「某亦不愛如此說。」（三三）

今集注圈外引程說，只及「必至於汗漫」而止，下面「未及知之」一節删去不錄。

或問「博學於文，約之以禮，亦可以弗畔」。曰：「博學是致知，約禮則非徒知而已，乃是踐履之實。明道謂此一章與顏子説博文約禮處不同。謂顏子約禮是知要。恐此處偶見得未是。約禮蓋非但知要而已也。此兩處自不必分別。」（三三）

問：「伊川言：『「博學於文，約之以禮」，此言善人君子多識前言往行而能不犯非禮者爾，非顏子所以學於孔子之謂也。』恐博文約禮只是一般，未必有深淺。」曰：「某曉他説不得。恐記録者之誤。」正叔曰：「此處須有淺深。」曰：「畢竟博只是這博，約只是這約，文只是這文，禮只是這禮，安得不同。」（三三）

是明道、伊川皆以論語博文約禮兩見處有不同，而朱子非之。

問：「博約之説，程子或以為知要，或以為約束，如何？」曰：「『博我以文，約我以禮』，與『博學於文，約之以禮』一般。但『博學於文約之以禮』，孔子是泛言人能博文而又能約禮，可以弗畔夫道。而顏子則更深於此耳。侯氏謂博文是致知格物，約禮是克己復禮，極分曉。而程子卻作兩樣説，便是某有時曉他老先生説話不得。」（三六）

二程語有可疑，朱子每謂或是門人誤記。關於博文約禮一節，卻曰「某有時曉他說不得」，又曰「某曉他老先生說話不得」，又曰「某亦不愛如此說」。然終是婉言之，曰「恐是記者之誤」。此見朱子之推尊二程。上引居敬行簡，兩事說作一事。博文約禮兩見，卻把一義說作兩義。此皆程氏之失，而朱子亦不憚詳辨。於此見朱子為學之精神。

按或問此章云：

或問：「程子以約之以禮為約束之意，而於顏子之歎則又以約為知要，何也？」曰：「愚意二者之訓不異，其義亦同，皆為約束之意。但在此章則為學者之分，而與顏子所至有不同耳。程子於此章之工夫次序，地位淺深，蓋深得之。獨論顏子之說，則鄙意有未安耳。推孟子說『約之』云：『是乃所謂知要者』。而顏子之歎則恐其指此也。」

此條與上引語類各條所辨大不同。此條謂「程子於此章之工夫次第地位淺深蓋深得之」，而此後卻謂「某亦不愛如此說」。此條又謂程子以約為知要，蓋推孟子說「約之」云，而此後又謂約禮蓋非徒知要而已。此條謂此章為學者之分，與顏子所至有不同，而此後又謂此兩處不必分別，安得不同。可見朱子此後見解與或問中云云絕相異也。今若仍本或問求集注，是鷦鵬已翔於遼廓，而羅者猶視夫藪澤矣。

又曰：

克己便是復禮，不是克己了方待復禮，不是做兩截功夫。就這裏克將去，這上面便復得來。明道說那「克己則私心去，自能復禮，雖不學禮文，而禮意已得」，這箇說得不相似。克己復禮是合掌說底。（四一）

克己復禮是一事，謂克己了方待復禮，或克己了自能復禮，皆是說作兩事。

又曰：

聖人只是平說云：如有周公之才美而有驕吝，也連得才美功業壞了。況無周公之才美而驕吝者乎？甚言驕吝之不可也。至於程子云：「有周公之德，則自無驕吝」，與某所說驕吝相為根本枝葉，此又是發餘意。解者先說得正意分曉，然後卻說此方得。（三五）

此處分別餘意與正意，凡集注引入圈外，則皆非論語本文之正義也。

先生云：「一學者來問：『伊川云：「驕是氣盈，吝是氣歉。」歉則不盈，盈則不歉，如何卻云使驕且吝？』試商量看。」伯豐對曰：「盈是加於人處，歉是存於己者。粗而喻之，如勇於為非則怯於遷善，明於責人則暗於恕己，同是一箇病根。」先生曰：「如人曉些文義，吝惜不肯與人說，便是要去驕人，非驕無所用其吝，非吝則無以為驕。」（三五）

問：「『驕氣盈，吝氣歉』，氣之盈歉如何？」曰：「驕與吝是一般病，只隔一膜。驕是放出底吝，吝是不放出底驕。正如人病寒熱，攻注上則頭目疼，攻注下則腰腹痛。熱發出外似驕，寒包縮在內似吝。」（三五）

集注圈外引伊川此二語，又加「愚謂」云云，以闡說伊川語意之不明。又云「某所謂驕吝相為一根本枝葉」云云，不數伊川此二語，是不獨立為一餘義引之。

或問此章云：「驕吝之說，程子至矣。」是亦先尊之，而後來見解有別也。

因論「舜禹有天下而不與」之義，曰：「此等處，且玩味本文，看他語意所重落向何處。明道說得義理甚闊闊，集注卻說得小。然觀經文語意落處，卻恐集注得之。」（三五）

集注引程說，大率多在圈外，因其皆論語之餘義，非正義也。然如「舜禹有天下而不與」章，圈外不引程說，則並不認其可當餘意看。學者可深辨之。

或問此章云：「愚說雖陋，恐或得其文意。」知集注自始即不采程說。

講「關雎樂而不淫，哀而不傷」，有引明道之說為證者：「哀窈窕，思賢才，而無傷善之心焉。」曰：「不然。無傷善與哀而不傷兩般。『樂而不淫，哀而不傷』，是言哀樂中節。謂不傷為無傷善之心則非矣。」（二五）

此條周謨錄己亥朱子五十以後所聞，或即在己亥，正集注初成不兩年。

或問此章云：

淫者，樂之過而失其正者也。傷者，哀之甚而害於和者也。今謂為淫其色，傷於善，則亦失其義而贅於辭矣。

樂過失正，哀甚害和之語，同見於集注。知此章程說，自始即不見采。

文集卷七十記疑篇：

問：「伊川先生答鮮于侁之問曰：『若顏子而樂道則不足為顏子。』如何？」曰：「心上一毫不留，若有心樂道，即有着矣。」

愚按：程子之言，但謂聖賢之心與道為一，故無適而不樂。若以道為一物而樂之，則心與道二，非所以為顏子耳。某子之云，乃老佛緒餘，非程子之本意也。

記疑所辨乃王信伯語，詳朱陸異同篇。時在丙申，朱子年四十七，乃是中年見解。謂顏子之樂乃是心上一毫不留，固是老佛緒餘。然謂心與道一，故無適不樂，既不得謂是樂道，豈可謂是樂心乎？明道說「飯疏食飲水，曲肱而枕之，樂亦在其中」，曰：「非樂疏食飲水也。」又曰：「須知所樂者何事。」今問顏子所樂非道，則所樂又是何事乎？朱子此下見解，乃與記疑篇云云大不同。是亦初守程說，後加破棄之一例。

問：「昔鄒道鄉論伊川所見極高處，以謂鮮于侁問於伊川曰：『顏子不改其樂，不知所樂者何事？』伊川曰：『尋常道顏子所樂者何事？』曰：『不過說顏子所樂者道。』伊川曰：『若有道可樂，便不是顏子。』豈非顏子工夫至到，道體渾然與之為一。顏子之至樂自默存於心。人見顏子之不改其樂，而顏子不自知也。」曰：「正謂世之談經者，往往有前所說之病。本卑而抗之使高，本淺而鑿之使深，本近而推之使遠，本明而必使之至於晦。且如『伊尹耕於有莘之

野，由是以樂堯舜之道』，未嘗以樂道為淺也。直謂顏子為樂道，有何不可？」（三一）

問：「程先生不取樂道之說，恐是以道為樂，猶與道為二物否？」曰：「不消如此說。且說不是樂道，是樂箇甚底。」（三一）

問：「程子謂使顏子以道為樂，則非顏子。通書顏子章又卻似言以道為樂。」曰：「顏子之樂，非是自家有箇道，只管把來弄後樂。見得這道理後，自然樂。」（三一）

問：「謝氏曰：『心不與物交，故無所欲。』不與物交，恐說太深。」曰：「『心不與物交』，非謂太深，蓋無此理。雖大聖人之心，亦不能不交物也。」（三一）

解經有解字，有解義。解字不當，郢書燕說，其解義亦無當，自不待論。然解義工夫，實遠超解字工夫之上。清儒謂訓詁明即是義理明，斯則淺陋之甚。妄譏宋儒，而所失更遠。如云：「驕矜夸，吝鄙嗇」，是解字。又曰：「驕者吝之枝葉，吝者驕之根本」，是解義。解字只是小學，解義乃見義理精微，學問無窮。如曰樂亦在其中，又曰不改其樂，樂字不煩解。然曰顏子所樂乃樂孔子之道。或曰：有道可樂即非顏子。此則所爭在義理，非關訓詁。濂溪令二程尋孔顏樂處，誠有難以言傳者。集注圈外語有更重於圈內語者在此，學者不可不深玩。

本章集注圈內註云：

顏子之貧如此，而處之泰然，不以害其樂，故夫子深歎美之。

圈外引程子語凡三則，曰：

程子曰：「顏子之樂，非樂簞瓢陋巷也。不以貧窶累其心而改其所樂也。」又曰：「簞瓢陋巷非可樂，蓋自有其樂爾。其字當玩味，自有深意。」又曰：「昔受學於周茂叔，每令尋仲尼顏子樂處，所樂何事。」

朱子又自加按語云：

愚按：程子之言，引而不發，蓋欲學者深思而自得之。今亦不敢妄為之說。學者但當從事於博文約禮之誨，以至於欲罷不能而竭其才，則庶乎有以得之矣。

讀集注此條，若不讀語類，則不知其下語之涵蓄而深允。若徑曰顏子有孔子之道以為樂，亦誰曰不可？然伊川既有以道為樂則非顏子之語，朱子此處雖不引其說，乃亦避去樂道二字不加辨論。而所注云云，更使讀者有當下工夫知所從事。其於「回也屢空」章，則曰：「子貢不如顏子之安貧樂道」，乃明下樂道二字。大賢用心，深遠如此。無怪論語集注行世近八百年，終不可廢。是豈朝廷功令所能強。然後世真知集注如此等處之用心者，亦復不多。學者試由此尋之，自知宋儒論義理實有深趣，固非後來清儒所及。而僅曰說經求得本義，其事亦非易企及也。

問：「伊川謂『使顏子而樂道，不足為顏子』，如何？」曰：「樂道之言不失，只是說得不精切，故如此告之。今便以為無道可樂，走作了。」問：「鄒侍郎聞此，謂『吾今始識伊川面』，已入禪去。」曰：「大抵多被如此看。」因舉張思叔問「子在川上」曰：「便是無窮。」伊川曰：「如何一箇無窮便了得他。」曰：「無窮之言固是。但為渠道出不親切，故以為不可。」（三一）

上引伊川語，實近禪味，至少易使人誤入禪去。朱子解經力戒此病。今謂或人樂道之語不失，只是說得不精切，故伊川告之如此，此若為伊川迴護，實亦別開一面，發人深思。因此點出一番更精切工夫來，教人知所從事。此誠大賢見道之深，所謂如溥博淵泉而時出之也。今試再加以申論，博文約禮，即是孔子之道。顏子所樂亦正在此。而循此以上更有深樂，則非言辭所能達，亦非顏子以下諸弟子所能到耳。人徒知朱子學遵二程，而其深穩平實，為二程釋回增美之處，則非淺見薄識者所能窺測也。

或問此章云：

問顏樂之說。曰：「程子之言詳矣。然其言皆若有所指者，而卒不正言以實之，所謂引而不發，躍如也。學者所宜詳味。若必正言以實之，則語滯而意不圓矣。」曰：「然則程子答鮮于侁之問，其意何也？」曰：「程子蓋曰：顏子之心無少私欲，天理渾然，是以日用動靜之間，從容自得而無適不樂，不待以道為可樂，然後樂也。」

是為或問時，對伊川言惟有迴護闡釋。至語類中，始見非難駁辨。朱子四十八歲集注、或問成書，此下意境乃有大異乎其前者，舉此一例，亦可想見。

或問此章又曰：

王公信伯論之，則又以為「心上一毫不留，若有心樂道，則有著矣。道亦無可樂，莊子所謂『至樂無樂』是也」。以是為說，則又流於異端之學，而不若樂道之雖淺而猶有據也。彼其及門升堂，而其差失有若此者，而況於後世之傳聞者哉。

此處之辨，較之文集記疑篇明白直捷。信伯所謂「心上一毫不留」，亦猶上蔡所謂「心不與物交」也。然程門之失師傳，亦二程自有以啟之，故朱子晚年終不免對程說直有所駁難。

孟子：「伊尹耕於有莘之野而樂堯舜之道」，集注：「誦其詩，讀其書，而欣慕愛樂之也。」

問：「『伊尹樂堯舜之道』，集注作『誦其詩，讀其書』，乃是指其實事而言。」曰：「然。或謂耕田鑿井，便是堯舜之道，此皆不實。不然，何以有『豈若吾身親見之哉』一句。若是不着實，只是脫空。今人有一等杜撰學問，皆是脫空狂妄，不濟一錢事。如『天下歸仁』，只管自說天下歸仁，須是天下說歸仁方是。『非禮勿視、勿聽、勿言、勿動』，只管去說，到念慮起處，卻又是非禮。此皆妄論。子韶之學正如此。須是『居處恭，執事敬』，『坐如尸，立如齊』，方是禮。不然，便不是禮。」（五八）

又曰：

龜山說「伊尹樂堯舜之道」云：「日用飲食，出作入息，便是樂堯舜之道。」這箇似說得渾全，卻不思他下面說「豈若吾身親見之哉」，卻不是泛說底道。如論「文武之道未墜於地」，此亦眞箇指文武之道。而或者便說日用間皆是文武之道。殊不知聖賢之言自實。後來如莊子便說「在坑滿坑，在谷滿谷」。及佛家出來，又不當說底都說了。（五八）

龜山以飢食渴飲便是道，是言器而遺道，言物而遺則也。（五八）

此可與論顏淵樂孔子道者相發，故并以附此。

語類又曰：

解經立言，須要得實。如前輩說「伊尹耕於有莘之野，而樂堯舜之道」，只夏葛冬裘，飢食渴飲處便是，如此則全身已浸在堯舜之道中。「文武之道未墜於地，在人」，常昭然在日用之間。此皆是說得不實。孔子蓋是言周家之典章，人尚傳誦得在，未至淪沒，非是指十方常住者而言也。（六二）

此條上一說指楊龜山，下一說指李光祖。當時解經失實有如此，朱子一一加以糾正，誠萬世大功也。

陳埴木鐘集有曰：

飯疏飲水之樂，簞瓢陋巷之樂，所樂何事，濂溪點化二程子，二程從此悟道，終不以此語學者。晦翁事事剖露，說向後學，獨此不敢著語。

實則朱子只戒人莫輕言樂處，其於二程及程門誤說，則剖露已盡，無所謂「不敢著語」也。木鐘集

又曰：

凡說所樂在道，以道為樂，此固學道者之言。不學道人，固不識此滋味。但已得道人，則此味與我兩忘，樂處即是道，固不待以彼之道樂我之心也。孔顏之心，都是道理。順理而行，觸處是樂。行處即是道，道處即是樂，初非以道為可樂而樂之也。纔說所樂在道，以道為樂，則又非孔顏氣象。要知顏子之與諸子，但有生熟之分耳。工夫生，則樂與道為二，不妨以此而樂彼。及工夫純熟之後，則樂與道為一，自不可分彼此也。

陳氏亦朱門後起之賢，然如此分疏，終覺未透未愜。聖人之與學者，只是生熟之分，此亦朱子所言。顏子樂孔子之道，亦可謂孔子乃樂文王、周公之道。樂與所樂，何為不可以分彼此。濂溪以尋孔顏樂處點化二程，以我尋孔顏樂處，豈不已分了彼此。必欲渾而一之，則轉成無下工夫處，更何生熟之辨乎？凡此皆說經過高之病。朱子雖力辨於前，終不免其門人之依違兩可，仍是未能明白也。

王柏魯齋要語有曰：

尋樂之說，似覺求上達之意多，於下學之意少。竊謂苟無下學之功，決無上達之理。朱子於此一段公案固曰：「學者但當從事於博文約禮，以至於欲罷不能而既竭吾才，則庶乎有以得之。」

吁！此千古不易之教，而傳之無弊者也。

此可謂眞有得於朱子之淵旨。朱子語明著於集注，乃集注亦不易讀。陳氏則是讀集注而未透也。魯齋又言之，曰：

孟子之所謂自得，欲自然得於深造之餘，而無強探力索之病。非有脫落先儒之說，必有超然獨立之見也。舉世誤認自得之意，紛紛新奇之論，為害不少。且集注之書，雖曰開示後學為甚明，其間包含無窮之味。蓋深求之於言意之內，尚未能得其彷彿，而欲求於言意之外乎？

此條明舉集注非易讀，教人當深求之於言意之內，而勿求之於言意之外，可謂得之矣。

語類又云：

范淳夫之女謂：「心豈有出入？」伊川曰：「此女雖不識孟子，卻能識心。」此一段說話正要人看。孟子舉孔子之言曰：「出入無時，莫知其鄉。」此別有說。伊川言淳夫女卻能識心，心卻易識，只是不識孟子之意。（五九）

問：「淳夫女子雖不識孟子，卻識心，如何？」曰：「人心自是有出入。然亦有資稟好底自然純粹。想此女子自覺得他箇心常湛然無出入，故如此說。只是他一箇如此。孟子之說卻大，乃是為天下人說。蓋心是箇走作底物。伊川之意，只謂女子識心，卻不是孟子所引夫子之言耳。」（五九）

二程立說，常有高出本經之上者。如伊川贊范淳夫女不識孟子卻識心之類是也。朱子則謂心卻易識，但不是孟子所引孔子之言，此一分辨，亦見程朱學脈異同處。從伊川此等話引伸，即可為上蔡、橫浦、象山也。

問：「伊川言『權即是經』，何也？」曰：「某常謂不必如此說。孟子分明說『男女授受不親，禮也。嫂溺援之以手者，權也』。權與經豈容無辨。但是伊川見漢儒只管言反經是權，恐後世無忌憚者皆得借權以自飾，因有此論耳。然經畢竟是常，權畢竟是變。」（三七）

或問：「『反經合道』之說，程先生不取，乃云『不必說權，權即是經』，如何？」曰：「某常以為程先生不必如此說。經者道之常，權者道之變。道是箇統體，貫乎經與權。如程先生之說，則鶻突了。所謂經，眾人與學者皆能循之。至於權，則非聖賢不能行也。」（三七）

或問經與權之義。曰：「公羊以『反經合道』為權，伊川以為非。若平看，反經亦未為不是。湯武之誅桀紂，卻是以臣弒君。周公之誅管蔡，卻是以弟殺兄。豈不是反經。但道理當恁地

做，雖然反經，卻自合道理。」（三七）

孔子曰：「可與立，未可與權。」孟子曰：「嫂溺援之以手。」則權與經須有異處。雖有異，而權實不離乎經也。伊川說「權只是經」，恐也未盡。嘗記龜山云：「權者，經之所不及。」這說卻好。蓋經者，只是存得箇大法正當底道理而已。精微曲折處，固非經之所能盡也。所謂權者，於精微曲折處曲盡其宜，以濟經之所不及耳。（三七）

問：「伊川謂『權只是經』，如何？」曰：「程子說得卻不活絡。如漢儒之說權，卻自曉然。某之說，非是異程子之說，只是須與他分別經是經，權是權。且如『冬日則飲湯，夏日則飲水』，此是經也。有時天之氣變，則冬日須着飲水，夏日須着飲湯，此是權也。權是礙着經行不得處方始用得。然卻依前是常理，只是不可數數用。」（三七）

權是道理上面更是一重道理。（三七）

漢儒「反經合道」之說，卻說得經權兩字分曉。（三七）

經是已定之權，權是未定之經。（三七）

文中子云：「權義舉而皇極立」，若云經權舉則無害。今云權義舉，則義字下不得。卻是將義來當權。不知義字兼經權而用之。（三七）

此論經權，在前取漢儒，在後取龜山，顧不取伊川，檢別之嚴如此。然考論語或問，子罕篇「可與共學」章有曰：

程子、楊氏至矣，而程子論權非反經之意，則非先儒所及也。然原先儒之為是説，蓋由以下章合於此章而有唐棣偏反之云，遂誤以為此説耳。章句之差，初若小失，而其説之弊遂至於此。章句之學，其亦豈可忽哉？程子雖知先儒之失，而未及究所以失者乃在於此，故論此章之意雖得之深，而亦不免於通下章以為説也。

觀此，知當朱子四十八歲論孟集注、或問成書時，尚是一依程説，此下始有轉變。語類有云：

「唐棣之華」而下，自是一段，緣漢儒合上文為一章，故誤認「偏其反而」為「反經合道」，所以錯了。晉書於一處引偏字作翩，反作平聲，言其花有翩反飛動之意。今無此詩，不可考據，故不可立為定説。（三七）

此條金去偽錄乙未所聞，朱子年四十六，尚在集注、或問成書前兩年，故與或問全同。説經權又説常變。語類説易之恆卦云：

能常而後能變，能常而不已，所以能變。及其變也，常亦只在其中。伊川卻說變而後能常，非是。（七二）

體之常，所以為用之變。用之變，乃所以為體之恆。（七二）

如此等處，解字即是解義，亦即是自立說。故朱子之學，分而求之則密，合而求之則通。雖是自立說，如不見有自立說也。

孟子「生之謂性」章。

問「生之謂性」。曰：「他合下便錯了。他只是說生處精神魂魄凡動用處是也。正如禪家說：如何是佛？曰見性成佛；如何是性？曰作用是性。孟子闢之曰：『生之謂性也，猶白之謂白歟？』又闢之曰：『犬之性猶牛之性，牛之性猶人之性歟？』」（五九）

告子說生之謂性，二程都說他說得是，只下面接得不是。若如此說，卻如釋氏言作用是性。乃是說氣質之性，非性善之性。（五九）

告子主生之謂性，猶禪家言作用是性，只是說了氣質之性，非孟子性善之性。朱子此處直指二程說之非，絕不稍加迴護。集注此章圈外朱子自加按語，長逾兩百字，更無一語引及二程，殊可注意。

又「性無善無不善」章。

問：「明道曰：『稟於天為性，感為情，動為心。』伊川則又曰：『自性之有形者謂之心，自性之動者謂之情。』如二先生之說，則情與心皆自夫一性之所發。」曰：「近思錄中一段云：『心一也，有指體而言者』，注云『寂然不動是也』；『有指用而言者』，注云『感而遂通天下之故是也』。夫『寂然不動』是性，『感而遂通天下之故』是情，故橫渠云：『心統性情者也。』此說最為穩當。如前二先生說話，恐是記錄者誤耳。如明道『感為情，動為心』，感與動如何分得？若伊川云：『自性而有形者謂之心』，某直理會他說不得。以此知是門人記錄之誤也。」（五九）

此處亦直斥二程，於伊川則云「某理會他說不得」，又曰「以此知是門人記錄之誤」，雖加迴護，可謂嚴直矣。

又問：「伊川論才，與孟子不同。孟子此章言才處有曰：『非才之罪也。』又曰：『不能盡其才者也。』又曰：『非天之降才爾殊也。』又曰：『以為未嘗有才焉。』如孟子之意，未嘗以才為不善。而伊川卻說才有善有不善。其言曰：『氣清則才善，氣濁則才惡。』又曰：『氣清則才清，氣濁則才濁。』意者以氣質為才也。」答曰：「孟子與伊川論才則皆是。孟子所謂才，止是指本性而言。性之發用無有不善處。如人之有才，事事做得出來。一性之中，萬善完備，發將出來便是才也。」又云：「惻隱羞惡是心也，能惻隱羞惡者才也。如伊川論才，卻是指氣質而言也。氣質之性，古人雖不曾說着，如書云：『惟人萬物之靈，亶聰明，作元后』，與夫『天乃錫王勇智』之說皆此意也。孔子謂『性相近也，習相遠也』，孟子辨告子『生之謂性』，亦是說氣質之性。近世被濂溪拈掇出來，而橫渠、二程始有氣質之性之說。此伊川論才，所以云有善有不善者，蓋主此而言也。」（五九）

此下附小注一則云：

此下去偽、人傑錄皆云：又問：「既是孟子指本性而言，則孟子謂才無不善，乃為至論。至伊川卻云未暇與公都子一一辨者何也？」曰：「此伊川一時被他問逼，且如此說了。伊川如此等處，亦多不必泥也。」

此條周謨錄己亥朱子年五十以後所聞。惟語類姓氏條金去偽錄在乙未，朱子年四十六。萬人傑錄在庚子，朱子年五十一以後。周、萬兩人可以同時聞此，金氏何以亦有所錄。姑識所疑，以待續究。

問：「伊川曰：『語其才，則有下愚之不移』，與孟子『非天之降才爾殊』，語意似不同。」曰：「自是小異。孟子只見得是性善，便把才都做善，不知有所謂氣稟各不同。如后稷岐嶷，越椒知其必滅若敖，是氣稟如此。孟子只就大本處理會，更不思量這下面善惡所由起處，有所謂氣稟各不同。後人看不出，所以惹得許多善惡混底說來相炒。程子說得較密。」因舉「論性不論氣不備，論氣不論性不明，二之則不是」：「須如此兼性與氣說方盡。此論蓋自濂溪太極言陰陽五行有不齊處，二程因其說推出。使程子生在周子之前，未必能發明到此。」（五九）

此條陳淳錄，又有徐寓同錄，應在庚戌，朱子年六十一，在周謨一條後。此皆朱子論性與才之分別。今集注本章引程子兩條，又加按語一則云：

愚按，程子此說才字，與孟子本文小異。蓋孟子專指其發於性者言之，故以為才無不善。程子兼指其稟於氣者言之，則人之才固有昏明強弱之不同矣。張子所謂氣質之性是也。二說雖殊，各有所當。然以事理考之，程子為密。蓋氣質所稟雖有不善，而不害性之本善。性雖本善，而不可以無省察矯揉之功。學者所當深玩也。

集注於「生之謂性」章不取二程說，於「性有善有不善」章則取伊川論才有不善說。並謂伊川說雖與孟子小異而較密。此皆朱子斟酌采擇所在。

問：「程子『論性不論氣不備，論氣不論性不明』，如孟子性善是論性不論氣，荀、揚異說是論氣昧則了性。」曰：「程子只是立說，未指孟子。然孟子之言，卻是專論性。」（五九）

解經與自立說不同。二程引經，多是自立說。朱子着意解經，然仍不害其自立說處。此亦程朱學脈大統所歧，而朱子視二程則密矣。

或問明道說：「學者須先識仁，仁者渾然與物同體。孟子言：萬物皆備於我，反身而誠，則為大樂。若反身未誠，則猶是二物有對，又安得樂。訂頑意思，乃備言此體」。曰：「『反身而誠』，實也，謂實有此理，更無不慊處，則仰不愧，俯不怍，樂莫大焉。『強恕而行』，即是推此理以及人也。我誠有此理在，人亦各有此理，能使人有此理亦如我焉，則近於仁矣。如明道這般說話極好，只是說得太廣，學者難入。」（六〇）

此條分别孟子「萬物皆備於我」與明道「仁者渾然與物同體」兩處物字所指各別。横渠西銘可以説孟子，而明道識仁篇不然。孟子反身驗之於己，明道推廣言之及物，故曰「學者難入」。此等辨析，義理精微，豈僅限乎一字之義訓。

朱子解經之最大用心處，在為每一重要字定界説。如注論語，曰：「仁者心之德，愛之理。」又曰：「禮者天理之節文，人事之儀則。」此等皆精思密慮，千錘百鍊而成。二程於此等處所解釋，頗多未能為朱子所欣賞。如云：

程子説：「仁者天下之正理。」固好，但少疎，不見得仁。仁者，本心之全德。（二五）

問「仁者天下之正理」。曰：「此説太寬。如義，亦可謂天下之正理。禮亦可謂天下之正理。」（二五）

淳舉伊川以動之端為天地之心。曰：「動亦不是天地之心，只是見天地之心。如十月，豈得無天地之心。天地之心，流行只自若。」（六二）

問：「呂與叔云：『未發之前，心體昭昭具在，已發乃心之用。』南軒辨昭昭為已發，恐太過否？」曰：「這辨得亦沒意思。伊川所謂『凡言心者皆指已發而言』，呂氏只是辨此一句。伊川後來又救前説，曰：『「凡言心者皆指已發而言」，此語固未當。心一也，有指體而言者，「寂然不動」是也。有指用而言者，「感而遂通」是也，惟觀其所見如何。』此語甚圓無病。大

抵聖賢之言，多是略發箇萌芽，更在後人推究，演而伸，觸而長，然亦須得聖賢本意。不得其意，則從那處推得出來。」（六二）

論清儒經學淵源，實亦本自朱子。惜其未能深入閫奧，推究演伸，而乃入室操戈，得粗遺精，此則大可惜也。

亦有爭義理於一虛字，初視若不重要者。

問：「『天下之言性，則故而已』，伊川謂：『則，語助也。故者，本如是者也。今言天下萬物之性必求其故者，只是欲順而不害之也。』伊川之說如何？」曰「『則』字不可做助語看了，『則』有不足之意。性最難名狀。天下之言性者，止說得故而已矣。故字外難為別下字。如故有所以然之意。利，順也。順其所以然，則不失其本性矣。水性就下，順而導之，水之性也。搏而躍之，固可使之在山矣，然非水之本性。」或問：「天下之言性，伊川以為言天下萬物之性，是否？」曰：「此倒了。他文勢只是云：天下之言性者，止可說故而已矣。如此，則天下萬物之性在其間矣。」又問：「後面『苟求其故』，此故字與前面故字一般否？」曰：「然。」（五七）

此處言「則」字非語助，有不足義，猶言止說得如此，此字解得精確，便對全章意旨大有發明。朱子自云：

讀書須是虛心，方得。他聖人說一字是一字，自家只平著心去秤停他，都不使得一毫杜撰。（一○四）

聖人說話，也不少一箇字，也不多一箇字，恰恰地好，都不用一些穿鑿。（一○四）

或問：「伊川言：『信非義，近於義者，以其言可復也。恭非禮，近於禮者，以其遠恥辱也。信恭因不失近於義禮，亦可宗敬也。』此說如何？」曰：「某看不當如此說。聖人言語，不恁地連纏。要去致敬那人，合當拜，卻自長揖，則為不及於禮。禮數不至，人必怒之，豈不為辱？合當與那人相揖，卻去拜，則是過於禮。禮數過當，被人不答，豈不為恥？所依者須是得其可親之人方可。若失其可親之人而宗之，將來必生悔吝。」（二二）

程先生他意思，要說「也」字出，恐不必如此說。如某解底「也」字，便只是箇「矣」字。（二二＊）

此條朱子認為橫渠所說較近，伊川說得太遠。又云：「橫渠說的雖似倒，猶有一截工夫。程先生說底，某便曉未得。」而朱子所爭，又重在體味句中那三箇「也」字的神情。說經求本義，亦豈易事。

今集注「恭近於禮，遠恥辱也」句，云：

致恭而中其節，則能遠恥辱矣。

若不參讀語類，此十二字涵義，恐易忽過。或問此章云：「程子四說大率相似，迂遠難通。」則早所不取矣。亦有爭義理在句讀處者。

問：「明道以『以直養而無害』為句，伊川云：『先兄無此說』，何也？」曰：「看那一段意思，明道說得似乎有理。孟子所謂『以直』者，但欲其無私意耳。前頭說『自反而縮』、『自反而不縮』，都是以直養底意思。氣之體段本自剛大，自是能塞天地；被人私意妄作，一向蔽了他一箇大底體段，故孟子要人自反而直，不得妄有作為，害其本體。如明道所說，眞箇見得孟子本意。伊川為人執，便道是『先兄無此言』也。」（五二）

問：「伊川以『至大至剛以直』為絶句，如何？」曰：「此是趙岐說，伊川從之。」（五二）

問「程子以『直』字為句，先生以『以直』字屬下句。」曰：「文勢當如此說。此章前後相應，先言『自反而縮』，後言『配義與道』。所謂『以直養而無害』，乃『自反而縮』之意。」（五二）

今人多說章句之學為陋。某看見人多因章句看不成句，卻壞了道理。（五六）

句讀小節，即誤在伊川，亦所必爭。此可見朱子說經之不苟。以上拉雜所舉，見朱子解經，謹嚴細密，實不遜此下清儒所為。惟清儒專意於訓詁名物，而放卻義理不談，不同在此而已。

亦有不關解說經書本義者，姑舉兩條以見例。

問：「伊川謂師商過不及，其弊為楊墨。」曰：「不似楊墨。師商之過不及，與兼愛為我不關事。」（三九）

或引伊川言：「晉宋清談，因東漢節義一激而至此者。」曰：「公且說，節義如何能激而為清談？」或云：「節義之禍，在下者不知其所以然，思欲反之，所以一激而其變至此。」曰：「反之固是一說，然亦是東漢崇尚節義之時，便自有這箇意思了。蓋當時節義底人，便有傲睨一世，汙濁朝廷之意。這意思，便自有高視天下之心。少間便流入於清談去。如皇甫規見雁門太守，曰：『卿在雁門，食雁肉作何味？』那時便自有這意思了。少間那節義清苦底意思無人學得，只學得那虛驕之氣，其弊必至於此。」（三四）

伊川評橫渠，謂其作正蒙，「非明睿所照，而考索至此」。大抵二程愛尚睿照，而朱子則多言涵泳。所以說：

橫渠卻只是一向苦思求將向前去，卻欠涵泳以待其義理自形見處。（九九）

或問：「向蒙見教，讀書須要涵泳。」曰：「某為見人讀書大段鹵莽，所以說讀書須當涵泳。只要仔細看玩尋繹，令胸中有所得爾。」或曰：「先生涵泳之說，乃杜元凱『優而柔之』之意。」曰：「固是如此，亦不用如此解說。所謂涵泳者，只是仔細讀書之異名。」（一二一）

觀上引諸例，朱子與二程之不同，亦可謂是睿照與涵泳之不同也。尚睿照，故雖看得義理高深，卻不宜談經論史。談經多失經之本意，論史又空廓無憑，未得史之實相。朱子兼滙程張兩家睿照苦思之所得，而自加以涵泳之功，為之審定別擇，融經貫史，使程張義理得以上接孔孟傳統，而確然成為儒家後起之新宗，厥功之偉，又誰與倫？

同時陸象山專標孟子「先立乎其大者」一義，至謂「若某則不識一個字，亦須還我堂堂地做個人」。此與朱子仔細讀書涵泳之教，雙方距離實遠。鵝湖之會，復齋詩云：「留情傳注翻榛塞，著意精微轉陸沉。」象山和之曰：「易簡工夫終久大，支離事業竟浮沉。」朱子追和則曰：「舊學商量加邃密，新知培養轉深沉。」涵泳正是商量舊學培養新知一項主要工夫。學者若取語類中所收三四百條對二程遺言逐一修正駁難之處，仔細玩味，則所謂邃密深沉之趣不難窺見。亦可知留情傳注，著意精微，其工夫固有不可已者。後人讀朱子論孟集注，豈不愛其易簡，然朱子當時所用功夫，則自不易簡中來也。

朱子為四書集注，其稿屢經改易，其例已散見於前。然尚有未盡，茲再續引數條，以附於此。

「曾子曰三省吾身」章。

問忠信。曰：「忠以心言，信以事言。未有忠而不信，信而不忠。故明道曰：『忠信，內外也。』這內外二字極好。」（二一）

此條甘節錄癸丑朱子年六十四以後所聞。

又曰：

忠就心上看，信就事上看。「忠信，內外也。」集注上除此一句，甚害事。（二一）

此條李方子錄戊申朱子年五十九以後所聞。此兩條皆不知的在何年。若謂李錄在前，甘錄在後，則是集注除此一句而後又悔之也。

語類又云：

看文字自理會一直路去。豈不知有千蹊萬徑，不如且只就一直路去，久久自然通透。如精義諸老先生說非不好，只是說得忒寬，易使人向別處去。某所以做箇集注，便要人只恁地思量，文義曉得了，只管玩味，便見聖人意思出來。（二一）

今集注只引伊川「盡己之謂忠，以實之謂信」兩語，明道「忠信，內外也」一句終未錄入，蓋要人一直路去理會。辨忠信內外，則究是走上旁蹊也。

集注此章圈外引謝氏云：

諸子之學皆出於聖人，其後愈遠而愈失其眞，獨曾子之學專用心於內，故傳之無弊。

日三省吾身，正是專用心於內也。既重「三省」省字，說其專用心於內，則不煩更分忠信為內外。是其取捨之意，可謂精嚴之至。

語類又曰：

「某一日看曾子三省處集注，說亦有病。如『省察已做底事』，曾子省察，只當下便省察。」俯視拱手而曰：「為人謀而不忠乎？」（二一）

此條亦甘節錄。今細玩集注此章，殊不見本條所說病處，是此章集注在朱子六十四歲後當又有改定。或問此章云：

或問：「程子所謂『盡己之謂忠，以實之謂信』，何也？」曰：「盡己之心而無隱，所謂忠也。以其出乎內者而言也。以事之實而無違，所謂信也。以其驗乎外者而言也。然未有忠而不信，未有信而不出乎忠者也。故又曰：『發己自盡謂忠，循物無違謂信，此表裏之謂也。』亦此之謂，而加密焉爾。」

是朱子初為集注，過分注意忠、信二字之分別，故特舉程子內外表裏之說而詳言之。其後注意到謝氏一條，則忠、信、傳習之三項，可以「專用心於內」五字總括之，故引之於圈外，而程氏內外表裏之分，皆略去不復及也。

「禮之用和為貴」章。

問：「集注云：『和者，心以為安而行之不迫。』後又引程子云『恭而安，別而和』二句。竊謂『行而不迫』，只說得『恭而安』，卻未有『別而和』底意思。」曰：「是如此。」後來集注卻去了程說。（二二）

此條潘柄錄癸卯所聞，朱子年五十四。後來云云，疑乃潘柄補記此後事，非朱子追述以前事。又潘柄當時所見集注，云「和者，心以為安而行之不迫」，今集注作「和者從容不迫之意」，是知集注此處刪去程說，又亦改定注文也。

或問此章云：

以上文考之，既曰「禮之用和為貴」，則所謂「斯為美」者，皆指禮與和而言也。今若以為由禮，則上固云和，是豈得越和而指禮。且小大之事，正欲其一由於禮，豈有一由於禮而反至於不可行耶？若以為由和，則上之所謂和者，又未始離於禮也，亦不得遺禮而主和矣。且既曰由和而有不可行，則其曰「不以禮節之亦不可行」者，不亦重復之甚乎。

此條確指「斯為美」之斯字，兼指禮與和言。下文兩面分別辨詰，雖大意未為不是，而辭氣甚苦，用力迫促，若以較之今集注所下注文，圓融流轉，辭氣自然浹洽，若不見有所用力者，相去遠矣。故知今集注，必屢經改定，不與作或問時相似，讀者其細辨焉可也。

「顏路請子之車」章。

問：「注以為命車，何以驗之？」曰：「禮記言大夫賜命車。」（三九）

此條甘節錄癸丑朱子年六十四以後所聞。今集注圈外引胡氏說，「命車不可以與人」，而前面「請子之車以為之椁」句下不注車字，疑與甘節問時所見不同。此雖小節，亦見朱子在六十四後於集注猶不憚時有改定。

或問此章無可說，今不引。

「門人厚葬」章曰：

「門人厚葬」，是顏子之門人，「不得視猶子」，以有二三子故也，嘆不得如葬鯉之得宜。此古注說得甚好，又簡徑。（三九）

此條周明作錄壬子朱子年六十三以後所聞。今集注云：「歎不得如葬鯉之得宜」，即是從古注也。然則此前集注原文或不如此，今乃稱道古注而改從之耳。惟厚葬之下只云「蓋顏路聽之」，「二三子也」

下只云「以責門人」，卻不注是顏子之門人，殆朱子於此仍是疑而未能定也。

或問此章云：

邢疏以門人為顏淵之弟子。顏淵早死，未必開門授徒也。范氏以為夫子之門人也，近是。

集注初時，於門人從范氏，不從邢疏。於六十三歲後，又嘗及邢疏，故改注以從之。獨於門人一節，則未加決定，遂省去不注。

朱子與二程解經相異 中

余述朱子矯正二程解經語，粗發其條理。猶有未盡，茲再專就有關論語部分者，續為此篇。語類有云：

「學而時習之」，若伊川之說，則專在思索，而無力行之功。如上蔡之說，則專於力行，而廢講究之義。似皆偏了。（二〇）

問：「『學而時習之』，伊川說習字就思上說，范氏、游氏說都就行上說。集注多用思意，而附謝氏『坐如尸，立如齊』一段，為習於行。」曰：「伊川意是說習於思。天下事若不先思，如何會行得。說習於行者，亦不是外於思。思與行亦不可分說。」（二〇）

問：「程云『時復思繹』，看來只就義理處說，後添入上蔡『坐如尸』一段，此又就躬行處說，然後盡時習之意。」曰：「某備兩說，某意可見。」後又問「習鳥數飛也」之義。曰：「此是說文習字從羽，月令『鷹乃學習』，只是飛來飛去也。」（二〇）

此條徐寓錄，據此知集注乃是先采程說，後增謝說。

> 問「學」「習」。曰：「只是一件事。『如鳥數飛』，只是飛了又飛，所謂『鷹乃學習』是也。」因言此等處添入集注中更好。（二〇）

今集注只言「習，鳥數飛也。學之不已，如鳥數飛也。」此已說明「學」「習」只是一件事之意，惟未添入月令，則不見其所據。又只言數飛，不言飛了又飛，恐讀者易忽，故曰「添入更好」。今人讀集注，若只見有說義，不見有考據。為求文省，故不添入。又若細讀「數飛」字，自知即飛了又飛義，故不煩添入也。據此一例，可概其餘。

語類又曰：

> 讀書講論修飭，皆要時習。（二〇）

此處舉講論不舉思繹，因講論與學習義較近，思繹則稍有間。

又曰：

「學而時習之」，雖是講學力行平說，然看他文意，講學意思終較多。觀「則以學文」，「雖曰未學」，則可見。（二〇）

此言學行雖可說是一事，要自有別。

又曰：

學是學別人，行是自家行。習是行未熟，須在此習行之也。（二〇）

此謂行未熟，則是所學之行未熟也。語類正如集注之義疏。若單讀集注，不能細密涵泳，則往往有見不透切之病。清儒顏習齋深詆朱子，自標其學必重習之意，乃以習名齋。似論語首章集注亦未細讀，更不論語類也。

問：「『思而不學則殆』，注：『身不親歷。』所謂親歷，豈講求義理，與躬行處均為親歷否？」

曰：「講求義理，又似乎思，但就見定事上學去。」（二四）

此條徐寓錄庚戌朱子年六十一以後所聞，不定在何年。所引集注「身不親歷」四字，乃朱子四十八歲集注成書時語，今集注已經改定。其改定則在此次問答之後。蓋朱子嫌「親歷」字不分明，思與學兩項皆可稱親歷，乃云只就事上學。

問：「論語言學字多不同。『學而不思』，此學字似主於行而言。『博學於文』，此學字似主於知而言。」曰：「『學而不思』，此學也不是行。」問：「學字義如何？」曰：「學只是效。未能如此，便去效做。」問：「恐行意較多否？」曰：「只是未能如此便去學做，如未識得這一箇理，便去講究，要識得，也是學。學要身去做，思只是默坐來思。」問：「學是學其事，思是思其理否？」曰：「思只是思所學底事。」（二四）

此條陳淳錄，或在庚戌，或在己未，此條恐是在庚戌。朱子所答，重在辨學與行之不同，卻未深說學與思之分別。蓋仍是有伊川以「思」訓學之見解存在。

又一條云：

學是學其事，如讀書便是學，須緩緩精思其中義理方得。且如做此事是學，然須思此事道理是如何。只恁下頭做，不思這事道理，則昧而無得。若只空思索，卻又不傍所做事上體察，則心

終是不安穩，須是事與思相發明。（二四）

此條周明作錄壬子朱子年六十三以後所聞，不定在何年。

今集注云：

不求諸心，故昏而無得。不習其事，故危而不安。

始以思與習分開說，求諸心是思，習其事是學也。疑今集注此章，在語周明作時已改定。若陳淳庚戌早見此條，則不發上引之所問矣。

學與思須相連，才學這事，須便思量這事合如何？學字甚大，學效他聖賢做事。（二四）

此條鄭南升錄癸丑所聞，朱子年六十四。亦以「效他聖賢做事」訓學，與思分作兩項說。與上引語周明作者相近。故疑其時集注此章已改定。

又一條云：

「學而不思」，如讀書不思道理是如何。「思而不學」，如徒苦思索，不依樣子做。（二四）

此條潘植錄癸丑所聞，與告鄭南升者同意。

又曰：

「思而不學則殆」，雖用心思量，不曾就事上習熟，畢竟生硬不會妥帖。（二四）

此條董銖錄丙辰以後所聞。丙辰朱子年六十七。

問：「『不求諸心，則昏而無得，不習其事，則危不安』，如何？」曰：「思與學字相對說。如人學射，雖習得弓箭裏許多模樣，若不曾思量這箇是合如何，也不得。既思得許多模樣是合如何，卻不曾置得一張弓一枝箭，向垜邊去射，也如何得！」（二四）

此條未見錄者姓名，恐是承上董銖所錄。舉今集注語為問，朱子以「習」訓學，與思相對而說，甚為明白。

或問：「學而不思章，引程子『博學、審問、謹思、明辨、力行五者，廢一非學』，何也？」

曰：「凡學字便兼行字意思。如講明義理，學也。效人做事，亦學也。孔子步亦步，趨亦趨，是效其所為，便有行意。」（二四）

此條亦董銖錄。朱子所答，只云學字兼行字意思，問、思、辨三者，則略去不提。

問：「集注卻舉中庸學問思辨與行之語，據某看，學與行是學之始終，問思辨是思之始終。」

曰：「然。」

此條葉賀孫錄辛亥朱子六十二以後所聞，不定在何年。朱子終是偏主學思分說之意，由此可見。然朱子所以終不刪去首章集注中伊川思繹一義者，伊川云：「時復思繹，浹洽於中，則說也。」此數語實有深義。學不經思，終不足以達夫相悅而解之境界。然則「學而不思」、「思而不學」乃分言之，而伊川「時復思繹」之云乃合言之。分言見其密，合言見其通。凡朱子集注解論語本文原意，又引程氏說以為推擴會通，其意深微。學者不精思，則不易見其密之所在，亦不易見其通之所至。

朱子既成集注，仍教人讀精義，其言曰：

聖人之意，儘有高遠處，轉窮究，轉有深義。今作就此書，則遂不復看精義矣，自此隔下了，見識只如此，上面一截道理，更不復見矣。大抵看聖賢言語，須徐徐俟之，待其可疑而後疑之。如庖丁解牛，他只尋罅隙處游刃以往，而眾理自解，芒刃亦不鈍。今一看文字，便就上百端生事，謂之起疑。且解牛而用斧鑿，鑿開成痕，所以刃屢鈍。如何見得聖賢本意。且前輩講求非不熟，初學須是自處於無能，遵稟他前輩說話，漸見實處。今一看未見意趣，便爭手奪腳，近前爭說一分。其意直是謂聖賢說有未至，他要說出聖賢一頭地，曾不知於自己本無所益。（二〇）

本篇此下羅舉朱子說論語與二程相異處，讀者當先以此一段話存胸中，可窺得其奧旨密義之所在。

或問「學而」章：

程子之於習，有兩義焉，曰「重復思繹」者，以知者言也。「所學在我」者，以能者言也。學之為道，不越乎兩端矣。諸說或概舉其凡而不指其目，或各指其一而不能相兼，惟程子則先後兩言皆指其目，而有相發之功焉。

知集注初本，只主伊川，以知與能分說，後始增入謝氏，以思與行分說。

問：「『有朋自遠方來』，程先生云：『推己之善以及人』，有舜善與人同底意。」曰：「不必如此思量推廣添將去。且就此上看。此中學問，大率病根在此。不特近時為然，自彪德美來已如此，蓋三十年餘矣。向來與他說中庸鬼神之事，他須要說此非功用之鬼神，乃妙用之鬼神，衮纏說去，更無了期。只是向高，乘虛接渺說了。」（二〇）

此皆卑而抗之使高，近而推之使遠之流弊也。集注此條引程子說：「以善及人而信從者眾，故可樂。」與或人所問語義廣狹有辨。可細參。

語類又曰：

伊川說：「為仁以孝弟為本，論性則以仁為孝弟之本。」此言最切。須子細看，方知得是解經密察處。非若今人，自看得不子細，只見於我意不合，便胡罵古人也。（二〇）

所載「程子曰」兩段，分曉可觀。語錄所載他說，卻未須看。如語錄所載「盡得孝弟便是仁」，此一段最難曉，不知何故如此說。（二〇）

集注多載程子說，然更多舍去不載者，皆有深意。此處曰難曉，是婉言之也。

或問：「伯夷叔齊之讓，使無中子，必有當立者。」曰：「伊川說叔齊當立，看來終非正理，恐只當立伯夷。以正理論，伯夷立，分數稍優。」（三四）

問：「『夫子為衛君』章，程子所引諫伐事，或問論非此章答問本意，當矣。今集注全載其說，不刪此語，何也？」曰：「諫伐而餓，固非此章本意，然亦是伯夷不怨底事，故程子同引來說。」（三四）

此處所問，指集注圈外引程子「伯夷叔齊遜國而逃，諫伐而餓，終無怨悔，夫子以為賢」。諫伐與逃國乃兩事，此章子貢問主在逃國，何以不刪此「諫伐而餓」四字也。朱子為或問時已發此意，然集注終依程氏原文，兼逃國、諫伐兩事幷說，以明伯夷之不怨。此見集注用心深細，過或問遠矣。然朱子於程氏說亦非一一無違，如論二子孰當立，即不依程氏意見也。

問：「『無友不如己者』，伊川以為同志，何如？」曰：「此求之過。」（二一）

求之高，求之深，推之遠，使之晦，皆過也。伊川此語，集注不取。

或問此章云：

「不如己」之說，程子同尹氏，以為不忠信者，楊氏亦以為合志同方者，此蓋不欲自謂人不如己而生自滿之心。且慮夫必勝己者而後友之，則勝己者又將視我為不勝己而不吾友耳。其意已善矣。然考之不詳，而慮之或過，則亦不得而不論也。蓋人之賢否優劣，隱之於心則有準則，非彼我好惡之私所能蔽也。故學者之心，雖不敢輕謂人不如己，然至於接人待物之際，或親或疏，或高或下，亦有不容以分別為嫌者。故於齒德之殊絶者，則尊而師之。於賢於己者，則尚而友之。其不若己者，雖不當就而求之以為吾友，然亦必有矜而容之，勉而進之。是皆理勢之自然，非我之敢為自滿，而亦未嘗輕以絶人也。使賢於我者，其視我亦若是耳，又何自棄我為哉？

凡所云云，皆不見於集注，則知集注之所求省節者為不少矣。

「謹終追遠」，伊川云「不止為喪祭」。推之是如此，但本意只是為喪祭。（二二）

恐曾子當初，只是說喪祭。（二二）

集注只就喪祭說，是只說經文本義也。或問此章云：「程子、游氏善矣。」是猶未加分析。

仁父問：「『溫故而知新，可以為師矣』，伊川謂『此一言可師，此一事可師』。竊有未喻。」曰：「伊川見得亦差了。這一句正對『記問之學不足為人師』一句。若溫習舊聞，則義理日通，無有窮已。若記問之學，雖是記得多，讀得多，聞得多，千卷萬卷，只是千卷萬卷，未有不窮。然而這一句說師，亦只說平常恁地師，卻不說是孔子這般師。兼是這主意，只為世上有不溫故知新而便欲為人師，故發此一句，卻不是說如此便可以為師。言如此方可以為師，以證人不如此而遽欲為師者。伊川卻只認這意，一向要去分解。以此知讀書儘着子細，伊川恁地工夫，也自有這般處。聖人語言極精密，無些子偏重，亦無些子罅漏。」（二四）

集注此章，只引學記，針對記問之學不足為人師言。此條發揮本章只說平常底師，不說孔子這般師。又曰不是如此便可為人師，乃是如此方可為人師。然皆不以入集注。

或問此章云：

昔程子晚而自言：「吾年二十時解釋經義與今無異，然其意味，則今之視昔為不同矣。」此溫故知新之大者。學者以是為的而深求之，則足以見義理之無窮，而亦將不暇於為師矣。程子惡夫氣象之狹，而為斯言可師之說，美則美矣，其無乃非本文之意乎！

是朱子於伊川此言，早所不取。然對比而觀或問、語類兩處，亦見朱子意態之先後有異。

問：「伊川云：『美質待禮以成德，猶素待繪以成絢。』卻似有質須待禮，有素須待絢？」曰：「不然，此質卻重。」（二五）

集注此章僅引楊氏說，不引程氏說。論績事引考工記，語類又引沈括夢溪筆談。後來清儒說經，則必一一納入，遂成考據之學。

或問此章云：「程子『質待禮，素待畫』，不若范、謝、楊說之協於文。」則於程說早所不取也。

「禘自既灌而往」章，語類有云：

程先生說：「禘是禘其始祖之所自出，并羣廟之主皆祭之。祫則止自始祖而下，合羣廟之主皆祭之。」所謂禘之說，恐不然，故論語集解中止取趙伯循之說。（二五）

集注此章采趙匡說，謂推始祖所自出之帝而祀之於始祖之廟，以始祖配之，不采程說，或問此章亦是獨取趙氏。

問：「明道說『射不主皮』與為力而射者不同科。伊川曰：『功力非一端，苟有可取，不必同科。』此二說都就本文上添了字多方解得，恐未穩。」曰：「便是如此。這處自是甚分明。」又問：「明道曰：『射不專以中為善』，如何？」曰：「他也只是一時間恁地說，被人寫放冊上，便有礙。如『內志正，外體直』，只要箇中。不要中，要甚底？」問：「『主皮』如何說？」曰：「皮字看來只做箇貫革字。主便是主於貫革。」因問：「古人射要如何用？」曰：「其初也只是修武備，聖人文之以禮樂。」（二五）

集注此章，引楊氏，不引程說。或問此章已謂程子三說於文義皆未有暢。又曰：「楊氏於此獨為得之。但專以容飾為言而不主於中，則於義亦若有所遺。」集注仍節引楊說，存其是，未辨其失。

或問：「子見南子章，伊川以矢字訓陳，如何？」曰：「怕不是如此。若說陳，須是煞鋪陳教分明。今卻只恁地直指數句而已。程先生謂『予所以否而不見用，乃天厭斯道』，亦恐不如此。」（三三）

且當從古註說「矢，誓也」，如左氏言「所不與舅氏」之說，故有誓之氣象。（三三）

「橫渠說以為『予所否厄者，是天厭棄之』，此說如何？」曰：「大抵後來人講經，只為要道聖

人必不如此，須要委曲遷就做一箇出路。卻不必如此。」（三三）

或問此章訓矢為誓，並引多證為說。今按集注「射不主皮」章，「子見南子」章，皆證據確實說義明白，超然獨出於古今諸儒羣說紛紜之外，視張、程超出遠矣。

因說前輩諸先生長者說話，於大體處固無可議。若看其他細碎處，大有工夫未到。（一〇四）

如上引兩章，亦所謂細碎處也。朱子四十八歲始成集注，於考據方面已多糾程說，至有關義理方面之駁正，則向後為多。蓋考據易定，義理難定也。

問：「孔子夢周公卻是思。」曰：「程先生如此說。意欲說孔子不真見周公。然見何害？」（三四）

問：「伊川以為不是夢見人，只是夢寐常存行周公之道耳。集注則以為『如或見之』，不知果是如何？」曰：「想是有時而夢見。既分明說夢見周公，全道不見，恐亦未安。」又問：「夫子未嘗識周公，夢中烏得而見之？」曰：「今有人夢見平生所不相識之人，卻云是某人某人者，蓋有之。」（三四）

問：「此章曰：『孔子未衰以前，嘗夢見周公矣。』伊川卻言不曾夢見，何也？」曰：「聖人不應日間思量底事，夜間便夢見。如高宗夢傅說，卻是分明有箇傅說在那裏，高宗不知，所以夢見，亦是朕兆先見者如此。孔子夢奠兩楹事，豈是思慮後方夢見？此說甚精微，但於此一章上說不行，今且得從程子說。」（三四）

此條金去偽錄乙未所聞，朱子年四十六，尚在集注成書前兩年，故謂「今且得從程子說」。而後終不從。或問此章云：「孔子自言不夢之久，則其前固嘗夢之。」此即不從程說矣。今集注此章，圈外仍存程說，但沒去其初未嘗夢之語。只存其可從處，不幷見其有不可從處，與後人但務博辨，專以戈戟見勝者自不同。

問：「『子在齊聞韶』章，伊川疑『三月』即是『音』字，如何？」曰：「此處最要看他不知肉味處，最有意思。蓋夫子知韶之美，一聞之則感之至深，學之三月，故至於不知肉味。若道一聞之便三月不知肉味，恐無此道理。伊川疑得自是。但史記上有『學之』二字，伊川恐適不曾考到此耳。」（三四）

集注此章據史記增「學之」二字。

問：「伊川以『三月不知肉味』為聖人滯於物，今添『學之』二字，則此意便無妨否？」曰：「是。」又曰：「不要理會『三月』字，須看韶是甚麼音調，便使得人如此。孔子是如何聞之便恁地。須就舜之德、孔子之心處看。」（三四）

若如此說，即不增入「學之」二字，亦自不必如伊川所疑。

又曰：

「子在齊，聞韶，學之三月，不知肉味。」上蔡只要說得泊然處，便有些莊老。某謂正好看聖人忘肉味處，始見聖人之心如是之誠，韶樂如是之美。（三四）

「夢周公」，「忘肉味」，「祭神如神在」，見得聖人眞一處理會一事，便全體在這一事。（三四）

此說更可解伊川之疑。或問亦取范氏，不采程說。

「曾子有疾」章，「君子所貴乎道者三」，語類：

問：「先生舊解，以『三者為修身之驗，為政之本。非其平日莊敬誠實，存省之功積之有素，則不能也。』專是做效驗說。如此則動、正、出三字只是閑字。後來改本，以『驗』為『要』，『非其』以下，改為『學者所當操存省察，而不可有造次頃刻之違者也』。如此則工夫卻在動、正、出三字上，如上蔡之說，而不可以效驗言矣。某疑動、正、出三字，不可以為做工夫字。正字尚可說，動字出字豈可以為工夫耶？」曰：「這三字雖不是做工夫底字，然便是做工夫處。舊來解以為效驗，語似有病，故改從今說。蓋若專以為平日莊敬持養方能如此，則不成未莊敬持養底人，便不要遠暴慢、近信、遠鄙倍？便是舊說效驗字太深有病。」（三五）

此條沈僩錄戊午以後所聞，朱子年六十九、七十。「舊解」謂集注初本，「改本」乃今傳集注定本也。舊解依程氏從效驗說，改本從上蔡作工夫說。細讀今本集注，舊見未盡袪，新見未盡豁。蓋是略改字語，未臻透徹也。朱子遇二程、上蔡說有異，多從程違謝，此章乃從謝違程，為不多之例。語類此章其他各條皆從程，最先有楊方一條在庚寅，朱子年四十一。文曰：

只伊川語解平平說，未有如此張筋努力意思。（三五）

下附小注云：「謂上蔡語」。最後有潘植一條，在癸丑，朱子年六十四。

植問：「明道『動容周旋中禮，正顏色則不妄，出辭氣，正由中出。』又仍是以三句上半截是工夫，下半截是功效。」曰：「不是。所以恁地，也是平日莊敬工夫。」（三五）

或問此章云：

曾子三言，為修身之驗，此程伯子、尹氏之意也。夫不莊不敬，則其動容貌也非暴即慢。惟恭敬有素，則動容貌斯能遠暴慢矣。內無誠實，則其正顏色也，色莊而已。惟誠實有素，則正顏色斯能近信矣。涵養不熟，則其出辭氣也，必至鄙倍。惟涵養有素，則出辭氣斯能遠鄙倍矣。曾氏亦以為君子於是持養既久而熟，睟面盎背，不待施設而自爾也，故皆以斯言之，此說當矣。

此兩條前後相隔二十三年，朱子認此三句是功效，非工夫，其意始終不變。或尚有他條在癸丑後者，今亦無以確定。要之集注此章改本，必在朱子六十四後則無疑。

或問又曰：

此當為集注最初之說，語類中楊方、金去偽兩條可證。陳文蔚一條亦有「程門只有尹和靖看得出」之語。

經文但曰動曰正曰出而已。其動之中否，正之眞僞，出之得失，皆未可知也。所貴者乃在其平日莊敬誠實，涵養有素，故其動能遠暴慢，其正能近信，其出能遠鄙倍耳。今乃以動為矜莊，出為審度，則其文義自無所當。又謂一矜莊便能遠暴慢，一端儼便能近信，一審度便能遠鄙倍，則是其所用力者止於揚眉瞬目之際，而遽責其有睟面盎背之功，吾恐其無沉浸醲郁之風，而未免於浮躁急迫之病也。且一為端儼之色，安知其非色莊也耶？此又不但文義之疵而已。其始皆自謝氏失之，吾不得而不論也。

此皆極論謝氏為說之病。前後經歷二十餘年，其所是非從違，乃正相顛倒。可見義理演繹之無窮，文字解釋之難定。而朱子之斟酌推敲，老而彌摯之意，亦可見。

或問：「『回何敢死』，伊川改死為先，是否？」曰：「伊川此說，門人傳之恐誤。今只作死字說。其曰『吾以汝為死矣』者，孔子恐顏回遇害，故有此語。顏子答曰『子在，回何敢死』者，顏子謂孔子既得脫禍，吾可以不死矣。若使孔子遇害，則顏子只得以死救之也。」或問：「顏路在，顏子許人以死，何也？」曰：「事偶至此，只得死，此與『不許友以死』之意別。不許以死，在未處難以前乃可如此。處已遇難，卻如此說不得。」（三九）

伊川欲改「三月不知肉味」「三月」字為「音」字，欲改此處「死」字為「先」字，皆無據。朱子謹嚴，宜所不從。本條辨父母在不許友以死，不當以概畏匡時情事，誠為通情達理。集注引胡氏一節，發明弟子可以為師死之義，則顏路雖在，顏淵義亦可死。語類此條金去僞錄乙未所聞，在集注成書前兩年。朱子為集注時采胡氏說，即捨己說不復存。遇二程說未安，朱子每曰恐是門人誤記，則皆婉言之也。

或問此章云：

或問：「程子之言，『顏淵親在，不得為夫子死』者，如何？」曰：「以其下文推之，則不得有是言矣，疑記錄之或誤也。胡氏亦嘗論之，乃程子之遺意。今附見於此，可以證程子之說。」

又曰：

程子讀死為先，本韓子之說，而胡氏亦已論之。

伊川改死字為先字，其主顏淵親在不得為孔子死之意自見。又曰：「遇害不當言敢不敢」，亦是其不信此章死字之證。或問引胡氏語，謂附見以證程子之說者，乃曰：「程子嘗言之矣：『閭巷之人，辭親遠適，則同患難有相死之理，況朋友乎！況弟子之於師乎！其可不可，當未行而預斷，不可臨難而始謀也。』」若如此說，豈非根本推翻了「父母在不許友以死」之古訓。朱子引此以證程氏初未嘗有不得為夫子死之說，又與其告金去偽所謂「在未處難以前乃可如此，處已遇難卻如此說不得」之已語相違。蓋朱子告金去偽者，乃是說明「父母在不許友以死」一語之涵義限界。其後迴護程說，而不悟又已推翻了「父母在不許友以死」之古訓。兩說相較，實以告金去偽者為勝。今已不知當時集注作何語，惟今本集注引胡氏語則曰：「先王之制，民生於三，事之如一。惟其所在，則致死焉。況顏淵之於孔子，恩義兼盡，又非他人之為師弟者而已。」據此義，則更不必牽涉到「父母在不許友以死」之文。又引胡氏此條在圈下，不在圈外。則朱子乃是憑此一條以定論語本章之大義，顯與或問云云意趣不同。然則論語此章，朱子告金去偽者為第一說，或問云云為第二說，今集注定本乃第三說。朱子說此章，至少已歷三變，而其凡遇程子所言不欲輕違之意亦可見。其集注之屢經改訂而終達於最為妥當之一說，亦可舉此為例。

問：「『意必固我』，伊川以『發而當者理也，發而不當者私意也』，此語是否？」曰：「不是如此。所謂『毋意』者，是不任己意，只看道理如何。見得道理是合當如此做，便順理做將去，自家更無些子私心，所以謂之『毋意』。若才有些安排布置底心，便是任私意。若元不見得道理，只是任自家意思做將去，便是私意。縱使發而偶然當理，也只是私意，未説到當理在。伊川之語，想是被門人錯記了，不可知。」（三六）

此條辨伊川説無回互。或問解「毋意」為「渾然天理不任私意」，不錄伊川説。

正淳問：「集注『顔子喟然而歎』一章，不用程子而用張子之説。」曰：「此章經文自有次第，若不如張子説，須移『如有所立卓爾』向前始得。」（三六）

此條萬人傑問，吳必大錄，戊申、己酉所聞，朱子年五十九、六十。集注原本在當時引横渠不引程説可知。

問横渠説顔子發歎處。曰：「『高明不可窮』，是説『仰之彌高』。『博厚不可極』，是説『鑽之彌堅』。『中道不可識』，則『瞻之在前，忽焉在後』。」（三六）

此條萬人傑錄庚子朱子年五十一以後所聞。據前引一條，則此條亦當在戊申、己酉兩年。

又一條云：

橫渠曰：「高明不可窮，博厚不可極，則中道不可識，蓋顏子之歎也。」雖說得拘，然亦自說得好。（三六）

此條沈僩錄戊午朱子年六十九以後所聞。今集注刪去橫渠此一節，疑或尚在後。或問此章云：

顏子之歎，諸家之說，程子至矣。但章首四言，正是顏子得見聖人之道眞實高妙，而苦未端的處。今程子以瞻在前忽在後為過不及，恐其未然。張子之說亦精，但其辭艱奧，當熟味之，乃可曉耳。

是集注於此章首四言，自始即依橫渠，不用程說。終因橫渠語艱奧，故至晚年集注定本只是采其意，不用其辭也。

問：「博約之說，程子或以為知要，或以為約束，如何？」曰：「『博我以文，約我以禮』，與『博學於文，約之以禮』一般。但『博學於文，約之以禮』，孔子是汎言人能博文，而又能約禮，可以弗畔夫道。而顏子則更深於此耳。侯氏謂博文是致知格物，約禮是克己復禮，極分曉。而程子卻作兩樣說，便是某有時曉他老先生說話不得。孟子曰：『博學而詳說之，將以反說約也。』這卻是知要。蓋天下之理都理會透，到無可理會處便約。蓋博而詳，所以方能說到要約處。約與要同。」（三六）

此條楊道夫錄己酉以後所聞。程氏分本章博文約禮與雍也篇博文約禮為兩義。謂本章之「約」是「知要」，雍也篇之「約」是「約束」。朱子謂兩處博文約禮只是同樣工夫。顏淵因此工夫，進進不已，至於「欲罷不能，既竭吾才」，乃見所謂有立卓爾者。又謂孟子「博學而詳說之，將以反說約」，始可謂「知要」。此皆言程子言博文約禮與本章無當。然今集注仍引程子語三條，一曰：

侯氏曰：「博我以文，致知格物也。約我以禮，克己復禮也。」程子曰：「此顏子稱孔子最切當處，聖人教人，惟此二事而已。」

至程子分別兩處博文約禮有不同，則略不復及。又一曰：

吳氏曰：「所謂卓爾，亦在乎日用行事之間，非所謂窈冥昏默也。」程子曰：「到此地位，功夫尤難，直是峻絕，又大段着力不得。」

此亦如前條，非引吳氏語，則程語無著落。其三曰：

程子曰：「此顏子所以為深知孔子而善學之者也。」

此條下又引胡語，始為切實解釋此章之大義。則集注此章，仍可謂未用程說。或問此章於侯氏、吳氏、楊氏、胡氏四家言均已提及，惟謂楊氏「所立卓爾」一句、胡氏「歸功聖人」一句未安。今集注已删去楊氏「所立卓爾」一句。而備錄胡言，未辨「歸功聖人」四字不安之意，蓋晚年見道愈平貼，乃亦不謂此四字未安也。即此可見集注之絡續改訂，彌臻精密處。

問：「伊川謂小德如援溺之事，更推廣之。吳氏謂此章不能無弊，如何？」曰：「恁地推廣，援溺事卻是大處，『嫂溺不援是豺狼』。這處是當做，更有甚出入。子夏之意，只為大節既是了，小小處雖未盡善，亦不妨。然小處放過，只是力做不徹，不當道是『可也』。」（四九）

集注本章不錄程說，僅存吳氏語。或問此章曰：「程子、張子至矣。」又曰：「謝氏『學者貴知大體』

以下則善，而楊氏為得程子之意。」似乎一依程子，而未及吳氏。與此後集注大異。

問：「明道：『「舍我其誰」是有所受命之辭，「匡人其如予何」是聖人自做着天。孟子是論世之盛衰，己之去就，故聽之於天。孔子言道之興衰，自應以己任之。』未審此說如何？」曰：「不消如此看。明道這說話，固是說未盡。如孔子云：『天之將喪斯文』，『天之未喪斯文』，看此語，也只看天如何。只是要緊不在此處，要緊是看聖賢所以出處大節。」（三六）

此條辨明道說未盡。若曰聽之天，則此章天之將喪未喪，何嘗不是聽於天。明道又說自應以己任之，則孟子又何嘗不以斯道自任。故曰「要緊是看聖賢出處大節」也。集注此章引馬氏一長節，不引明道語。

或問此章云：

「孔氏、馬氏舊說，蓋以『將喪』、『未喪』相因而為已決之辭也。精義諸說，則以為相對而未定之辭也。從馬氏，則『後死者』乃孔子之自名。從程子，則『後死者』當從吳氏為後我而死者。言我若當死，則後人不得與聞斯道。我若未當死，則匡人無奈我何也。然以文義推之，則恐當如孔氏、馬氏之說。」曰：「程子『聖人自做着天』之說如何？」曰：「以文義考之，則固不然。以理而言，則亦謂夫與天為一而不覺其言之若此則可，以為聖人有心以天自處而為是言則不可。讀者不以辭害義可也。」

朱子此章，盡棄精義所收宋代理學家言，而獨采古注，其於程氏聖人自做着天之說，亦早所不取。其曰「讀者不以辭害意」，則亦婉言之。

「管仲非仁者」章，語類：

管仲不死子糾，聖人無說，見得不當死，後又有功可稱；不是後功可以償前不死之罪也。伊川有此意，亦恐看得不曾子細。王、魏二公謂功可以補過猶可，管仲則前無過而後有功。（四四）

此條包揚錄癸卯、甲辰、乙巳所聞，朱子年五十四至五十六。明言管仲不當死，不是以後功償前罪，伊川看得不子細。

問：「集解云：『管仲有功而無罪，故聖人獨稱其功。王、魏先有罪而後有功，則不以相掩可也。』其視程子說，固平實矣。然人之大節已失，其餘莫不足觀否？」曰：「雖是大節已失，畢竟他若有功時，只得道他是有功始得。」（四四）

此條輔廣錄甲寅朱子年六十五以後所聞。謂功過不相掩者，前有過，不掩其後之功。後有功，亦不掩其前之過。而管仲則是有功無過。謂王、魏先有罪後有功，乃伊川意。雖大節已失，仍得道他功，是朱子意。當細辨。

又一條云：

「管仲，孔子自有說他過處，自有說他功處。過不能以掩功，如唐之王、魏亦然。」或問：「設有弑父弑君不可贖之罪，雖有功，亦在所不說矣。」曰：「如此則無可言者。」（四四）

此條陳文蔚錄戊申朱子年五十九以後所聞。孔子說管仲過處，如器小之類是也。不死公子糾，則觀本章及前章，孔子並不以為過。此條說王、魏，亦重在過不掩功一節，至於王、魏不死建成是否為過，朱子未加深論。此下所問，緊承過不掩功來，不在討論王、魏也。

安卿問：「伊川言：『仲始與之同謀，遂與之同死，可也。知輔之爭為不義，將自免以圖後功，亦可也。』竊謂天下無兩可之理，一是則一非。如兩可之說，恐亦失之寬否？」曰：「雖無兩可，然前說亦是可，但自免以圖後功，則可之大者。」淳曰：「孟子『可以死可以無死』，是始者見其可以死，後細思之，又見其可以無死，則前之可者為不可矣。」曰：「即是此意。」安卿又問：「集注謂王、魏先有罪而後有功，不可以相揜。只是論其罪則不須論其功，論其功則不須論其罪否？」曰：「是。」安卿問：「管仲功可掩過否？」曰：「他義不當死。」久之，又曰：「這般處也說得不分曉。大抵後十篇不似前十篇。」（四四）

此條黃義剛錄，又陳淳錄，應在己未，朱子年七十。乃朱子對此章之最後意見也。陳安卿所問極寓深義，謂可以無死即不可死，一也；謂論其功即不須論其罪，二也。則不僅管仲不當死，王、魏亦不當論其不死之過。集注本章圈外引程子語一長條，謂：「桓公兄也，子糾弟也，管仲所輔者正，桓奪其國而殺之，則管仲之與桓，不可同世之讎也。若計其後功而與其事桓，聖人之言，無乃害義之甚，啟萬世反覆不忠之亂乎？如唐之王珪、魏徵，不死建成之難，可謂害於義矣。後雖有功，何足贖哉！」下面朱子自加己意一節云：

愚謂管仲有功而無罪，故聖人獨稱其功。王、魏先有罪而後有功，則不以相掩可也。

王、魏後有功，不足贖其前之罪，此乃伊川說。然王、魏前有罪，亦不當沒其後之功，此乃朱子說。故曰「功罪不相掩」。與「何足贖哉」之語，輕重判然。觀朱子答陳安卿問，其意自顯。桓兄糾弟，故管仲可以不死，此乃伊川意。本章孔子只稱管仲之功，即孔子不認管仲不死子糾為有罪，此乃朱子意。就朱子語與伊川語子細辨別，則朱子乃直認伊川所言無當也。細玩論語本文孔子直謂「豈若匹夫匹婦之為諒，自經於溝瀆而莫之知」，豈非明白不贊成管仲為子糾死乎？故朱子亦明白直言管仲無過無罪。而答陳安卿又婉言之曰：「這般處也說得不分曉。」因安卿問管仲功可掩過否，朱子已徑答他義不當死，久之而又云云者，似指論語並未明白涉及桓兄糾弟事，亦未明白交代出即是糾兄桓弟，管仲不死亦為無罪。此問題牽涉既多，故朱子久不答，而姑為緩辭云云也。至謂桓兄糾弟，此引伊川語，朱子未加辨別。只發明孔子未嘗以管仲不死子糾為有罪足矣，更不須辨論及此也。朱子只謂管仲不死子糾，聖人無說，見得不當死，亦並不明白引孔子「豈若匹夫匹婦之為諒」二語，以資駁難，斯見其立言之審慎而和平。然集注終是引伊川話此一長節而不加删削，因此乃論人論事之大節目，在解釋本章文字外，伊川既有此說，則不能不提，然亦不能不辨。朱子在此一節後所加按語，已是辭簡義足矣。後來清儒獨於桓兄糾弟一節詳加考據詰辨，而於本章大義所在則轉置不問，亦是鷦鵬翔遼廓，而羅者視藪澤也。

文集卷五十答潘恭叔有曰：

或問：「程子以薄昭之言證桓公之為兄，信乎？」曰：「荀卿嘗謂桓公殺兄以爭國，而其言固在薄昭之前矣，蓋亦未有以知其必然。」

此處朱子引荀子言在薄昭前，桓兄糾弟說之不可信據，固已明顯。然朱子於此顧不深辨，而仍有「蓋亦未有以知其必然」之語，則於荀、薄兩家，固未堅主一說明為取捨。故本書下面一長節，亦仍發揮程子之意，謂學者當熟考而深求之，未可以率然議。此書必尚在今集注定本之前。觀其辭氣意態，與今集注定本有不同。潘恭叔得朱子書，又自加一長節，亦收在文集，反復參究，仍主桓兄糾弟。今集注定本及語類答陳安卿問，則明白直就論語本文，說管仲不死子糾為無罪，並謂義不當死。至於桓兄糾弟，王、魏害義之說，此皆伊川之言，朱子存而不論。朱子自謂集注添一字不得，減一字不得，今若引了伊川說，又引荀卿說以明其非，則桓兄糾弟之說固當辨，王、魏害義之說亦當辨，是為節外生枝。抑且荀、薄兩家，究竟孰是孰非，亦非片言隻語可以定讞。文繁不殺，離開了論語本書而別為考據，朱子意不為此。故不若擱置不論。因當時子路、子貢之問，本未牽涉到此問題上也。朱子又謂：「程先生解經，理在解語內，某集注論語，只是發明其辭，使人玩味經文，理皆在經文內。」即如此章，伊川提出桓兄糾弟之辨，謂因此故管仲可以無死，是理在解語內也。集注即據論語本文，說管仲不死非害義有罪，不煩更增出桓兄糾弟之另一問題，是理在經文內也。至於王、魏不死建成是否為害義；引孔子，繩伊川，兩人之間是否有異同，朱子於此處亦可謂說得不分曉。朱子引伊川此條，殆亦別明一義，以待後人之自為參究也。

或問此章亦云：

「管仲不死之說，程子至矣，但以薄昭之言證桓公之為兄，則荀卿嘗謂桓公殺兄以爭國，而其言固出於薄昭之前矣，蓋未可以此證其必然。但以公、穀、春秋所書之文為據，而參以此章之言斷之可也。聖人之於管仲，但稱其功，不言其罪，則可見不死之無害於義。而桓公、子糾之長少，亦從以明矣。又況所謂『匹夫匹婦之為諒者』，正指召忽而言。蓋召忽之於子糾，猶石乞於白公耳。程子又謂『若使管仲所事者正而不死其難，則後雖有大功，聖人豈復稱之』，愚恐記者之失也。蓋曰不與其事桓公則可，曰不稱其功則不可。豈因彼言以為此，而遂失之也與？」曰：「管仲生死之是非，決於一時之義爾。程子又謂管仲不死而無功，則是貪生惜死，而不若匹夫匹婦之為諒，若未免於先功而後義。且管仲又何以自必其後之有功耶？」曰：「召忽之失，在於輔子糾以爭國，而不在於死。管仲之得，在於九合之功而不在於不死。後功固不可期，而其在我者固自可必。但其得就此功而免於匹夫匹婦之諒，則亦幸而已矣。後之君子，有不幸而處此者，苟自度其無管仲之才，是殆不若為召忽之不失其正也。此又程子言外之意，讀者不可以不察。」曰：「諸說如何？」曰：「范以九合為仁之大，以死節為義之小，是謀利計功之言，其害理甚矣。若聖人之心果出於此，則行一不義殺一不辜而得天下，亦何憚而不為之乎？謝氏以管仲於子糾，君臣之義未正，故可以不死，亦非也。夫仲之所以不死者，正以小白兄而子糾弟爾。若使糾兄而當立，則齊國之士，君臣之義，無所逃矣。況如管仲，策名委質，親北面而君之，安得幸其未得入國而死，乃托於君臣之義未正而不死其難哉！楊氏發明程子之意善矣，然不明言小白、子糾長幼之序，則亦略而失之矣。又以忽之死為傷勇，仲之不死為徙義，而夫子與仲之不死，恐亦非聖人之意也。夫子特以忽之功無足稱，而其死不為過。仲之不死未害義，而其功有足襃爾。固非予仲之生而貶忽之死也。」

可知朱子當時見解，乃與厥後大異。朱子已知荀卿先言糾兄桓弟，故程子不得以薄昭言證桓之為兄。但仍信從伊川，謂聖人不言管仲之罪，可見是桓兄而糾弟。此後則僅據論語本章，謂聖人不言管仲之罪，卻不連帶以證薄昭之言為是。把此兩事切斷，不再混幷牽纏，此所大異於前也。然朱子終亦不曾據荀卿而斥薄昭，因桓糾長幼之孰是孰非，仍須別有他證，不得即以先言者為是，後言者為非，此乃朱子考據之愼。朱子為或問時，以論語此章為旁證，定薄昭所言為是。後乃認論語本章只見管仲無罪，非即可以證薄昭之言，此則剖劃分明，可謂審愼允貼之至。故圈外重引程子一長節，以備或然之一說。與或問當時謂「程子允矣」之意，大不相侔。

問「陳成子弒簡公」一章。曰：「哀公若委之孔子，孔子須有計畫以處之，必不空言而但已也。意孔子，若哀公委之以權，必有道理以制三子，但有些罅縫，事便可成。」又問：「程子云：『左氏記孔子之言曰：「陳恆弒其君，民之不與者半，以魯之衆，加齊之半，可克也。」此非孔子之言。誠若此言，是以力，不以義也。』」曰：「聖人舉事，也不會只理會義理，都不問些利害。事也須是可行方得。但云『以魯之眾加齊之半』，須是先得魯之眾，方可用齊之半。蓋齊之半雖未必難動，而魯之眾卻未便得他從。然此事聖人亦必曾入思慮，但卻不專主此也。」（四四）

此條呂燾所錄，朱子七十時語，乃朱子晚年意見。今集注本章全錄程子一長條，謂左氏所記非孔子之言，或是朱子未及將答呂燾語意見加以增定。或是集注圈外語，在朱子只認為以備一說，故仍其舊，不以己意再作按語。要之即就本章與上引管仲章合參，朱子論義理，必綰合之於事功實績，與專主義理、不問事功之意見有絕大之不同，則斷可知。

或問此章云：

「請討陳恆之說，程子至矣。」曰：「程子以左氏所記『以魯之眾加齊之半』，為非夫子之言，然則夫子之戰，將不復較其力之強弱，而獨以大義驅之耶？」曰：「程子之意，固有是矣。然其所謂必有處置，謀而後行者，則亦非不量力而浪戰也。但其意以為夫子之告魯君，又當明臣之大義，以見弒逆之大惡，天下之所不容，人人得而誅之，況在鄰國，而可以不討之乎！而其為計，則必請其君以上告天子，下告方伯，舉天下之兵以誅之也。以天下之兵，討天下之賊，彼雖眾強，亦將奚以為哉？固不當區區獨較齊、魯之強弱，而以天下之公義為一國之私也。左氏所記，蓋當世傳聞之謬，以眾人之腹為聖人之心者。而程氏門人記其師說，又不能盡其意之曲折，所以啟讀者之疑耳。」

左傳言「以魯之眾加齊之半」，此若猶為近情實。伊川謂所以勝者孔子之餘事，則是所謂都不問利害也。朱子為或問時，已於伊川此種意態有所不滿，而猶代為推說，謂以天下之兵討天下之賊，彼雖眾強，亦奚以為，固不當獨較齊、魯之強弱，而以天下之公義為一國之私，是亦一種高虛唐大之說，不合當時之情勢。此見朱子當時，每以程說為至，故不惜委曲遷就，不欲輕有所折正。逮其晚年，乃曰：「但云以魯之眾加齊之半，齊之半雖未必難動，而魯之眾卻未便得他從」，始為切就事實，更無絲毫誇張。而又曰「此事聖人亦必曾入思慮，但卻不專主此」，則語轉深微。義理正貴從事實中求，固不當撇置義理專談事實，亦不當只論義理，鄙忽事實於不問。此等皆朱子晚年意見，下語有分寸，移動不得。後人輕視語類，實為無當。

問「不為酒困，何有於我哉」。曰：「語有兩處如此說，皆不可曉。尋常有三般說話：一以為上數事我皆無有。一說謂此數事外我皆復何有。一說云於我何有。然皆未安，某今闕之。」（三六）

此條金去偽錄乙未所聞，朱子年四十六，其時集注尚未成書，然曰「某今闕之」，則當時集注已有成稿矣。今查或問述而篇「默而識之」章，有曰：

「『何有於我』，諸説不明，而子又自為一説，奈何？」曰：「謝、楊不解，固無可説矣。諸説之中，呂氏為差易了。然如其説，則當增『此外復』字，然後文意乃足，恐聖人之言，不如是之簡而晦也。聖人處此，雖為自貶，然其辭氣抑揚之間，亦不當如此之夸。惟程子、范、尹共為一説，但言以身處之，自以為有，而不言文義之所以然者。推其所自，蓋皆出於古注，所謂人無是行，我獨有之者。是以但言其意，而不復釋其文義也。然以經文考之，則何下當有『人』字，有下當有『此』字，乃得如其所説，而經固無之，則有所不通矣。就使果如其説，則聖人之所以處此者，乃其自貶之意，而其所以為言者，乃若自大之辭，與夫所謂『不如丘之好學』，『則可謂云爾已矣』者，殊不相似也。故竊以為不若直以不居為言，則於文為順，而無增加矯揉之煩，於理為通，而無夸大激揚之弊。且第九篇十五章之言，意亦類此。讀者誠通玩之，倫類可見。然或者又疑二章所陳皆庸行之常，非聖人平日所不居之例。此則有未通者，姑闕焉以俟知者，其亦可也。」

子罕篇「出則事公卿」章，或問有曰：

程子之意精矣，但失不以「何有於我」為聖人之謙辭耳。

此見朱子四十八歲時集注成書，同時又成或問，已定「何有於我」為聖人之謙辭，然仍不敢認為決定，或仍曰姑闕以俟知者也。

問「何有於我哉」。曰：「此語難說。聖人是自謙，言我不曾有此數者。聖人常有慊然不足之意。眾人雖見他是仁之至熟，義之至精，他只管自見得有欠闕處。」（三四）

此條葉賀孫錄辛亥朱子年六十二以後所聞，已去集注成書十四年，至是始決然認「何有於我」為聖人之謙辭。

語類又曰：

此必因人稱聖人有此，聖人以謙辭答之。後來記者卻失上面一節，只做聖人自話記了。（三四）此等處須有上一截話，恐是或有人說夫子如何，故夫子因有此言。如達巷黨人所言如此，故夫子曰：「吾何執？執御乎，執射乎？吾執御矣。」今此章卻只是記錄夫子之語耳。如曰：「二三子以我為隱乎，吾無隱乎爾」，亦必因門人疑謂有不盡與他說者，故夫子因有是言也。（三四）

以上兩條，上一條潘時舉錄癸丑以後所聞，尚在葉賀孫一條後。謂其有上一截語，則可以解釋或問非聖人平日所不居之例之疑矣。是必先告葉賀孫云云，然後其告潘時舉者乃得為定辭而無疑也。下一條乃吳必大錄戊申、己酉所聞，朱子年五十九、六十。蓋其告吳必大云云，即其告潘時舉之例證。亦必先有告吳必大者，然後其告潘時舉者乃得為定辭也。然自四十八集注成書，至五十九、六十時，亦已前後相隔十一二年。自其告金去偽以來，下至於其告葉賀孫，前後十六年。論語此兩章「何有於我哉」五字始得獲一定說。朱子之為集注，其經營在心之經過，亦可即此一例以推矣。然朱子解此五字，實亦仍有未安。「何有」非「何能有」，乃「何難有」之義。此兩條疑皆孔子承當語，亦即自勉語。以孔子大聖而自勉於此，所承當者亦止此，是即孔子之謙也。朱子盡畢生學力乃及中晚半生之精力成此集注，而仍未能臻於成為一無可指疵之完璧，則甚矣學問著述之無窮，而朱子格物窮理之教，所以終為不可易也。

孟子離婁「以仁存心」章，語類：

問：「先生注下文言『存仁、存禮』，何也？」曰：「這箇存心，與『存其心，養其性』底存心不同，只是處心。」又問：「何謂處心？」曰：「以仁處於心，以禮處於心。」（五七）

此條甘節錄癸丑朱子年六十四以後所聞，距成集注至少已十六年。甘節有一注云：「集注非定本。」今查集注云云，與此條大義無別。是甘節所云非定本者，乃指四十八後之先成本，甘節此條問注下文言存仁存禮，今本集注亦不見，是今本乃朱子六十四後重定也。或問此處無說。

然朱子注四書，論其大義，固以得自二程者為大而多，此觀朱子論學之大綱要節所在而更可知矣。茲舉一二小節言之。語類：

問夜氣、平旦之氣。曰：「這一段，其所主卻在心。某嘗謂只有伊川說：『夜氣之所存者，良知也，良能也。』諸家解注，惟此說為當。」（五九）

問夜氣。曰：「夜氣靜。人心每日梏於事物，斲喪戕賊，所餘無幾。惟夜氣靜，庶可以少存爾。至夜氣之靜而猶不足以存，則去禽獸不遠，言人理都喪也。前輩皆無明說。某因將孟子反覆熟讀，每一段三五十過，至此方看得出。後看程子，卻說『夜氣之所存者，良知良能也』，與臆見合。以此知觀書不可苟，須熟讀深思，道理自見。」（五九）

趙岐孟子注，樸陋已甚。自董仲舒、揚雄、王通、韓愈，僅論性善性惡。漢唐儒者，於孟子甚少稱述。宋儒始尊孟子。然欲為其書句句而解，字字而說，前無傳統，如蠶叢開山，蓽路藍縷，事殊不易。其疏，則朱子同時一邵武士人所偽為，更屬無可憑據。故治孟子，與治他經不同。如此條朱子解

「夜氣」二字，艱苦如此。一見程氏之言，豈止如空虛之聞足音跫然乎？朱子畢生盡力為論孟集注，大端皆自程氏啟之。其於程氏遺書語及論孟，一字一句，凡所經目，盡如拱璧之入懷。固亦有檢擇，有秤量，然其珍寶鄭重之意，則誠一字一珠璣也。觀此條，可以想見。

語類又云：

「堯舜性之也」，性字似稟字。「湯武身之也」，是將這道理做成這箇渾身。將這渾身做出這道理。「五伯假之也，久假而不歸，惡知其非有也。」舊時看此句甚費思量。有數樣說。今所留二說，也自倒斷不下。（六〇）

此條沈僩錄戊午所聞，在朱子六十九以後。今集注仍是於「久假不歸」兩句留二說，而云舊說誤。

又曰：

此最難說，前輩多有辨之者，然卒不得其說。（六〇）

「久假而不歸，烏知終非其有」，諸家多如此說，遂引惹得司馬溫公、東坡來闢孟子。（六〇）

司馬遷云：儒家言六藝，必折衷於孔子。今如孟子此兩語，諸家舊說皆誤，朱子自立兩說，至其晚年，孰是孰非，亦仍自倒斷不下。若使二程亦曾討論及此，或可易作決定。故朱子於遺書縱多諍糾，終無傷於其尊奉之意也。

問：「『人能充無受爾汝之實』，集注云：『實，誠也。人不肯受爾汝之實者，羞惡之誠也。』」曰：「這些子注中解得不分曉。記得舊時解得好，卻因後來改來改去，不分曉了。看來實字對名字說。不欲人以爾汝之稱加諸我，是惡爾汝之名也。然反之於身而去其無可爾汝之行，是能充其無受爾汝之實也。若我身有未是處，則雖惡人以爾汝相稱，亦自有所愧矣。」（六一）

此條亦沈僩錄戊午以後所聞。今集注與沈僩所引不同，是朱子在六十九、七十時，此章集注又經改定。而六十九以前，此章集注亦已經多次之改動矣。

問「人能充無受爾汝之實」。曰：「某舊說恐未然。看來人皆惡爾汝之名，須是充此心，使無受爾汝之實。」又曰：「須是就這惡其名處充到那無受爾汝之實處，則無所往而不為義矣。如今面前惡穿窬之名，而背後卻為穿窬，便有穿窬之實。須是無穿窬之實始得。」（六一）

此條林子蒙錄，不知其年，殆與沈僩錄略同時。今集注之意，與告沈、林二人者相同，故知是答兩人後所改定。凡此皆見二程所未及，朱子多感有無所折衷之苦。

文集卷五十答程正思：

告子「生之謂性」，集注雖改，細看終未分明。近日再改一過，此處覺得尚未有言語解析得出，更俟款曲細看。他時相見，卻得面論。

此書當在丙午，朱子年五十七，距其四十八歲論孟集注成書已九年，此條注文已三度改定，茲錄其所附改定者如下：

「然則犬之性猶牛之性，牛之性猶人之性與」，犬牛人之形氣既具，而有知覺能運動者，生也。有生雖同，然形氣既異，則其生而有得乎天之理亦異。蓋在人則得其全而無有不善，在物則有所蔽而不得其全，是乃所謂性也。今告子曰：「生之謂性，如白之謂白」，而凡白之白無異白焉，則是指形氣之生者以為性而謂之，物之所得於天者亦無不同矣，故孟子以此詰之，而告子理屈詞窮，不能復對也。

右第三章，乃告子迷繆之本根，孟子開示之要切。蓋知覺運動者，形氣之所為，仁義禮智者，天命之所賦。學者於此，正當審其偏正全闕，而求知所以自貴於物，不可以有生之同而反自陷於禽獸，而不自知已性之大全也。

書末又云：

告子一段，欲如此改定，仍刪去舊論，似已簡徑。但恐於一原處未甚分明，請看詳之。

此處所改，朱子仍不自愜，集注今本此章，至少當是第四次改定。今復錄後以相較。

孟子又言，若果如此，則犬牛與人皆有知覺，皆能運動，其性皆無以異矣。於是告子自知其說之非而不能對也。

愚案：性者，人之所得於天之理也。生者，人之所得於天之氣也。性，形而上者也；氣，形而下者也。人物之生，莫不有是性，亦莫不有是氣。然以氣言之，則知覺運動，人與物若不異也。以理言之，則仁義禮智之稟，豈物之所得而全哉。此人之性所以無不善而為萬物之靈也。告子不知性之為理，而以所謂氣者當之，是以杞柳湍水之喻，食色無善無不善之說，縱橫繆戾，紛紜舛錯，而此章之誤乃其本根所以然者。蓋徒知知覺運動之蠢然者，人與物同。而不知仁義禮智之粹然者，人與物異也。孟子以是折之，其義精矣。

比看兩處，高下得失，顯然判矣。

語類有云：

孟子答告子「生之謂性」，與孟季子「敬叔父乎、敬弟乎」兩段語，終覺得未盡，卻是少些子直指人心見性成佛底語，空如許勞攘重複，不足以折之也。只有「長者義乎，長之者義乎」，此二語折得他親切。（五九）

又曰：

孟子闢得告子不知所答便休，竟亦不曾說得性之本體是如何。（五九）

上一條沈僩錄，朱子六十九以後語。下條余大雅錄，未悉其年。兩宋理學家當時思想大敵，厥為釋氏之禪宗。彼輩常有直指人心使人見性成佛之簡捷明白語，當下指點，開示親切。論語不言性與天道，孟子、中庸始言之，然朱子尚嫌孟子辨心辨性，少些直指人心見性成佛之簡易直捷語。如此章告子提出「生之謂性」四字，亦是簡括明淨，而孟子反駁，轉若勞攘重複，不見綱宗。即二程於告子「生之謂性」之說，亦加是認，不能痛切剖解。故朱子於伊川「性即理也」一語，特加稱揚。其書告程正思者，亦謂有生雖同，形氣既異，則有得乎天之理亦異，語義不可謂不得。然朱子仍不自愜，謂恐於一原處未甚分明。如云：「知覺運動，形氣所為，仁義禮智，天命所賦」，分兩為言，不能合一成說也。直至集注此章最後定稿，始曰：「性者人所得於天之理，生者人所得於天之氣。」則生之與性，皆得自天。又曰：「人物之生，莫不有是性，亦莫不有是氣。」則於人物一原處亦提示分明。朱子於理氣之分兩合一，於心性之相關互涉，無不剖析入微，圓滿周到。觀本書理氣篇、心性篇所述可見。然此等見解，皆是迭經探究，迄於晚年，始臻成熟。即觀此章集注，歷經四次之改定而可知矣。自經朱子此等探究，二程、橫渠言歸一貫，而語孟集注，辭簡義明，人人可曉。積而久之，學者不深求，幾於視此等語為老生之常談，又若朱子一生只是為書作注，隨文生解，更無新見創識，其亦觀此章而可知其不然矣。

或問此條有云：

或問：「子以告子論性數章，皆本乎『生之謂性』之一言，何也？」曰：「性之為說，吾既詳言之矣。告子不知理之謂性，乃即人之身而指其能知覺運動者以當之，所謂生者是也。始而見其但能知覺運動，非教不成，故有杞柳之譬。既屈於孟子之言，而病其說之偏於惡也，則又繼而為湍水之喻，以見其但能知覺運動而非有善惡之分。又以孟子為未喻己之意也，則又於此章極其立論之本意而索言之。至於孟子折之，則其說又窮，而終不悟其非也。其以食色為言，蓋猶生之云爾，而公都子之所引，又湍水之餘論也。以是考之，凡告子之論性，其不外乎生之一字明矣。但前此未有深究其弊者，往往隨其所向，各為一說以與之辯，而不察其所以失之之端獨在於此，是以其說雖多，而訖無一定之論也。」曰：「然則程子之說奈何？」曰：「是亦精矣，獨生字之義若有未瑩，是以吾說不免有小異者。如其所論氣質之性，理有善惡，及人物之性所以不同，如隙中日光，及以孟子之言為極本窮源之類，則固未嘗敢有所疑也。若其曰『論性不論氣不備，論氣不論性不明』者，則又極至之言。蓋孟子之言性善者，前聖所未發也；而此言者，又孟子所未發也。」曰：「然則告子固指氣質而言歟？」曰：「告子之所謂性者，固不離乎氣質，然未嘗知其為氣質，而亦不知其有清濁賢否之分也。」

朱子於論孟有精義、集注、或問三書。精義備引諸家，而無所折衷。或問乃因集注於諸家有折衷，而詳其取捨之意，乃是自立說，可以曲暢旁申。集注則一依論孟正文，隨之作解，求明其正文之本義而止，不貴多發揮。如此章，告子主「生之謂性」，伊川則曰「性即理也」。集注只當闡釋孟子正文，就孟子之折告子者作注，不當引伊川說折告子。抑且伊川說「性即理也」，下語亦有含混。萬物各具一性，亦各具一理，與孟子本旨仍有距離，故必添進橫渠義理之性與氣質之性之區別，乃始周備。今觀或問此條云云，朱子所以釋孟子此章之意，實早確定。惟其為集注，則須避去張程之言，徑就孟子正文作注，在立言措辭上，更須斟酌。今不知最先此章集注兩次所改定如何措辭，然觀其答程正思書有云「刪去舊論，似已簡徑」之云，則知在前有論，論則迹近自立言，故在三次改定時刪去。所謂「簡徑」，乃指其直從孟子原文作注，不加旁伸也。今集注此章最後定本乃曰：「性者，人所得於天之理，生者，人所得於天之氣。」既不引伊川「性即理也」一語，又避去義理之性與氣質之性之區別，皆不以闌入注中。是則朱子之為集注，貌若僅主於字訓，如此章之為性字生字作訓是也。實則乃以義理注義理，以後儒之新義理，注孔孟之舊義理也。朱子曾屢言二程橫渠諸說，為孟子所未及，上引或問一節又言之，若非引張程語，則孟子義終是不明不盡，故必引張程義以補足孟子義，亦猶以孟子義補足孔子義，義歸一貫，實不必有新舊之分，此乃朱子之曠見達識，非泥於為訓詁學者僅求字義之比。即如曰：「仁者心之德愛之理」，如此章性字生字之注皆是。若非博考北宋諸家各說，如精義所收，又何由能明白得朱子之從此諸家各說中所檢別選擇，又加以凝鍊而成之各字義訓之來歷與經過。然此諸家各說，均不免有以己見說經之病，朱子已屢言之。今乃折衷於論孟本文，對此諸家各說有所取捨，定於一是，此乃論孟集注之由來。然此之取捨以定一是者，乃積年經歲深思明辨而來，故集注屢加改定，而或問不及隨改，朱子乃不勸人兼讀或問，而仍勸人兼治精義。比倣之於前代，精義猶南北朝以下之諸經義疏，而論孟集注則猶如孔穎達之正義也。本篇多引或問，以推論集注之原本及以後之改動。此章則尤見其大義未改，而句斟字酌以達於簡徑明淨之迹。若學者必求精究集注，則先之有或問，後之有語類，皆宜逐章細看，庶可以知朱子集注一書精心結撰之大致也。

朱子與二程解經相異　下

余既備記朱子解經與二程相異，分為上、中兩篇，而猶有未盡，特拈數條，成此下篇。有一條之義，歷一二十年之久，屢經改易，而終不能臻於定論者。可見義理無窮，解經不易。而朱子凡於二程之說，既不專於墨守，亦不輕為更張，審辨已竭其智，迴護亦盡其力。而朱子本人見解之不斷有進展，有轉變，亦可於此覘之。讀者幸勿以其辭繁不殺，而認為多餘也。

一　論曾點堯舜氣象　附論曾點漆雕開已見大意

程氏遺書二：明道嘗言：「昔受學於周茂叔，每令尋顏子仲尼樂處，所樂何事。」遺書三：明道曰：「再見茂叔後，吟風弄月以歸，有『吾與點也』之意。」今不知濂溪當時曾與二程親口提及曾點否？又明道當時是否已悟到論語「吾與點也」之意？抑當時只是有吟風弄月之心境，後始悟到「吾與點也」之一章，追敍前情，遂爾云云？以今推之，恐最後一說較近。明道鄠縣之詩曰：「雲淡風輕近午天，望花隨柳過前川。旁人不識予心樂，將謂偷閑學少年。」此詩未提及曾點，然固已有此意矣。故上蔡云：「看他胸懷直是好，與曾點底事一般也。」自明道明白提出「曾點與聖人之志同，便是堯舜氣象」之語，遂歆動理學界，直至晚明不衰，幾成為理學家一口頭禪。朱子初不例外，早年有詩，題曰曾點。其詩云：

春服初成麗景遲，步隨流水玩晴漪。微吟緩節歸來晚，一任輕風拂面吹。

此亦明道隨花傍柳之意境，而明點出曾點，顯然認為論語「與點」一章，乃尋道進學之要途矣。然自四十八歲論語集注成書，下至七十，中經二十餘年，關於此章之注，迭有改定，其與朋好信札往返，及門人弟子之往復討論，朱子意見，屢有游移反覆，而所言乃有遠異於集注此章最後之定稿者。並云：某平生便是不愛人說「與點」。今即就朱子對此一章先後意見之轉變，亦可顯出朱子思想演進之痕迹。而其複雜紛歧之處，乃大可透露出朱子與明道兩人學脈之距離，抑可由此而覘朱陸異同之一面。象山語錄有云：「二程見周茂叔後，吟風弄月而歸，有『吾與點也』之意。後來明道此意卻存，伊川已失此意。」此其重視「與點」一章之意可知。余既揭此於朱陸異同散記篇，茲再摘錄文集、語類有關此一章之闡發，以見朱子本人對此見解之前後轉變及其與明道思想之異同。所論雖若小節，而關係實大。姑識所見，以待學者之續有所論定焉。

文集卷三十一與張敬夫論癸巳論語說「點爾何如」一節云：

此論甚高。然反復玩之，則夸張侈大之辭勝，而慤實淵深之味少。且其間文意首尾自相背戾處極多。且如所謂「曾子非有樂乎此也，蓋以見夫無所不得其樂之意耳」。只此一句，便自有兩重病痛。夫謂曾子非有樂乎此，此本於明道先生「簞瓢陋巷非有可樂」之說也。然顏曾之樂雖同，而所從言之則異，不可不察也。蓋簞瓢陋巷，實非可樂之事。顏子不幸遭之，而能不以人之所憂改其樂耳。若其所樂，則固在夫簞瓢陋巷之外也。故學者欲求顏子之樂，而即其事以求之，則有沒世而不可得者。此明道之說所以為有功也。若夫曾皙言志，乃其中心之所願而可樂之事也。蓋其見道分明，無所係累，從容和樂，欲與萬物各得其所之意，莫不靄然見於辭氣之間。明道所謂「與聖人之志同，便是堯舜氣象」者，正指此而言之也。學者欲求曾皙之胸懷氣象，而舍此以求之，則亦有沒世而不可得者矣。且夫子之問，欲知四子之所志也。四子之對，皆以其平日所志而言也。今於曾皙之言，獨謂其特以見夫無所不用其樂之意，則是曾皙於夫子之問，獨不言其平日之所志，而臨時信口撰成數句無當之大言，以誇其無所不樂之高也。如此，則與禪家拈搥竪拂、指東畫西者，何以異哉？其不得罪於聖人幸矣，又何喟然見與之可望乎？

又曰：

竊惟此章之旨，惟明道先生發明的當。若上蔡之說，徒贊其無所系著之意，而不明其對時育物之心。至引列子御風之事為比，則其雜於老莊之見，而不近聖賢氣象，尤顯然矣。

語類：或問：「學於明道恐易開發。」朱子曰：「明道卻有悟人處。」然又曰：「明道說話亦有過處。」如謂曾點「堯舜氣象」，是即其開發人，可使人悟入一新境，然言之有不免過高。伊川又謂「顏子有道可樂，即非顏子」，此亦過高之論。南軒論語說承續二程，亦多此等病痛。即如此條，謂曾點非有樂於浴沂風雩歌詠而歸之事，是乃欲掃空一切，務求高遠，正猶伊川謂顏子無道可樂也。故朱子謂其立說太高，而卒歸於無實。其辨顏淵、曾晳所從言樂有異，此事有大關係。曾晳之樂易見，顏淵之樂難尋。今明道言曾點與孔子志同，則尋孔顏樂處，似不如尋孔曾樂處矣。此不可不辨。然朱子又謂明道之說此章，「發明的當」，並無微辭。朱子與南軒書應在癸巳後，癸巳朱子年四十四，距集注成稿僅四年。故據此書所論，可以推見集注初稿之意見。

又文集卷四十二答石子重有曰：

門人詳記曾皙舍瑟之事，但欲見其從容不迫，灑落自在之意耳。若如此言，則流於莊列之說矣。且人之舉動，孰非「天機之自動」耶？然亦只此便見曾皙狂處，蓋所見高而涵養未至也。

子重有「『鼓瑟希，鏗爾，舍瑟而作』，天機自動，不知其所以然」之云，故朱子辨之如此。子重之說，即謝上蔡以「列子御風而行」相比之說也。朱子謂曾點所見高，而涵養未至，亦承明道謂曾點行有不掩之意。然既謂涵養未至，豈得便是堯舜氣象？由此再深求，便見明道語有罅縫。朱子此書，當在與南軒書稍後。然語氣之間有不同，亦見朱子於明道所言，實自始未能由心欣賞也。

又文集卷四十四答方伯謨有云：

夫子夢寐周公，正是聖人至誠不息處。然時止時行，無所執滯，亦未嘗不灑落也。故及其衰則不復夢，亦可見矣。若是合做底事，則豈容有所忽忘耶？以忘物為高，乃老莊之偏說。上蔡所論曾點事似好，然其說之流，恐不免有此弊也。

上蔡之言曰：「季路、冉求，常懷此意在胸中，在曾點看着，正可笑耳。學者不可着一事在胸中，纔着些事，便不得其正。且道曾點有甚事？『列子御風而行』近之。然易做，只是無心，近於忘。」上蔡所謂「不可着一事在胸中」，其實亦本之明道。明道曰：「堯舜事業，如太空中一點浮雲」，是即不着也。朱子對此有辨釋。又明道說論語「舜禹有天下而不與」，朱子極不取。惟明道說「與點」章，語較緩約，不直吐此意，故朱子猶加襲守。然謂孔子夢寐不忘周公，則與浴沂風雩詠歸之心情究不同。則朱子此書雖駁上蔡，實與明道意亦有間隙。

又文集卷五十一答萬正淳書，前附正淳來書，略云：

直卿書云：「浴沂一章，終是看不出。喟然而嘆，夫子與點之意深矣。集注云：『日用之間，無非天理流行之妙，曾皙有見於此，故欲樂此以終身。』如此卻是樂此天理之流行，而於本文曾皙意旨恐不相似。榦竊意恐須是如此，天理方流行。中心斯須不和不樂，則與道不相似，而計較係戀之私入之矣。此是一大節目，望詳以見教。」人傑竊謂浴沂一章，集注甚分明，無可疑者。其說曰：「曾點之學，有以見夫天理本然之全體，無時而不發見於日用之間，故其胸中灑落，無所滯礙，而動靜之際從容如此。及其言志，則又不過樂此以終身焉，無他作為之念也。」乃是曾點見得天理之發見，故欲樂此以終身。今直卿所云，固是道理高處，然其本意，卻謂須是如此天理方流行，則是先有曾點之所樂，方得天理之流行也。與集注之意，未免有差。伯豐所見與之相合，鄙意卻未敢以為然，伏乞賜教。

此書不定在何年。朱子四十八歲始成論孟集注，五十一歲萬人傑始來見，此書必尚在後。所引黃榦與吳必大兩人，於此章皆與師說持異，而萬人傑則仍守師說。朱子答書云：

集注誠有病語，中間嘗改定，亦未愜意。今復改數句，似頗無病，試更詳之。直卿之說，卻是做工夫底事，非曾點所以答「如或知爾則何以哉」之問也。甘節吉甫亦來問此事，并以示之：「曾點之學，蓋有以見夫人欲盡處，天理渾然，日用之間，隨處發見，故其動靜之際，從容如此。而其言志，則又不過即其所居之位，適其所履之常，而天下之樂無以加焉。用之而行，則雖堯舜事業，亦不外此，不待更有所為也。但夷考其行，或不揜焉，故不免為狂士。然其視三子者，規規於事為之末，則不可同年而語矣。所以夫子嘆息而深許之。」

萬正淳書中所見之集注，乃謂「曾點之學，有以見夫天理本然之全體，無時而不發見於日用之間，故其胸中灑落，無所滯礙」云云。此即黃直卿之所疑。而直卿與吳伯豐書，則簡引其大意而已。以此較之上引答張敬夫書中語，是集注已有改動，非初稿。而朱子得萬書後又加改定。謂「曾點之學，蓋有以見夫人欲盡處，天理渾然，日用之間，隨處發見」，是謂此渾然之天理，曾點乃於人欲盡處而發見。此可以釋直卿之所疑矣。朱子所改定者又曰：天理流行，隨處充滿，無少欠闕，是謂天理充滿於堯舜事業中，亦充滿於浴沂風雩中，固是同一渾然之全體。而曾點所見，亦不妨其只為流行之一面也。既謂曾點所見與堯舜同此一天理，則用之而行，堯舜事業亦不外此，不待更有所為。是為朱子集注此章之又一次改定，較之與張敬夫、石子重書時意見，迥乎不同。學者自可比觀而知。

黃直卿與吳伯豐書，前未全引，茲再詳引如下。其書曰：

天理方流行，中心斯須不和不樂，則與道不相似，而計較繫戀之私入之矣。夫子無意必固我，「老者安之，朋友信之，少者懷之」，正是此意，直是與天地相似。易曰：「貞吉悔亡，憧憧往來，朋從爾思。」夫子傳之曰：「天下何思何慮。」聖人豈教人如死灰槁木，曠蕩其心，倘佯其志哉？張子曰：「湛一性之本，攻取氣之欲」，物各付物，而無一毫計較繫戀之私，則致廣大而極高明，雖堯舜事業，亦不能一毫加益於此矣。後來邵康節先生全是見得此意思。明道先生詩中，亦多此意。

故朱子曰：「直卿之說，卻是做工夫底事。」至曾點之答，乃是直道自己心中境界。然此特曾點一時娛見，故集注下文又必以「行有不掩，不免為狂士」足之也。惟直卿此書，謂康節全是見得此意思，又謂明道詩中亦多此意，此見有宋一代理學家心中所追求之人生境界，自濂溪告二程尋孔顏樂處以來，實是同有此意。故明道於此章乃至以堯舜氣象說之，而朱子雖至晚年，此章集注雖經數次之改定，而終亦於明道此語不能捨棄也。後人乃以死灰槁木視理學，則固失之甚遠。又葉水心、魏鶴山亦以康節擬曾點。

又文集卷五十二答吳伯豐，前附伯豐來書云：

明道曰：「既得後須放開，不然卻只是守。」必大觀顏子之學，具體而微矣。然得一善則拳拳服膺，守之固也如此。不知明道放開之說，抑何謂耶？上蔡亦曰：「學者須是胸懷擺脫得開始得。」必大竊謂固滯狹隘固不足以適道，然不勉學者以存養踐行之實，而遽以此為務，此曾點之學，非顏子之學也。

朱子答書云：

明道之語，亦上蔡所記，或恐須字是必然之意。言既得則自有此驗，不但如此拘拘耳。非謂須要放開也。曾點之胸懷灑落，亦是自然如此，未必有意擺脫使開也。有意擺脫，則亦不能得開，而非所以為曾點矣。上蔡說恐不縝密，生病痛也。

此書不定在何年。伯豐有記戊申、己酉所聞，在朱子五十九、六十時。又與黃直卿同疑朱子「與點」章注，則此書與上引答萬正淳書當相距不甚遠。書中直言曾點之學非顏子之學，分別明爽。就直卿與伯豐兩人對「與點」一章之見解與意態，顯與張南軒、石子重諸人迥別，則是朱子平日講學提挈之明效也。上蔡云「學者不可着一事在胸中」，此即明道放開之說。而朱子必為明道迴護，專以歸咎上蔡，恐有不然。

又文集卷六十一答歐陽希遜，前附希遜來書云：

論語集注曰：「曾點氣象從容，辭意灑落」，某竊想像其舍瑟之際，玩味其詠歸之辭，亦可以略識其大概矣。程子謂其「便是堯舜氣象」，竊嘗以程子之意求之，所謂堯舜氣象者，得非若所謂不以位為樂，與夫有天下而不與之意乎？集注又云：「是雖堯舜事業固優為之」，不知所謂堯舜事業者，就其得於己者而言，就其得於事功者而言？孟子之所謂狂者，蓋謂「夷考其行而不掩焉」者也。若曰「言不顧行，行不顧言」，所行不能掩其所言也。不知曾點「行不掩焉」者，何處可見？

朱子答書曰：

曾點氣象，固是從容灑落，然須見得他因甚到得如此始得。若見得此意，自然見得他做得堯舜事業處，不可以一事言也。行有不掩，亦非言行背馳之謂，但行不到所見處耳。只此舍瑟言志處，固是聖人所與，然亦不害其為狂也。過此流入老莊去矣。

此兩書不定在何年。語類有希遜錄癸丑所聞，在朱子六十四歲。疑此往復，當在上引答萬、吳書後。答萬書謂「雖堯舜事業亦不外此，不待更有所為」，此書云「堯舜事業固優為之」，下語又別，是朱子又有改定也。謂「堯舜事業亦不外此，不待更有所為」，則疑若曾點之浴沂風雩詠歸，即可為堯舜事業，語有疵病。謂「固優為之」者，謂有此見識，則堯舜事業亦不過如此為之也。故知希遜所引之集注，又當在朱子錄示萬正淳者之後。希遜此書推說明道之意，實是確當。明道謂曾點是堯舜氣象者，實即莊周「孰肯敝敝焉以物為事」之意，與其說「舜禹之有天下而不與」本屬相通，上蔡亦本此說之。朱子論學，必兼顧事功。不喜明道之言「有天下而不與」，故謂曾點見識即可以為堯舜之事業，此與明道之謂曾點「便是堯舜氣象」者意實不同。是朱子雖承明道為說，而固與明道本意有違也。

同卷歐陽希遜又續有一書究問此章，其書云：

謙之前此請問曾點「氣象從容，辭意灑落」，「堯舜事業亦優為之」，先生批教云：「曾點氣象固是從容灑落，然須見得他因甚得到如此始得。若見得此意，自然見得他做得堯舜事業處。」謙之因此熟玩集注之語，若曰：「但味其言，則見其日用之間，無非天理流行之妙，而用舍行藏，了無所與於我。」見得曾點只是天資高，所見處大，所以日用之間，無非天理流行之妙，惟其識得這道理破，便無所係累於胸中，所謂「雖堯舜事業亦優為之」，自其所言，以逆諸其日用之間，而知其能爾也。何者，堯舜之聖，只是一箇循天理而已。然曾點雖是見處如此，卻無精微縝密工夫。觀論語一書，點自言志之外無一語問答焉，則其無篤實工夫可見矣。使曾點以此見識，加之以鑽仰之功，謹於步趨之實，則其至於堯舜地位也孰禦。本朝康節先生大略與點相似，伏乞指教。

朱子答書云：

人有天資高，自然見得此理眞實流行運用之妙者，未必皆由學問之功。如康節，二程先生亦以為學則初無不知也。來喻皆已得之。大抵學者當循下學上達之序，庶幾不錯。若一向先求曾點見解，未有不入於佛老也。

希遜此書，辭緩而意切。曾點既無篤實工夫，如何便到日用之間無非天理流行之妙之地位。希遜只認曾點見處到此，不認其行處有此。與朱子先前答張南軒、石子重諸書所持意見卻相似。上引示萬人傑，亦謂曾點行有不掩。及是希遜兩度來書討論，朱子之答，亦只說見處，不說行處。又謂「天資高，自然見得，未必由學問之功」。又曰：「來喻皆已得之。」則朱子意見，至是又復稍稍有變。蓋其將曾點地位逐步移低，不僅因黃直卿之疑，實亦經歐陽希遜之討究也。

又文集卷六十二答甘吉甫，問：「集注中說曾點，有『樂此終身』一句，不知如何？」答書云：

觀舜居深山之中，伊尹耕於有莘之野，豈不是樂此以終身。後來事業，亦偶然耳。若先有一毫安排等待之心，便成病痛矣。注中若無此句，即此一轉語全無收拾，答它聖人問頭不着，只如禪家擎拳豎拂之意矣。

語類甘節有記癸丑朱子年六十四以後所聞。疑此書亦當與答歐陽希遜兩書略相先後。吉甫疑論語此章並無「樂此終身」之語，何為注中特加此四字。朱子則謂孔子本問「如或知爾則何以哉」，而曾點以浴沂風雩詠歸為答，是乃答非所問，有近禪家味，故特加此四字，以見曾點以「樂此終身」為志也。然伊尹耕於有莘之野，所樂乃堯舜之道，其志自在兼善天下。謂「後來事業亦偶然耳」，似有未妥。謂聖賢之於事業，非先有安排等待之心則可，謂全無其志，只出偶然，堯舜恐不如此。今集注最後定本，無「樂此終身」語，蓋朱子終亦覺其未安而刪之也。

又文集卷四十五答廖子晦有云：

曾點一段，集注中所引諸先生說已極詳明。蓋以其所見而言，則自源徂流，由本制末，堯舜事業，何難之有。若以事實言之，則既曰「行有不掩」，便是曾點實未做得，又何疑哉？聖人與之，蓋取其所見之高，所存之廣耳。非謂學問之道只到此處便為至極而無以加也。然則學者觀此，要當反之於身，須是見得曾點之所見，存得曾點之所存，而日用克己復禮之功，卻以顏子為師，庶幾足目俱到，無所欠闕。橫渠先生所謂「心要弘放，文要密察」，亦謂此也。

此書後幅提及韓文考異刻版事，已在慶元丁巳朱子六十八歲考異成書之後。書中謂「集注中所引諸先生說已極詳明」，而今集注此章所引只二程語四條，不及他人。所謂諸先生之說，今猶存於精義，蓋集注後又刪去也。書中只言事業學問，更不提及氣象二字，且曰「日用克己復禮之功，以顏子為師」，克己復禮與浴沂風雩詠歸乃絕然兩種境界。知朱子晚年有關曾點之見解，與其答石子重書前後相隔踰二十年而轉若無大變。然視其與萬正淳書以下，則實有一番大迂迴大曲折也。

通觀上引，凡從遊於朱子之門者，於朱子注此章，多滋疑辨。於曾點為人，亦多不見有甚深之欣賞。而凡從遊象山門下者，如朱陸異同散記篇所引，皆極好言曾點。萬正淳乃自象山門下轉來，故獨以朱子此章原注為是。據此一節，亦可見朱陸講學之異同。象山實是承接上蔡、明道。朱子雖亦竭意欲守明道之說而加以發揮，終似精神不相契合。此章經二十年間之屢次改定，蓋亦多得其門人弟子質疑問難之助。而其門人弟子之所質問，則又承朱子平日之教言而來。學者潛心密玩，當可約略參得此中消息，非文字考索之所能盡也。

以上據文集書柬往復，以證朱子集注此章之迭經改定。趙順孫論語纂疏卷六本章引輔廣語錄云：

集注於此一段，凡三次改削，然後得如此平實，學者當深味之。

今按上引萬正淳來書，是其第一次改定。朱子答正淳書，是其第二次改定。今本集注乃朱子七十時最後所定。若連集注初成時原注計之，是凡四易其稿也。至於「堯舜事業亦不外此」之改為「堯舜事業固優為之」，此等小改動，尚不計在內。至謂集注初稿原本與萬正淳書所引不同，則不僅可證之與張敬夫書，並有或問可證，當於篇末詳之。

此下當再節引語類以證上文之所論。

問集注云：「曾點之學，有以見乎日用之間，莫非天理流行之妙。」（四〇）

此條潘植錄癸丑所聞，朱子年六十四。此時之集注，即是黃直卿所疑也。

問：「集注謂曾點『氣象從容』，便是鼓瑟處，『詞意洒落』，便是下面答言志，『雖堯舜事業亦優為之』處否？」（四〇）

此條周明作錄壬子朱子年六十三以後所聞，不定在何年。惟引集注「亦優為之」語，則必在潘植一條之後。

問「曾點言志，雖堯舜事業亦優為之」。（四〇）

此條呂燾錄己未所聞，朱子年七十。呂燾當時所見集注仍有此語。惟朱子所答，則確可見出朱子晚年之意見。答曰：

曾點為人高爽，日用之間，見得這天理流行之妙，故堯舜事業，亦不過自此做將去。然有不同處。堯舜便是實有之，踏實做將去。曾點只是偶然綽見在。譬如一塊寶珠，堯舜便實有在懷中，曾點只看見在。只緣他見得快後不將當事，所以只見得了便休。故他言志，亦不是要去做事底，只是心裏要恁地快活過日而已。

此條直謂曾點只是「偶然綽見」，又說他不將當事，所以見了便休。又曰：「他言志亦不是要去做事，只心裏要恁地快活過日。」與上引答甘吉甫書意義迥別，此始是朱子晚年定見也。今集注最後改本，則應尚在後。

或問曾點氣象。曰：「曾點氣象固是從容灑落，然須見得他因甚得如此始得。若見得此意，自然見得他做得堯舜事業。」（四〇）

此條董銖丙辰朱子年六十七以後所聞。六十八答廖子晦，謂「曾點實未做得」，與七十答呂燾問大意略近。而答董銖錄則謂曾點自然做得堯舜事業，只在此六十七至六十八一年中，朱子意見似又開豁轉換了。答呂燾語備見明爽。然今集注此章之最後改定，則尚在後。可見朱子最先受明道一語影響之深。亦或朱子晚年深見陸學流弊，故毅然於集注此章作最後之改定也。

廖子晦、李唐卿、陳安卿共論三子言志及顏子喟然之歎，錄其語質諸先生，先生曰：「覺見諸公都說得枝蔓。此等處在人自活看方得。若云堯舜事業非曾點所能，又逐一稱述堯舜來比並，都不是如此。曾點只是箇高爽底人，他意思偶然自見得，只見得了便休，堯舜則都見得了，又都踏着這箇物事行，此其不同處耳。要之只說得箇見天理明所以如此，只說得到此住。已上說不去了，要人自見得。只管推說，已是枝蔓。」（四〇）

此條沈僩錄戊子朱子年六十九以後所聞。廖、李、陳三人皆疑堯舜事業非曾點所能，亦如呂燾之意。朱子所答，亦一如其答呂燾。堯舜事業，也只是箇見得天理明而已。曾點所見高而涵養未至，則非其人也。是朱子晚年意見，大體仍如其答張南軒、石子重時。在此中間，乃有「堯舜事業曾點優為」之語，雖屢經其門人弟子不斷問難，然觀此條，朱子仍似無删去「優為」一語之意。今集注最後定本，始不見此語，則尚在呂燾一問之後。

語類又云：

如曾點浴沂一段，他卻是眞箇見得這道理。而今學者，只是想像得這一般意思。知底又不實去做。及至事上做得細微緊密盛水不漏底，又不曾見得那大本。（二七）

此條亦沈僩錄，認曾點眞箇見得這道理，把見底與做底分別，因有止在事上做而不曾見得那大本者，故曾點終獲夫子當時之稱許也。

問：「再看『浴沂』章，程子云：『曾點狂者也，未必能為聖人之事，而能知夫子之志。故曰「浴乎沂，風乎舞雩，詠而歸」，言樂而得其所也。孔子之志，在於「老者安之，朋友信之，少者懷之」，使萬物莫不遂其性。曾點知之，故孔子喟然歎曰「吾與點也」。』若如程子之說看，則事皆切實。若只從曾點見得箇大底意思看，恐易入於虛無。」先生曰：「此一段，惟上蔡見得分曉。蓋三子只就事上見得此道理，曾點是去自己心性上見得那本原頭道理。使曾點做三子事，未必做得，然曾點見處，雖堯舜事業亦不過以此為之而已。程子所說，意思固好，但所錄不盡其意。看得來上面須別有說話在。必先說曾點已見此道理了，然後能如此，則體用具備。若如今恁地說，則有用無體，便覺偏了。」因說「『浴沂』一章解，向來亦曾改過，但今尋未見在。」（四〇）

此條輔廣錄甲寅朱子年六十五以後所聞，不定在何年。明道說此章，謂「孔子與點，蓋與聖人之志同，便是堯舜氣象也」。朱子只重其下一語。惟因朱子論學求能本末內外兼到，既是堯舜氣象，便應可有堯舜事業，故曰「雖堯舜事業亦優為之」。而朱子門人弟子則多不信受此意。輔廣之問，轉向於明道之上一語，不煩論到堯舜事業，而老安幼信少懷，則事皆切實。然朱子之說此章，自始即不采程子之上一語，其與張敬夫書則曰：「曾點見道分明，無所係累，從容和樂，欲與萬物各得其所。」又謂：「上蔡之說徒贊其無所系著之意，而不明其對時育物之心。」自此以下，直至集注最後定本，謂「其胸次悠然，直與天地萬物上下同流，各得其所之妙，隱然自見於言外」。此等描寫，皆切就本章「莫春者」以下一段而推說曾點當時之心情。據此而言胸襟，言氣象，皆由此推出。若曰老安、友信、少懷，則與本章原文無涉，故朱子於程子說此章之上一語，僅取「各遂其性」四字，而於老安、友信、少懷之云始終避不提及，此乃朱子之說經精切，與虛引經文自申己意者不同。今輔廣乃專就明道上一語逼問，朱子又並不肯明白指出明道此語與本章之無涉，乃逼出「此一段惟上蔡見得分曉」之說。蓋上蔡專就心性，專就見處立論，曾點果能見到那本原道理上，則堯舜事業豈是定不可為。若如明道說，則不見了上面一段。今問曾點如何能與夫子志同，如何便是堯舜氣象，則上蔡已說了上一截，謂「不可着一事在心中」。朱子又補了下一截，謂人欲盡處天理流行。根據本章「莫春者」以下一段，知曾點實已見到此處。上蔡又曰：「推曾點之學，雖禹稷之事固可以優為，特其志不存焉。」朱子「堯舜事業曾點優為」之語，亦承此而來。朱子說此章，其先對上蔡語極不喜，至是乃謂「此一段惟上蔡見得分曉」，此一轉變，實大堪注意。至其謂「浴沂一章解，向來亦曾改過，但今尋未見」，則不知所指，無可深論矣。

語類又曰：

上蔡說「鳶飛魚躍」，因云「知『勿忘、勿助長』則知此，知此則知夫子與點之意」。看來此一段好，當入在集注中「舞雩」後。（四〇）

此條亦沈僩錄朱子六十九以後語。與其答輔廣問者相近，故知輔廣一條亦當近在此時。然今集注最後定本終未加入上蔡此條，可知朱子注此章，實是不斷斟酌，煞費苦心。而終於不錄上蔡此一條入集注。蓋因上蔡終不免說得高虛，而朱子則力求平實也。

李守約問「子路達時，便是此氣象」。曰：「固是，只更有節奏難說。聖人只為他『其言不讓』，故發此語。如今看來，終不成纔會得讓底道理，便與曾點氣象相似。如今且看。若更去說程子之說，卻又是說上添說。子思言『鳶飛魚躍』，與孟子言『勿忘勿助長』，此兩處皆是喫緊為人處，但語意各自別。後人因『喫緊為人』一句，卻只管去求他同處，遂至牽合。」（四〇）

此條錢木之錄丁巳所聞，朱子年六十八。朱子對程說「子路只為不達為國以禮道理，故夫子哂之，若達，卻便是這氣象」之語，意有不慊。「鳶飛魚躍」與「勿忘勿助長」並說，亦出明道，朱子亦所不喜。翌年告沈僩，又欲將上蔡「鳶飛魚躍」一條加入集注舞雩章，而終未加入。參以此條，朱子之意自見。

語類又曰：

因言：「莊子，不知他何所傳授，卻自見得道體。蓋自孟子之後，荀卿諸公皆不能及。如說『語道而非其序，非道也』，此等議論甚好，度亦須承接得孔門之徒，源流有自。」因說：「曾點之徒，氣象正如此。」問：「論語集注說曾點『雖堯舜事業亦優為之』，莫只是堯舜事業亦不足以芥蔕其心否？」曰：「堯舜事業，也只是這個道理。」又問：「他之所為必不中節。」曰：「本領處同了，只是無細密工夫。」（一六）

此條亦錢木之錄。木之謂堯舜事業不足芥蔕其心，此卻深合明道、上蔡本意。但朱子意不喜此，故必說為明得此道理。又說到莊周亦見得道體，因謂曾點乃是莊周氣象。此與明道以孔子之志、堯舜之氣象說曾點，顯見有差。而上蔡以列子御風為說，卻未為十分不是矣。

問：「孔門狂者，如琴張、曾晳輩是也。如子路、子夏輩，亦可謂之狷者乎？」曰：「孔門亦有狂不成狂，狷不成狷，如冉求之類是也。至於曾晳，誠狂者也，只爭一撮地，便流為莊周之徒。」（六一）

此條余大雅錄戊戌所聞，朱子年四十九，距論孟集注成書只一年。謂其只爭一撮地即便流為莊周之徒，亦如其告錢木之，是朱子前後意見本相一致，但中間迂迴了一大彎，是亦至可尋味。

語類又曰：

曾點方當侍坐之時，見三子言志，想見有些下視他幾個。作而言曰：「異乎三子者之撰。」看其意，有鳳凰翔於千仞底氣象。莊子中說，孟子反、子琴張喪側或琴或歌，點亦只是此輩流。渠若不得聖人為之依歸，須一向流入莊老去。（二七）

此條徐寓錄庚戌朱子年六十一以後所聞，不定在何年。直謂曾點下視三子，只是孟子反、子琴張輩流。雖曰鳳凰翔於千仞，要之乃是狂士，不得謂之聖賢氣象。

又曰：

曾點意思與莊周相似，只不至如此跌蕩。（四〇）

此條潘時舉錄癸丑朱子年六十四以後所聞。

又曰：

曾點言志，當時夫子只見他說幾句索性話，令人快意，所以與之。其實細密工夫卻多欠闕，便似莊列。如季武子死，倚其門而歌，打曾參仆地，皆有些狂怪。（四〇）

此條萬人傑錄庚子朱子年五十一以後所聞，不定在何年。明言夫子所以與之之意，全非明道所謂與夫子志合，又非是堯舜氣象。只是說了幾句索性話，而其為人終是有些狂怪。

又曰：

明道亦稱莊子，云「有大底意思」。又云：「莊生形容道體儘有好處。」曾點見得大意，然裏面工夫卻疎略。明道亦云：「莊子無禮無本。」（四〇）

此條葉賀孫錄辛亥朱子年六十二以後所聞，不定在何年。引明道稱莊子，以比其稱曾點。莊子無禮無本，曾點亦頗似之。

又曰：

某嘗說曾晳不可學，他是偶然見得如此，夫子也是一時被他說得恁地，也快活人，故與之。今人若要學他，便會狂妄了。夫子說「吾黨之小子狂簡，不知所以裁之」。如莊列之徒，皆是他自說得恁地好。若是不裁，只管聽他恁地，今日也浴沂詠歸，明日也浴沂詠歸，卻做箇甚麼合殺。（四〇）

此條黃義剛錄癸丑以後所聞。又林夔孫亦有錄，在丁巳以後，則此條乃丁巳後語也。丁巳朱子年六十八。此是朱子放棄明道而直抒胸臆之談。

又曰：

如莊子，亦見得堯舜分曉。或問天王之用心何如，便說到「天德而出寧，日月照而四時行，若晝夜之有經，雲行而雨施」。以是知他見得堯舜氣象出。曾點見識儘高，見得此理洞然。只是未曾下得工夫。（四〇）

此條徐寓錄庚戌朱子年六十一以後所聞。莊周亦見得堯舜氣象，以與曾點等類平稱，此朱子自己見解。但較上條言之遠為平婉。大抵此條在前，上條在後。愈到晚年，愈見其有直吐胸臆之語。

又曰：

季武子死，曾點倚其門而歌。他雖未是好人，然人死而歌，是甚道理。此便有些莊老意思。程子曰：「曾點、漆雕開已見大意。」看得來漆雕開為人卻有規矩，不肯只恁地休。（四〇）

此條輔廣錄甲寅朱子年六十五以後所聞。明謂曾點無禮，便恁地休，尚不如漆雕開。

以上雜引錢木之錄以下凡十條，惟余大雅一條最在前。其他八條皆出朱子六十一以後。萬人傑一條年未定，殆亦是朱子六十後語。是皆直抒己見，非復明道心意中之曾點矣。

又曰：

曾點說得驚天動地，開較穩貼。（四〇）

此條林賜錄乙卯朱子年六十五以後所聞。其實論語所記曾點語，亦未見其驚天動地處，只被明道說得驚天動地耳。

語類又曰：

程子論三子言志自是實事一段，甚好。及論夫子與點一段，意卻少異，所以集注兩載之。（四〇）

此條吳必大錄戊申、己酉所聞，朱子年五十九、六十。今重錄此兩條如下：

一、程子曰：「古之學者，優柔厭飫，有先後之序。如子路、冉有、公西赤言志如此，夫子許之亦以此，自是實事。後之學者好高，如人游心千里之外，然自身卻只在此。」

二、孔子與點，蓋與聖人之志同，便是堯舜氣象也。誠異三子者之撰。特行有不掩焉耳，此所謂狂也。

上一條乃伊川語，下一條是明道語。朱子論語精義載二程諸說皆分別注明。及為集注，則只稱程子。意謂二先生大義是一，不煩分別也。然此兩條，朱子明謂「意卻少異」。又精義此章，先載明道三條，又載伊川此條，今集注乃特移伊川此條在前，明道三條在後，輕重之意，顯然自見。若繼此再加說明，謂伊川說此甚好，明道微有不同，則為朱子所不欲。此誠使後人有研讀集注不易之憾，然朱子大而化之，亦似不欲人必如是研讀也。

問曾點言志章，程子云云。先生曰：「集注內載前輩之說於句下者，是解此句文義。載前輩之說於章後者，是說一章之大旨，及反覆此章之餘意。今曾點說底不曾理會得，又如何理會得後面底。」（四〇）

此條吳雉記，不知在何年，然殆是晚年也。明道云：「曾點便是堯舜氣象。」又曰：「曾點、漆雕開已見大意。」此二語，乃是孔門以下千載未有之創論，誠可謂驚天動地之說矣。朱子終於不曾割棄此兩語，而集注此章乃化了一百三十七字來解釋「夫子喟然歎曰吾與點也」之十字。此亦開自古注經未有之特例。此條告吳雉曰：「今曾點說底不曾理會得，又如何理會得後面底」，則凡集注章後圈外所載，未遽是論語本文原義，朱子已明白點破。讀集注者，當先讀朱子圈下之注，再讀所引圈外之語，兩者先分別而觀，又復會合求之，庶可以不失集注之眞意所在。

語類又曰：

江西嚴時亨、歐陽希遜問目，皆問曾點言志一段，以為學之與事，初非二致，學者要須涵養到「清明在躬，志氣如神」之地，則無事不可為也。先生曰：「此都說得偏了。學固着學，然事亦豈可廢。若都不就事上學，只要便如曾點樣快活，將來卻恐狂了人去。學者要須常有三子之事業，又有曾點襟懷，方始不偏。蓋三子是就事上理會，曾點是見得大意，卻少事上工夫。三子雖就事上學，又無曾點底脫灑意思。」（四〇）

此條潘時舉錄癸丑朱子年六十四以後所聞。子路三人就事上學，規規於事為之末，無曾點脫灑意思。然如曾點只求脫灑，不就事上學，此皆失之。朱子所以不願捨棄明道「曾點堯舜氣象」一節者，蓋就事業着眼，則漢唐以來諸儒皆然。明道此語，乃為儒學開一新境界，可補漢唐諸儒之不足。然若偏向這邊去，認為即此是學，認為只此便無事不可為，此又朱子所深憂，認其流弊必落於佛老之虛無。而如當時浙學一意在功利路上打算，則更為朱子所不喜。故集注此章之最後定本，雖將「堯舜事業亦優為之」一語刪卻，然明道「堯舜氣象」之語，則終保留在圈外。在朱子意，學者先將注中曾點之學以下一段細玩有得，再及圈外明道語，會合參究，庶可於事業胸襟雙方兼到也。

問：「『願聞子之志』，雖曰比子路、顏子分明氣象不同，然觀曾點言志一段，集注盛贊其雖答言志之問，而初實未嘗言其志之所欲為，以為曾點但知樂所樂，而無一豪好慕之心，作為之想，然則聖人殆不及曾點邪？」曰：「聖人言志，雖有及物之意，然亦莫非循其理之自然，使物各得其所，而己不勞焉，又何害於天理之流行哉？蓋曾點所言，卻是意思。聖人所言，盡是事實。」（二九）

此條李壯祖錄，不知其年。亦殆是朱子晚年語。有此事實，斯必有此意思。若僅有此意思，則不必有此事實，只是虛意思。若謂堯舜亦便只是曾點氣象，則可從堯舜事業中指點出堯舜胸襟，語較無病。今謂曾點便即是堯舜氣象，則使人僅重虛意，忽了實事。故集注此章定本，只論曾點意思，卻不言其優為堯舜之事業，又不牽涉曾點氣象便是堯舜氣象，只說曾點氣象與三子之不同。後乃於圈外引明道語。讀者苟能仔細參究，亦可不至如李壯祖之所疑，謂孔子不及曾點也。朱子此章之注，經歷二十餘年，屢次改定，其最後見解或是如此。姑識於此，以待學者之再究。

厥後黃東發日鈔有曰：

夫子以行道救世為心，而時不我與，方與二三子相講明於寂寞之濱。而忽聞曾點浴沂之言，若有獨契於浮海居夷之志，飲水曲肱之樂，故不覺喟然而歎。蓋其意之所感者深矣。

黃氏誠不媿為朱學之後勁。此說甚得論語「與點」一歎之深旨，較之集注似更允愜。朱子固亦有「被曾點說得索性也快人」之語，然終不如黃氏此條之明確而平正。惟明道、朱子兩人所欲表出胸襟氣象與事業兼重之意，則亦掩而不彰，未能引人深思矣。明儒楊升菴謂朱子於易簀前曾悔集注「吾與點也」一節未能改定，恐遺誤後學。此說不知所從來。楊氏文章之士，生當弘治、嘉靖，王學盛行，或有感於當時之好言「與點」而造為此說，亦不可知。要之集注此章，苟非善讀，貽誤亦難免。觀朱子所以告象山門下者，則朱子於此章，雖在七十晚年屢經改定，或猶有未愜意處。升菴云云，亦非絕不可能之事也。

曾點之所以歆動一時學人之心者，因明道既推其是堯舜氣象，而當下便有一番樂趣，誰不樂於趨之。朱子於曾點樂處亦頗有抉發。

問：「曾點浴沂氣象，與顏子樂底意思相近否？」曰：「顏子底較恬靜，無許多事。曾點是自恁說，卻也好。若不已，便成釋老去。所以孟子謂之狂。顏子是孔子稱他樂，他不曾自說道我樂。大凡人自說樂時，便已不是樂了。」（四〇）

此條陳淳錄，應在己未朱子七十時。較其與張南軒書分析顏、曾樂處，又大不相侔。蓋朱子至是，乃始有惟顏子得為眞樂之意也。

問顏子樂處。曰：「顏子之樂，亦如曾點之樂。但孔子只說顏子是恁地樂。曾點卻說許多樂底事來。點之樂淺近而易見，顏子之樂深微而難知。點只是見得如此，顏子是工夫到那裏了，從本原上看方得。」（三一）

此條林賜錄乙卯朱子年六十六以後。

又曰：

顏子之樂平淡，曾點之樂已勞攘了。至邵康節云：「眞樂攻心不奈何。」樂得大段顚蹶。（三一）

此條林學蒙錄甲寅朱子年六十五以後所聞。皆分別顏、曾所樂不可一概而論。

明道詩云：「旁人不識予心樂，將謂偷閑學少年。」此是後生時氣象炫露，無含蓄。（九七　九三）

此條滕璘、林學蒙同有錄。亦分別樂有深淺，非可謂樂之所在，即道之所在。滕錄乃辛亥所聞，林錄乃甲寅以後所聞，相隔三年以上，而兩條文字全同，豈朱子曾屢言之，抑林錄乃轉得之滕錄乎？要之朱子確有此語則無疑。

朱子既比論顏淵、曾點樂處深淺，又常比論曾點、曾參父子學養虛實。宋儒認為曾參以一唯得聖學之傳，其地位僅次於顏淵，取與曾點並論，最可發人深省也。

問：「須是先知然後行。」曰：「不成未明理便都不持守了。且如曾點與曾子，便是兩箇樣子。曾點便是理會得底，而行有不揜。曾子便是合下持守，旋旋明理到一唯處。」（九）

此條廖德明錄癸巳朱子年四十四以後所聞，不知定在何年，或尚在集注未成書前。

語類又曰：

曾點卻與曾子相反。曾子便是着實步步做工夫，到下梢方有所得。曾皙末流便會成莊老。想見當時聖人亦須有言語敲點他，只是論語載不全。（二八）

此條葉賀孫錄辛亥朱子年六十二以後所聞。惟葉錄似出晚年者為多，今無以定。

又曰：

曾子父子卻相反。曾子初間卻都不見得，只從小處做去。及至一下見得大處時，他小處卻都曾做了。（二八）

此條林賜錄乙卯朱子年六十六以後所聞。

又曰：

曾點與曾參正相反。曾參卻是積累做去。千條萬緒，做到九分八釐，只有這些子未透，既聞夫子一貫之旨，則前日之千條萬緒皆有着落。（二八）

此條萬人傑錄庚子朱子年五十一以後所聞。然此條疑當在六十後。

又曰：

某嘗説曾晳不可學。他父子之學正相反。曾子是一步一步踏着實地去做。直到那「曾子曰唯」方是得了。然他到這裏，也只是唯而已，也不曾恁地差異。從此後，也只是穩穩帖帖恁地去。到臨死，尚曰：「而今而後，吾知免夫，小子。」也依舊是戰戰兢兢，不曾恁地自在。曾晳不曾見他工夫。（四〇）

此條黃義剛、林夔孫同有錄。黃錄在癸丑以後。林錄在丁巳以後。丁巳朱子年六十六，此條乃六十六後語。

又曰：

曾晳見識高，未見得其後成就如何。曾參卻是篤實細密。（四〇）

此條吳必大錄戊申、己酉所聞，朱子年五十九、六十。

又曰：

某嘗謂曾點父子為學每每相反。曾點天資高明，用志遠大，故能先見其本，往往於事為之間有不屑用力者焉。曾子一日三省，則隨事用力，而一貫之說，必待夫子告之。然而一唯之後，本末兼該，體用全備。故其傳道之任，不在其父而在其子。則其虛實之分，學者其必有以察之。（四〇）

此條李壯祖錄，似當在晚年。

又曰：

曾點、曾參父子正相反。以點如此高明，參卻魯鈍，一向低頭捱將去。直到一貫，方始透徹。是時見識，方到曾點地位，然而規模氣象又別。（四〇）

此條徐寓錄庚戌朱子年六十一以後所聞。謂「規模氣象又別」者，即其為學虛實之辨也。

又曰：

曾點、曾參父子兩人絕不類。曾子隨事上做，細微曲折，做得極爛熟了，才得聖人指撥，一悟即了當。點則不然。合下便見得如此，卻不曾從事曲折工夫。所以聖人但說「吾與點也」而

已，若傳道則還曾子也。（四〇）

此條周明作錄壬子朱子年六十三以後所聞。

又曰：

曾點父子正相拗。學者須如曾子逐步做將去，方穩實。（四〇）

此條呂燾錄己未所聞，朱子年七十。

又曰：

曾子父子之學自相反，一是從下做到，一是從上見得。（一一七）

此條陳淳錄，應是己未所聞。

又曰：

曾氏父子二人極不同。世間自有一樣人，如此高灑見得底，學不得也。學者須是學曾子，逐步

做將去，方穩實。（四〇）

此條沈僩錄戊午朱子年六十九以後所聞。此上三條，同可奉為朱子之晚年定論。上舉十二條，朱子皆以曾點、曾參父子並論。想來若非如此，亦無以折服當時學風競慕曾點之趨勢。今若擬諸佛家禪宗，朱子言曾參，乃如神秀之漸修，曾點則近慧能之頓悟。朱子教人學曾參，然直至晚明，學者終自喜談曾點，此亦朱子所無奈何。而朱子對明道之說曾點，所以力加糾挽之意，亦可由此體會。

明道又以曾點、漆雕開兩人略見大意並舉，今試再引朱子之比論兩人者於下。

問：「漆雕開與曾點孰優劣？」曰：「舊看皆云曾點高，今看來，卻是開着實，點頗動盪。」（二八）

此條鄭可學錄辛亥所聞，朱子年六十二。舊皆看高曾點，朱子獨推漆雕開。然亦未能挽得此風氣轉。

問「曾點、漆雕已見大意」。曰：「漆雕開想是灰頭土面樸實去做工夫，不求人知底人。雖見大意，也學未到。若曾晳則只是見得，往往卻不曾下工夫。」（二八）

此條潘時舉錄癸丑朱子年六十四以後所聞。漆雕開學未到，曾點則不曾下工夫，又特於漆雕開加上「灰頭土面」字樣，以與明道「曾點便是堯舜氣象」對照，亦可見明道、朱子兩人間意趣之相異。

或問「曾點、漆雕開已見大意」。曰：「開是着實做事，已知得此理。點見識較高，但卻着實處不如開。開卻進未已，點恐不能進。」（二八）

此條董銖錄丙辰朱子年六十七以後所聞。「開卻進未已，點恐不能進」，此十字道盡朱子意中兩人優劣。

問：「恐漆雕開見處未到曾點。」曰：「曾點見雖高，漆雕開卻確實，觀他『吾斯之未能信』之語可見。」（二八）

此條陳文蔚錄戊申朱子年五十九以後所聞，未定在何年。然朱子評曾點，往往在六十後始自出己見，此條或亦然。

又曰：

「曾點、漆雕開已見大意」，若論見處，開未必知點透徹。論做處，點又不如開者實。邵堯夫見得恁地，卻又只管作弄去。（二八）

此條李儒用錄己未所聞，朱子年七十，亦朱子晚年定論也。兩條皆重做處尤重於見處。僅重見處，將變成作弄，明儒此弊尤著。

又曰：

曾點已見大意，卻做得有欠缺。漆雕開見得不如點透徹，而用工卻密。點天資甚高，見得這物事透徹。如一箇大屋，但見外面牆圍周匝，裏面間架卻未見得，卻又不肯做工夫。如邵康節見得恁地，只管作弄。（二八）

此條林賜錄乙卯朱子年六十六以後所聞。與上引李儒用條大意全同。諒年代亦當相近。

又曰：

曾點見得甚高，卻於工夫上有疎略處。漆雕開見處不如曾點，然有向進之意。（二八）

此條萬人傑錄庚子朱子年五十一以後所聞。與董銖一條相近，年代亦當相近。

問：「先識聖賢氣象如何？」曰：「也不要如此理會。今不理會聖賢做起處，卻只去想他氣象，則精神卻只在外，自家不曾做得着實工夫。向時朋友只管愛說曾點、漆雕開優劣，亦何必如此。若不去學他做，只管較他優劣，便較得分明，亦不干自己事。」（二九）

此條陳淳、黃義剛同有錄，應在己未朱子七十之年。朱子偏重做處，其於兩人優劣之晚年定論，亦從可見。

又曰：

曾點、漆雕開，不曾見他做工夫處。不知當時如何被他逴見這道理。然就二人之中，開卻是要做工夫。「吾斯之未能信」，「斯」便是見處。「未能信」，便是下工夫處。曾點或是他天資高，被他瞥見得這箇物事，亦不可知。雖是恁地，也須低着頭，隨衆從博學、審問、謹思、明辨、篤行做工夫，襯貼起來方實，證驗出來方穩。不是懸空見得便了。（一一七）

此條亦陳淳、黃義剛同錄，與前條乃同時語。

又曰：

曾點開闊，漆雕開深穩。（二八）

此條李方子錄戊申朱子年五十九以後所聞。開闊是其氣象，是其見處。深穩則其工夫，其做處也。

又曰：

開更密似點，點更規模大，開尤縝密。（二八）

此條楊道夫錄己酉朱子年六十以後所聞。

又曰：

「曾點、漆雕開已見大意」。點則行不掩。開見此箇大意了，又卻要補塡滿足，於「未能信」一句上見之。此與「一貫」兩處是大節目，當時時經心始得。（四〇）

此條周明作錄壬子朱子年六十三以後所聞。以漆雕開未能信與曾子一貫並舉為兩大節目，則朱子之重漆雕尤過曾點可知。

文集卷六十答曾擇之，共四書，有三處言及曾、漆。其一云：

漆雕開語意深密難尋，而曾點之言可以玩索而見其意。若見得曾點意，則漆雕之意亦可得矣。且看程子說「大意」兩字是何意，二子見得是向甚處，如何見得。

此為最初意見，似遵明道而偏重曾點。

又一云：

二子是信箇甚底，又是如何地信？曾點語可更以集注為主，子細體驗。仍看上蔡之說，發明得亦親切。

此處所云集注，乃是朱子最初見解。上蔡之說，朱子在論張南軒癸巳論語說時已非之矣。此謂其發明得親切，亦初見也。

又一云：

所論曾點大意則然。但謂漆雕開有經綸天下之志，則未必然。正是已分上極親切處自覺有未盡耳。雖其見處不及曾點之開闊，得處未至如曾點之從容，然其工夫精密，則恐點有所不逮也。以此見二人之規模格局，大概不相上下。然今日只欲想像聖賢胸襟灑落處，卻未有益，須就自家下學致知力行處做功夫，覺得極辛苦，不快活，便漸見好意思也。

此書見解，顯與前兩書大異。語語明白確切，乃與上引語類各條大意相同。然自明道以下，學者競喜言曾點，朱子雖盡力推尋，竭意糾正，而迄於晚明，此風終難阻遏。此亦所謂一番新興思想也。其易發難收，終亦是無可奈何之事。而朱子在此一番思想中之飜進，其為不易，亦可概見。

語類又一條云：

是夜，再召淳與李丈入臥內。曰：「公歸期不久，更有何較量？」淳讀與點說，曰：「大概都是，亦有小小一兩處病。」又讀廖倅書所難與點說，先生曰：「有得有失。」又讀淳所回廖倅書，先生曰：「天下萬物當然之則便是理，所以然底便是原頭處。今所說固是如此，但聖人平日也不曾先說箇天理在那裏，方教人做去湊，只是說眼前事，教人平平恁地做工夫去，自然到那有見處。」淳曰：「未做工夫，不要先去討見天理否？」曰：「畢竟先討見天理，則心意便都在上面，易得將下面許多工夫放緩了。孔門惟顏子、曾子、漆雕開、曾點見得這箇道理分明。顏子固是天資高，初間『仰之彌高，鑽之彌堅』，亦自討頭不着。從博文約禮做來，『欲罷不能』。『竭吾才』，方見得如有所立卓爾。向來髣髴底，到此都合聚了。曾子初亦無討頭處，只管從下面捱來捱去，捱到十分處，方悟得一貫。漆雕開曰：『吾斯之未能信』，斯是何物？便是他見得箇物事。曾點不知是如何合下便被他綽見得這箇物事。『曾點、漆雕開已見大意』，方是程先生恁地說。漆雕開較靜，曾點較明爽，亦未見得他無下學工夫，亦未見得他合殺是如何。只被孟子喚做狂，及觀檀弓所載，則下梢只如此而已。聖人不是不說這道理，也不是便說這道理。只是說之有時，教人有序。子晦之說無頭，如吾友所說從原頭來，又卻要先見箇天理方去做，此正是病處。」又曰：「莊周、列禦寇，亦似曾點底意思，不知如何被他綽見這箇物事，便放浪去了。今禪學也是恁地。」又曰：「『二三子以我為隱乎？吾無隱乎爾。吾無行而不與二三子者，是丘也。』向見眾人說得玄妙，程先生說得絮。後來仔細看，方見得眾人說都似禪了，不似程先生說得穩。」（一一七）

此條陳淳錄己未所聞，黃義剛同有錄。陳淳乃朱門後起之秀，朱子七十時再來門下，當歸期，召入臥內，此夜所問，卻專拈與點一節，可見當時學者重視此一節之情形。朱子當夜所告，兼論顏、曾、開、點四人。朱子生平對此一章之意見，不啻傾囊吐出矣。孔門高第弟子何限，朱子是夜僅提此四人，謂「見得這箇道理分明」。以開、點與顏、曾並列，自為受了明道影響，朱子亦言方是程先生如此說也。朱子分論此四人，詳見前引各條。在此條中最值注意者，乃為先見得天理一層。明道嘗曰：「吾學雖有所授受，天理二字，卻是自家體貼出來。」此語在宋明理學中之分量，更遠重於稱說曾點之兩語。朱子本之推說，謂開、點已見大意，即是見此天理。天理則一，堯舜所見亦不外此，亦只由此天理做出耳。故朱子先曾言堯舜事業曾點亦優為也。實則漆雕開「吾斯之未能信」一語，乃指出仕治民言，並不指所謂天理言。孔子之與點，並不如明道之所謂「堯舜氣象」。朱子言天理承明道，而着重分別見處與做處，則朱子從程門轉進，自立戶庭處也。陳安卿所問，究應先討見此天理，抑做工夫了，此天理纔見？正是朱子論學喫緊處。朱子答語，安卿此條所記極詳，已別著於他篇，此不復錄。然即此處所錄，朱子大意亦已可見。惟謂曾子從下做到，曾點從上見得，則誰不願為曾點。猶如禪家有接引利根人、鈍根人之別，來者都願以利根人自居，都不甘為鈍根人也。此夜以後，陳淳又續有問難，最後朱子則曰：

> 論語二十篇，只揀那曾點底意思來涵泳，都要蓋了，單單說箇「風乎舞雩詠而歸」，只做箇四時景致，論語何用說許多事！（一一七）

此後北溪文集有曰：

曾點只是窺見聖人大意如此而已。固未能周晰乎體用之全，如顏子卓爾之地。而其所以實踐處，又無顏子縝密之功，故不免乎狂士。蓋有上達之資，而無下學之功。若以漆雕開比之，則開之意正欲實致其下學之功而進乎上達者。在學者，於點之趣味，固不可不涵泳於中，然所以致其力者，不可躐高以忽下，而當由下以達高。循開之所存，體回之所事。開之志既篤，回之功既竭，則點之所造又不足言。

此其所言，大體不失師門宗旨，可謂不負當年深夜之諄諄誨示矣。

或問曾點言志章云：

「何以言曾點之見道無疑，心不累事，而氣象從容，志尚高遠也？」曰：「方三子之競言所志也，點獨鼓瑟於其間，漠然若無所聞。及夫子問之，然後瑟音少間，乃徐舍瑟而起對焉，而悠然遜避，若終不肯見所為者。及夫子慰而安之，然後不得已而發其言焉。而其志之所存，又未嘗少出其位。蓋澹然若將終身焉者。此其氣象之雍容閒暇，志尚之清明高遠為何如。而非其見道之分明，心不累事，則亦何以至於此耶？」曰：「何以言其直與天地萬物各得其所也？」曰：「夫暮春之日，生物暢茂之時也。春服既成，人體和適之候也。冠者五六人，童子六七人，長少有序而和也。沂水舞雩，魯國之勝處也。既浴而風，又詠而歸，樂而得其所也？夫以所居之位而言，其樂雖若止於一身。然以其心而論之，則固藹然天地生物之心，聖人對時育物之事也。夫又安有物我內外之間哉？程子以為與聖人之志同，便是堯舜氣象者，正謂此耳。」或曰：「謝氏以為曾晳胸中無一毫事，列子馭風之事近之，其說然乎？」曰：「聖賢之心所以異於佛老者，正以無意必固我之累。而所謂天地生物之心，對時育物之事者，未始一息之停也。若但曰曠然無所倚著，而不察乎此，則亦何以異於虛無寂滅之學，而豈聖人之事哉！抑觀其直以異端無實之妄言為比，則其得失亦可見矣。」

此處發揮明道「曾點與孔子之志同，便是堯舜氣象」一語之涵義，不過曰見道無疑，心不累事，氣象從容，志尚高遠之四語。其答張敬夫論癸巳論語說，亦謂「見道分明無所係累」。然僅曰心不累事，則與莊列之徒誠亦何異。故朱子四十九歲時告余大雅，即謂曾點只爭一撮地便流為莊周也。且僅曰心不累事，又何以言其與孔子志同。故又必增之曰其心則「藹然天地生物之心，聖人對時育物之事」。其答張敬夫亦曰：「從容和樂，欲與萬物各得其所也。」今據答張敬夫書，即可證集注本章最先主要正是或問中此四語。此後屢經門人弟子之討究，朱子於此章注語在五十至七十之二十年間，屢有改易。或問初謂「見道無疑，心不累事」，最後則改成「人欲盡處，天理流行」。其所謂「藹然天地生物之心」、「對時育物之事」與答張書所謂「欲與萬物各得其所」諸語，則改成「胸次悠然，直與天地萬物上下同流，各得其所之妙，隱然自見於言外。」而明道所謂「點與聖人之志同便是堯舜氣象」之語，則只附見於圈外。然就實論之，朱子圈下之注，並非注了論語本文「夫子喟然歎曰：吾與點也」之十字，乃仍是注的圈外明道所言「點與聖人之志同，便是堯舜氣象」之十三字也。單就明道此十三字之本意言，則上蔡所得，似更親切。蓋程、謝從高處立說，朱子從平實處作解，終有罅隙，未能彌縫。而朱子終於必欲保存明道此意，又必欲為之委曲糾挽，其用心所在，亦學者所當深體而微會也。

宋元學案木鐘學案引陳埴木鐘集：

「『子在川上』一章，集注云：『自漢以來儒者，皆不識此義。』如何？」曰：「自漢以來，號為儒者，只說文以載道，只將詩書子史喚作道，其弊正是鑽破故紙，原不曾領會得。然此事說之亦易，參得者幾人。必如周、程、邵子，胸次灑落，如光風霽月，則見天理流行也。」

竊謂此條大可說破朱子必欲保存明道曾點乃「堯舜氣象」一語之用心。惟只鑽故紙，固不會便領會得道。但為求理會道，乃盡目詩書子史為故紙，此亦朱子所不許。故朱子於明道曾點氣象一節，終不免有許多糾挽之辭耳。「自漢以來儒者皆不識此義」，亦明道語，集注引在圈外。

二　論灑掃應對與精義入神

明道曰：「灑掃應對進退，便是形而上者，理無大小故也。故君子只在慎獨。」伊川亦曰：「聖人之道，更無精粗。從灑掃應對與精義入神，貫通只一理。雖灑掃應對，只看所以然如何。」又曰：「凡物有本末，不可分本末為兩段事。灑掃應對是其然，必有所以然。」又曰：「自灑掃應對上，便可到聖人事。」此諸語，皆為論語子張篇子游謂子夏門人「當灑掃應對進退則可，抑末也，本之則無」一章言。朱子早年即為此抱有甚深疑問。

語類有云：

亞夫問：「伊川云：『「灑掃應對」便是形而上者，理無大小故也。故君子只在謹獨。』又曰：『聖人之道更無精粗，從「灑掃應對」與「精義入神」貫通只一理。雖灑掃應對只看所以然如何。』」曰：「某向來費無限思量，理會此段不得。如伊川門人，都說差了。且是不敢把他底做不是，只管就他底解說，解來解去，只見與子夏之說相反。常以為疑。子夏正說有本有末，如何諸公都說成末即是本。後在同安，出往外邑定驗公事，路上只管思量，方思量得透。當時說與同官某人，某人亦正思量此話起，頗同所疑。今看伊川許多說話時，復又說錯了。所謂『「灑掃應對」與「精義入神」貫通只一理，雖灑掃應對只看所以然如何』，此言『灑掃應對』與『精義入神』是一樣道理。『灑掃應對』必有所以然。『精義入神』，亦必有所以然。其曰通貫只一理，言二者之理只一般。非謂『灑掃應對』便是『精義入神』。固是『精義入神』有形而上之理，即『灑掃應對』，亦有形而上之理。」亞夫問：「集注云：『始終本末，一以貫之，惟聖人為然。』此解得已分明。但聖人事是甚麼様子？」曰：「如云『下學而上達』，當其下學時，便上達天理是也。」（四九）

此條葉賀孫記辛亥以後所聞。亞夫乃旻淵之字，有癸丑所聞，則此條亦當在癸丑，朱子六十四歲時。云「今看伊川許多說話時，復又說錯了」者，謂在同安時，只疑伊川語說成末即是本，今看伊川語實不如此。只謂「灑掃應對」與「精義入神」貫通只一理，非謂「灑掃應對」便是「精義入神」也。亞夫引集注云云，今仍存集注中。朱子解論語此章，本甚明白，不煩重有疑辨。疑辨所生，乃在二程幾番說話上。朱子同安所悟，乃是撇捨二程語，專就論語本章文字悟入。惟至今又翻前見，謂伊川語並不錯，錯只在其門人也。然細看二程語，實不如朱子此時所解釋。伊川明明謂物有本末，不可分本末為兩段事，此即是說末即是本，明明與子夏說不同。子夏只說有本有末，而伊川深一層說之，謂不可分本末為兩段。今朱子必欲把伊川說與子夏說會通合一，則是重入歧途也。

問「子夏之門人小子灑掃應對」章。曰：「某少時都看不出，將謂無本末無大小。雖如此看，又自疑文義不是如此。後來在同安作簿時，因睡不着，忽然思得，乃知卻是有本末小大。然不得明道說『君子教人有序』四五句，也無緣看得出。聖人『有始有卒』者，不是自始做到終，乃是合下便始終皆備，灑掃應對、精義入神便都在這裏了。若學者便須從始做去方得。聖人則不待如此做也。」（四九）

此條潘時舉錄癸丑朱子年六十四以後所聞，不定在何年。不知此條與前引葉錄一條之先後。惟此條注重說確有本末小大，葉錄一條注重說本末大小同是一理。今會合觀之，朱子意謂論語本章子夏之言，乃聖人教學者事，確有本末小大。伊川語，乃言聖人本身事，則可說通貫只一理。如此分別，以為調停。故必合參此葉、潘兩條，乃可說明朱子當時之意見。但進一步推測，則潘錄似應在葉錄之後。其云「不得明道說『君子教人有序』四五句，也無緣看得出」，則是朱子於論語此章二程幾番說話中，最後把握到明道此一條，乃得決然自信也。其實非論語此章難看，只因添上了二程語，遂感夾雜難看。同安路上之悟，乃是決然撇開二程，只依論語本文看。逮後，又欲把二程語與論語本章再加會通，始有葉、潘兩條之所云。其告潘時舉又曰：「聖人有始有卒者，不是自始做到終，乃是合下便始終皆備。」此一義，明是二程義。論語本章子夏之意究亦如此否乎，實大堪疑。今朱子云：「學者便須從始做去，聖人則不待如此做。」與他處說聖人不同。豈是聖人當幼年灑掃應對之時，便已精義入神，成為一聖人，與他人學者不同乎？會合朱子他處所言，其間顯有不同。今集注則謂「若夫始終本末一以貫之，則惟聖人為然」，如此下語，乃可無病。其告潘時舉者，乃是必欲會通二程語於論語此章，故言之未能深愜也。

語類又云：

一日夜坐，聞子規聲。先生曰：「舊為同安簿時，下鄉宿僧寺中，衾薄不能寐。是時正思量『子夏之門人小子』章，聞子規聲甚切。今纔聞子規啼，便記得是時。」（四九）

此條胡泳錄戊午所聞，朱子年六十九。

又云：

思量此章，理會不得。橫解豎解，更解不行，又被杜鵑叫不住聲。（四九）

此條陳文蔚錄戊申朱子年五十九以後所聞。可知朱子早年為此章，實曾苦費思索。故逮其晚年，猶時時稱道及之也。胡泳錄一條下有小註云：

當時亦不能問。泳續檢尋集注此章，乃是程子諸說多是明精粗本末分雖殊而理則一，似若無本末，無小大。獨明道說「君子教人有序」四五句分曉，乃是有本末小大在。學者則須由下學乃能上達，惟聖人合下始終皆備耳。此是一大統會。當時必大有所省，所恨愚闇，不足以發師誨耳。

語類又一條云：

問：「『有始有卒』，乃竭兩端之教否？」曰：「此不是說聖人教人事，乃是聖人分上事。惟聖人道頭便知尾，下學便上達。若教學者，則須循其序也。」（四九）

此條吳必大錄戊申、己酉所聞，正與陳文蔚錄同時。則吳泳所錄朱子追述同安僧寺夜聞杜鵑一節，恐亦與陳、吳同時所聞。其附註則十年後追記，故云「當時亦不能問」，又謂「當時必大有所省」，皆追記前事也。是朱子在五十九、六十告陳文蔚、吳必大時，尚未為伊川語作分析，與此後告𡸁淵、潘時舉者不同。恐或問一條，亦尚在陳、吳兩條之後，詳下引。惟胡泳所檢集注，疑當是晚年定本。

問「灑掃應對」章程子四條。曰：「此最難看。少年只管不理會得『理無大小』是如何。此句與上條『教人有序』都相反了。多問之前輩，亦只似謝氏說得高妙，更無捉摸處。因在同安時，一日差入山中檢視，夜間忽思量得不如此。其曰理無小大，無乎不在，本末精粗，皆要從頭做去，不可揀擇，此所以為教人有序也。非是謂灑掃應對便是精義入神，更不用做其他事也。」（四九）

此條吳雉錄，不知其年，殆在朱子之晚年。當時朱子猶尚追憶其早年在同安山中僧寺深夜所悟，相距當已四十年。朱子之仍自珍重其早年同安僧寺之一悟可知。當時只悟得凡事確有本末大小，二程諸語，確與論語本章不相應。逮後告旻淵、潘時舉，始翻前見，已見上引。但此條則云：「理無大小，無乎不在，本末精粗，皆要從頭做去，不可揀擇」，此又與「聖人乃是合下便始終皆備」之說不同。蓋謂「聖人乃是合下便始終皆備」者，仍是伊川所謂自灑掃應對上便可到聖人事之說。今云「皆要從頭做去」，則意義自別。此是朱子晚年之又一進境也。

問程子云云。曰：「事有小大，理卻無小大。合當理會處，便用與他理會。不問大事小事精粗巨細，盡用照管，盡用理會。不可說箇是粗底事不理會，只理會那精底。又不可說灑掃應對便是精義入神。灑掃應對只是粗底，精義入神自是精底。然道理都一般，須是從粗底小底理會起，方漸而至於精者大者。所以明道曰：『君子教人有序，先傳以近者小者，而後教以大者遠者。非先傳以近小而後不教以遠大也。』」或云：「灑掃應對，非道之全體，只是道中之一節。」曰：「合起來，便是道之全體。非大底是全體，小底不是全體也。」問：「伊川言：『凡物有本末，不可分作兩段。』」曰：「須是就事上理會道理，非事何以識理。灑掃應對末也，精義入神本也，不可說這箇是末，不足理會，只理會那本，這便不得。又不可說這末便是本，但學其末，則本便在此也。」（四九）

此條沈僩錄戊午朱子年六十九以後所聞，即在六十九、七十兩年間。辭旨明淨，可認是朱子對此一章之晚年定論。專引明道一段話以發明論語本章之義，於伊川諸語，則不再作依違迴護。既云「不可說此事是末不足理會」，又云「不得說末便是本」。從此兩面夾入，乃與其素所主張格物窮理之說相扶會。此朱子論學要旨，學者其從此研入可也。

問：「『灑掃應對即是精義入神之理』，此句如何？」曰：「皆是此理。其為上下大小不同，而其理則一也。」問：「莫只是盡此心而推之，自小以至大否？」曰：「謝顯道卻說要『着心』，此自是說理之大小不同，未可以心言也。灑掃應對是此理，而其精義入神亦是此理。灑掃應對是小學事，精義入神是大學事。精究其義以入神，正大學用功以至於極致處也。若子夏之門

人，止當為灑掃應對而已，以上又未暇也。」（四九）

此條徐寓錄庚戌朱子年六十一以後所聞，不定在何年。惟分灑掃應對是小學事，精義入神是大學事。又明謂理有大小，又明舉大學「以求至乎其極」之說，可與上引沈僩一條相足。又兼辨謝上蔡「着心」之說，此一辨極關重要。朱子不主心即理，須待即事窮理之後，始可漸企心即理之境界。上蔡則全把伊川諸語說歸心去。上蔡有云：

凡事不必須高遠，且從小處看。只如將一金與人，與將天下與人，雖大小不同，其實一也。我若有輕物底心，將天下與人，如一金與人相似。我若有吝底心，將一金與人，如天下與人相似。又若行千尺臺邊，心便恐懼。行平地上，心卻安穩。我若去得恐懼底心，雖履千仞之險，亦只與行平地上一般。只如灑掃，不着此心，怎灑掃得。應對，不着此心，怎應對得。古人須要就灑掃應對上養取誠意出來。

從此說下，便有象山「先立乎其大者」之主張，便是明儒端茶童子即是聖人之說。童子端茶，即是從灑掃應對上便可到聖人事也。上蔡又曰：

鳶飛魚躍，以明道體無不在。知「勿忘勿助長」則知此，知此則知夫子與點之意。

明道以浴沂風雩便是堯舜氣象，伊川語灑掃應對便是精義入神。二程當時，多有此等過高語。明道高在虛處，伊川始落實，然亦有跡似落實而仍有過高之病。此所以為難辨也。上蔡此處，則把伊川說歸就一心，此亦宋明理學中一條大血路，象山即是此路，學者所當深切尋玩。朱子謂非事何以識理，特地提出事之一項，終不能謂以天下與人，其心與以一金與人者相同；行平路，其心與履千仞之險者亦同；童子在講會中端茶，其心與孔子杏壇設教洙泗講學之心亦同。謂灑掃應對與精義入神只一理，理無大小，然黃金論成色外，亦不得不論分量。百兩之與一兩，其為成色十足之黃金雖同，而分量究有差。故朱子自說理亦有大小也。朱子多看了伊川其他許多話，乃終謂伊川所說與上蔡有不同耳。

因問：「『灑掃應對是其然，必有所以然者』，如何？」曰：「所以然者亦只是理也。惟窮理則自知其皆一致。此理惟延平之說與伊川差合。雖不顯言其窮理，而皆體此意。」（四九）

此條即上引徐寓錄之後一段。又有附注曰：

後先生一番說伊川「是其然」，為伊川只舉得一邊在；此「是其然」，灑掃應對與精義入神皆

是「是其然」。「必有所以然」，灑掃應對與精義入神皆有「所以然」之理。（四九）

其然即事也，所以然則理也。能即事窮理，乃知其本一貫，皆一致。上蔡以着心闡發伊川此諸語，朱子則以即事窮理闡發伊川此諸語。朱子主張格物窮理，即從伊川來，故於伊川說論語此章尤費推尋，終不欲一幷捨棄也。

問：「『灑掃應對與盡性至命是一統底事，無有本末精粗。』在理固無本末精粗，而事須有本末精粗否？」曰：「是。」（四九）

此條陳淳錄，殆是己未所聞，朱子年七十，是亦朱子之晚年定論。

語類又曰：

古人初學，只是教他灑掃應對進退而已，未便說到天理處。子夏之教門人專以此。子游便要插一本在裏面。「民可使由之，不可使知之」，只是要他行矣而著，習矣而察，自理會得。須是「匡之、直之、輔之、翼之，使自得之」，然後「從而振德之」。今教小兒，若不匡不直不輔不翼，便要振德，只是撮那尖利底教人，非教人之法。（四九）

此條亦陳淳錄，發揮本章子夏之意。謂「未便說到天理處」，此語喫緊。既是未便說到天理，則伊川諸說皆與論語此章頭寸不合。朱子蓋至是始回復到同安深山僧寺中一番思量也。

茲再錄集注圈外引明道、伊川語後朱子自加按語，其文曰：

愚按：程子第一條說此章文義最為詳盡。其後四條，皆以明精粗本末其分雖殊而理則一。學者當循序而漸進，不可厭末而求本。蓋與第一條之義實相表裏。非謂末即是本，但學其末，而本便在此也。

朱子尊奉二程，集注引二程語，每不加分別。此處云程子第一條，乃明道語，後四條之第一條亦明道語，此下乃伊川語。朱子為此四條，費畢生推敲探索，乃始獲得一結論。其云「分雖殊而理則一」，乃二程四條中意。其云「學者當循序漸進」以下云云，乃朱子意，非此四條中原有意。今若不看語類，專誦集注，有不易獲其曲折精微之所在者。後世集注成為功令利祿之途，語類則束高閣，人少尋覽。則述朱諍朱，其能得朱子之眞髓者固尠矣。

又按論語精義此章先引明道語三條，「灑掃應對便是形而上，理無大小」一條在前。「君子教人有序」在後，中間尚有「與佛家默然處合」一條。今集注將明道三條語前後互易，而刪去其中間一條，此一更易，特寓深意。細讀本篇前後自見。

又文集卷三十三答呂伯恭有曰：

承喻所疑，為賜甚厚，所未安者，別紙求教。然其大概，則有可以一言舉者。其病在乎略知道體之渾然無所不具，而不知渾然無所不具之中，精粗本末，賓主內外，蓋有不可以毫髮差者。是以其言常喜合而惡離，卻不知雖文理密察，縷析毫分，而初不害乎其本體之渾然也。

此書所論，乃朱子為學最著精神處。精粗本末，分雖殊而理則一，不可以厭末求本，亦非謂末即是本，如辨論語子夏此章，即此意之具體發揮也。

或問此章云：

「灑掃應對，所以習夫形而下之事。精義入神，所以究夫形而上之理也。其事之大小固不同，然以理言，則未嘗有大小之間而無不在也。程子之言，意蓋如此。但方舉灑掃應對之一端，未及乎精義入神之云者，而通以『理無大小』結之，故其辭若有所不足，而意亦難明耳。徐繹其緒而以是說通之，則其辭備而意可得矣。抑程子之意，正謂理無大小，故君子之學，不可不由其序，以盡夫小者近者，而後可以進夫遠者大者耳。故曰『其要只要慎獨』，此甚言小之不可忽也。而說者反以為理無大小，故學者即是小者而可以幷舉其大，則失之遠矣。其曰『便是』云者，亦曰不離乎是耳，非即以此為形而上者也。」「其曰『與佛家默然處合』，何也？」曰：「佛氏以有言有說為二，而以默然無言為不二法門，亦曰有以契夫理之全體云爾。然此亦為世之習乎彼者言之，因以彼之言形此之理爾，非以為此之理即彼之言也。蓋吾之所謂灑掃應對者，其理則一，而是非當否之間，毫釐有不可失者。彼之所謂默然者，則泯然而無是非善惡之分焉，其不同也亦審矣。程伯子語多如此。如第十七篇『予欲無言』之說，亦為習於彼者而言之耳。今讀者類不深察，信之過者，則遂以為儒釋之歸實無二致。不信之甚者，則又直詆以為竊取釋氏之妙以佐吾學之高。二者，其向背出入之勢雖殊，然其為失旨均矣。」曰：「既以為理無大小，而又以為教人有序，何也？」曰：「無大小者理也，有序者事也。正以理無大小而無不在，是以教人者不可不由其序而有所遺也。蓋由其序，則事之本末鉅細無不各得其理。而理之無大小者，莫不隨其所在而無所遺。不由其序而舍近求遠，處下窺高，則不惟其所妄意者不可得，而理之全體，固已虧於切近細微之中矣。此所以理無大小，而教人者尤欲必由其序也。子游之說蓋失於此，故不知理之無大小，則以灑掃應對為末而無本。不知教人之有序，故於門人小子而欲直教之精義入神之事，以盡夫形而上者之全體也。子夏與程子此條之說，蓋直以其有序者言之。然其所以有序而不可易者，則又必以程子先後諸說推之，而後得其說也。」

曰：「『其然』、『所以然』之說奈何？」曰：「灑掃應對之事，其然也，形而下者也。灑掃應對之理，所以然也，形而上者也。自形而下者而言，則灑掃應對之與精義入神，本末精粗，不可同日而語矣。自夫形而上者言之，則初未嘗以其事之不同而有餘於此，不足於彼也。」曰：「其曰物有本末而本末不可分者，何也？」曰：「有本末者，其然之事也。不可分者，以其悉具所以然之理也。」曰：「『舞射』以下三條之說，若皆以即此便為聖人之事，何也。」曰：「亦言其理之在是，而由是可以至於彼。苟習焉而察，而又勉焉以造其極，則不俟改塗，而聖可至爾。豈曰一灑掃一應對之不失其節，而遂可直以聖人自居也哉？」

或問此一長篇，乃逐一為二程諸條作解釋。朱子四十八歲時成集注，同時著或問。此下集注續有改定，或問亦隨之而改。今不知或問停止修改究在何年。惟此一長篇，其所持意態，實與其六十四歲時告潘時舉、晏淵者大致相似。其為或問初成時即已如此，或其後經改定而然，今無可確定。惟其告潘、晏兩人者，距其集注初成已十六年，則或問此篇，或亦是隨後改定也。

根據上述，朱子對此一章之解釋，前後實屢有轉變，至少當可分三階段。同安僧寺中所疑所悟，是其第一階段。或問此篇，及其六十四歲時告晏淵、潘時舉者，乃其第二階段。七十時告沈僩、陳淳，乃其第三階段，為其對此章之最後見解。惟或問此處，並不將明道「教人有序」一條特別提出，而其告潘時舉則曰：「不得明道說『君子教人以序』四五句，也無緣看得出」，可見或問此篇在前，其告潘時舉者在後，中間仍有隨時改變意見處，惟較屬小節，今則無可詳論耳。

又今集注此章圈外，共收二程語五條，而特舉明道教人一條為首，明道「與佛家默然處合」一條刪去。伊川舞射一條，刪其上節，又刪去此下兩條，亦見前後意見大不同處。

又或問辨謝氏說有曰：

不吝之心一也，而一金、天下，則其捐之有難易之殊。不懼之心一也，而平地、高臺，則其習之有先後之序。必如謝氏之說，將使學者先獲而後難，不安於下學，而妄意於上達。且謂為學之道，盡於灑掃應對進退之間，而無復格物致知、修身齊家之事也。其與子夏、程子之意，正相反矣。

竊謂伊川平日所言，確與謝氏有不同，而其說論語此章，實不能謂與謝氏意正相反。朱子最尊伊川言格物，故於此章，再四躊躇，極欲為伊川語解脫也。

又曰：

程子雖以理無大小為言，然其意則以明夫小不謹則將害其大，小不盡則不可以進於大，而欲使人謹其小者以馴致其大者耳。如謝氏之云，則反使人恃其小者以自大，而謂夫大者之眞不過如此也。此豈非相反之尤者哉！

「理無大小」乃明道語。朱子此後又明言理有大小矣。謂其要「只在愼獨」，亦非言謹小。惟其特言愼獨，故謝氏乃以着心說之。此時朱子所辨終欠明析。

語類又一條云：

「先傳後倦」，明道說最好。伊川與上蔡說，須先理會得子夏意方看得。（四九）

此條李閎祖錄戊申朱子年五十九以後所聞。特舉明道語解釋子夏所言之意，而將伊川與上蔡並舉，此與上引或問中意見大殊。或是在或問後，在告潘時舉之前。朱子常謂解經求得正義了，不妨有權說。故此處言伊川、上蔡說，須先理會得子夏意方看得也。此下乃只存伊川，撇去上蔡。

問：「程子曰：『灑掃應對便是形而上者，理無大小，故君子只在謹獨。』此只是獨處少有不謹，則形而上下便相間斷否？」曰：「亦是。蓋不能謹獨，只管理會大處，小小底事便照管不到。理無小大。大處小處都是理。小處不到，理便不周匝。」（四九）

此條陳淳錄，或在庚戌朱子年六十一，或在己未朱子年七十，今未能定。然會合上引各條參之，則此條似是朱子六十一時語。謂不能謹獨，只管理會大處，小小底事便照管不到，終嫌牽強。謹獨與照管小處，不當合一看。理無大小，亦仍程說，未加以明白之糾正。故知非七十時語。

三　論養浩然之氣

治朱子學者，當從其分別各說，進而求其會通合一。朱子教人由博返約，由散得貫，皆其現身說法也。朱子平生最致力者，在論孟集注、學庸章句。讀者雖見其錙銖必較，毫釐必爭，然似只將古人言語重述一過，無己見，無創解，僅作引渡，非屬歸宿。實則碎義與大道並呈，聖言與己見交融。苟不於此細參，終難窺朱子之堂奧。茲拈其論孟子「我善養吾浩然之氣」章為例說之。語類卷五十二占一整卷論此章，共二百有八條，茲摘引以見大概。

朱子論宇宙自然界，主理氣合一兩分之說，其說浩然之氣，即其理氣合一兩分說之應用於人文修養方面者。故曰：

> 氣一氣，浩然之氣，義理之所發也。

氣只是一箇氣，但從義理中出來者，即浩然之氣。從血肉身中出來者，為血氣之氣。

問：「血氣之氣與浩然之氣不同？」曰：「氣便只是這箇氣，所謂『體之充也』便是。」浩然之氣只是這血氣之氣。人之語言動作所以充滿於一身之中者，即是此氣。只集義積累到充盛處，仰不愧，俯不怍，便能浩然。

血氣之氣，即宇宙自然之氣也。浩然之氣，則從人文修養來。然與自然血氣仍是同此一氣，非有二也。朱子辨人心道心，亦可與此互參。

問：「浩然之氣，即是人所受於天地之正氣否？」曰：「然。」又問：「與血氣如何？」曰：「只是一氣。義理附於其中，則為浩然之氣。若不由義而發，則只是血氣。然人所稟氣，亦自不同。有稟得盛者，則為人強壯，隨分亦有立作。使之做事，亦隨分做得出。若稟得衰者，則委靡巽懦，都不解有所立作。唯是養成浩然之氣，則卻與天地為一，更無限量。」

論宇宙自然之氣，理必附於中。論人身血氣，人性亦附而見。然人所稟之氣有盛有衰，此屬自然界事。人性有盡有不盡，則屬人文修養界事。故浩然之氣雖即是血氣之氣，而究與血氣之氣有別。

或問：「浩然之氣，是天地正氣，不是粗厲底氣。」曰：「孟子正意，只說人生在這裏便有這氣。能集義以養之，便可以充塞宇宙。不是論其粗與細，正與不正。如所謂『惻隱之心，人皆有之』，只是理如此。若論盜跖，便幾於無此心矣。不成孟子又說箇有惻隱之心，無惻隱之心。」

人皆有惻隱之心，以天言。盜跖幾於無惻隱之心，以人言。人皆有血肉之氣，以天言。人能從血肉之氣中養出浩然之氣來，充塞天地，與天地之氣相似，由人言。故曰：

氣雖有清濁厚薄之不齊，然論其本則未嘗異也。所謂至大至剛者，乃氣之本體如此。但人不能養之，而反害之，故其大者小，剛者弱耳。

「氣之本體」，乃指天地之氣言。「有清濁厚薄之不齊」，指血肉身中之氣言。血肉之氣，亦受自天地之氣。故人能養此血肉之氣以反而合乎天地自然之氣也。

問：「浩然之氣是稟得底否？」曰：「只是這箇氣。若不曾養得，剛底便粗暴，弱底便衰怯。」

問：「浩然之氣如何塞乎天地？」曰：「塞乎天地之間，是天地之正氣。人之血氣有限，能養之，則與天地正氣亦同。」又問：「塞莫是充塞否？」曰：「是遍滿之意也。」

人之血肉之身有限，斯其氣亦有限。義理無限。人與人間之義理，可以相通。今世上世後世之義理，亦可相通。浩然之氣從義理中養出，故曰可塞乎天地之間，到處遍滿，無礙無欠也。主要在人之能養。說到人，便要說到心。故曰：

氣只是這箇氣，才存此心在，此氣便塞乎天地之間。

故孟子言養氣，從不動心說來。又說到志與氣。

問「志至焉，氣次焉」。曰：「志最緊要，氣亦不可緩。『持其志，毋暴其氣』，是兩邊做工夫。志只是心之所向。而今欲做一件事，這便是志。持其志，便是養心。不是持志外別有箇養心。」問：「志與氣如何分別？」曰：「且以喜怒言之。有一件事，這裏便合當審處，是當喜，是當怒。若當喜，也須喜。若當怒，也須怒。這便是持其志。若喜得過分，一向喜。怒得過分，一向怒。則氣便麄暴了，便是暴其氣。志卻反為所動。『蹶者、趨者，是氣也』，他心本不曾動，只是忽然喫一跌，氣打一暴，則其心便動了。」

持者，把捉教定。當喜時也須喜，當怒時也須怒，當哀樂時也須哀樂。審教定後，發必中節，這是持志。「毋暴其氣」，是下面一截事。若不當喜怒而喜怒、與喜怒之過分，不當哀樂而哀樂、與哀樂之過其節者，皆是暴其氣。或疑氣何以能動志。曰：「志動氣，是源頭濁者故下流亦濁也。氣動志者，卻是下流壅而不泄，反濁了上面也。」

此言身心之交相影響。志屬心一邊，氣屬身一邊。心理可以影響生理，生理亦可影響心理也。朱子論學，從不專倒向一邊，此處言兩邊做工夫，非不要有喜怒，喜怒亦要有內外兩邊工夫也。

又曰：

養氣工夫，內外須是交盡。不可靠自己自守其志，便謂無事。氣纔不得其平，志亦不得其安。兩者相夾着，方始「德不孤」。

又曰：

持志是內面工夫，毋暴其氣是外面工夫。內外交相養，本末兼顧，此皆朱子平日教人宗旨。

志乾氣坤。

乾坤是一體之兩分，志與氣亦是一體之兩分，天人亦可謂是一體之兩分也。自天言之，理為主而氣為隨。自人言之，則志是主而氣為隨。要之，不可偏重主而忽其隨。

「遺書曰：『志一動則動氣，氣一動則動志。』外書曰：『志專一則動氣，氣專一則動志。』二說孰是？」曰：「此必一日之語。學者同聽之而所記各有淺深，類多如此。『志一動則動氣，氣一動則動志』，此言未說動氣動志，而先言志動氣動，又添入一動字，不若後說所記，得其本旨。蓋曰志專一則固可以動氣，而氣專一亦可以動其志也。」

此處就程氏遺書、外書兩條辨其是非。非在語言文字上計較，乃是在思想義理上作分析也。若曰志一動則動氣，氣一動則動志，此不見有下工夫處。持志不是要志不動，毋暴其氣亦不是要氣不動。孟子本旨，只言志與氣可以相互影響，故當雙方兼顧耳。

持志養氣工夫所到，則曰「仰不愧於天，俯不怍於人」。故曰：

孟子「養氣」一章，大綱是說箇「仰不愧於天，俯不怍於人」。

又曰：

「浩然之氣」一章，大意只是要「仰不愧於天，俯不怍於人」，氣便浩然。如「彼以其富，我以吾仁。彼以其爵，我以吾義。吾何慊乎哉」。如「在彼者皆我所不為也，在我者皆古之制也。吾何畏彼哉」。自家有道理，對着他沒道理，何畏之有。

李復潏水集有一段說：浩然之氣，只是要仰不愧，俯不怍，便自然無怯懼。其言雖麄，卻盡此章之意。前輩說得太高，如龜山為某人作養浩堂記，都說從別處去。

「浩然之氣」一章，孔子兩句盡之，曰：「內省不疚，夫何憂何懼？」

要自家有道理，內省不疚，則便要集義工夫。故曰：

這源流便在那「心廣體胖」，「內省不疚，夫何憂何懼」處來。大抵只是這一箇氣，又不是別將箇甚底去養他，但集義便是養氣。知言便是知得這義。人能仰不愧、俯不怍時，看這氣，自是浩然塞乎天地之間。

古注及程氏，皆將「至大至剛以直」做一句。據某所見，欲將「至大至剛」為一句，「以直養而無害」為一句。今人說養氣，皆謂在「必有事焉，而勿正，心勿忘，勿助長」四句上。要緊未必在此。藥頭只在那「以直養而無害」及「集義」上。這四句，卻是箇炮炙煆煉之法。直只是無私曲，集義只是事事皆直。「仰不愧於天，俯不怍於人」，便是浩然之氣。而今只將自家心體驗到那無私曲處，自然有此氣象。

問「至大至剛以直」字絕句。曰：「古注如此，程氏從之。然自上下文推之，故知『以直』字屬下句，不是言氣體，正是說用工處。若只作養而無害，卻似禿筆寫字，其話沒頭。觀此語脈，自前章縮、不縮來。下章又云：『是集義所生』，義亦是直意。若『行有不慊於心則餒矣』，故知道是用工夫處。」

若以「直」字為句，當言「至大至剛至直」。又此章先言「自反而縮」，後言「配義與道」。所謂「以直養而無害」，乃自反而縮之義。大抵某之解經，只是順聖賢語意，看其血脈通貫處為之解釋，不敢自以己意說道理也。

遺書十五載伊川言：「『至大至剛以直』，此是文勢。如『治世之音安以樂』，『怨以怒』，『粗以厲』，『噍以殺』，皆此類。」朱子謂觀其語脈自「自反而縮」來，更為允愜。朱子自謂不敢自以己意說道理，此事看似平淡，實非易至。即如此處，即須自運己意，始能判經文語意之順貫與否，此中大有工夫。朱子於此眞是有獨到處，不僅前無古人，亦可謂後無來者。

問：「明道以『以直養而無害』為句，伊川云『先兄無此說』，何也？」曰：「伊川為人執，便道是『先兄無此言』。」

「以直養」是「自反而縮」，「集義」是「直養」，然此工夫須積漸集義，自能生此浩然之氣。不是行一二件合義底事，能博取浩然之氣也。

「非義襲而取之」，謂積集於義，自然生得此氣。非以浩然之氣為一物，可以義襲取之也。須是積習持養，則氣自然生。非謂一事合宜，便可掩取其氣以歸於己也。

因辨集義、義襲而連帶辨及內外心氣，語詳朱陸異同散記篇，可參讀。朱子解此章，其最具特見最為創說者，乃在「其為氣也，配義與道，無是餒也」之三語。

問：「配義之配，何謂『合而有助』之意？」曰：「此語已精。如有正將，又立箇副將以配他，乃所以助他。天下莫強於理義。當然是義，總名是道，以道義為主，有此浩然之氣去助他，方勇敢果決以進。如這一事合當恁地做，是義也。自家勇敢果決去做，便是有這浩然之氣去助他。有人分明知得合當恁地做，又恧縮不敢去做，便是餒了，無此浩然之氣。」

問：「集義至成此浩然之氣，則氣與義為一矣。及配助義道，則又恐成二物否？」曰：「氣與義自是二物。只集義到充盛處，則能強壯，此氣便自浩然，所以又反來助這道義。無是氣，便餒而不充了。」

問「配義與道」。曰：「道義在人，須是將浩然之氣襯貼起，則道義自然張王。所謂配合而助之者，乃是貼起來也。」先生作而言曰：「此語若與孟子不合者，天厭之，天厭之。」

朱子以配義之配解作合而助之，又解作襯貼，此乃前所未有之新解。遺書十八伊川曰：

「配義與道」，謂以義理養成此氣，合義與道。方其未養，則氣自是氣，義自是義。及其養成浩然之氣，則氣與義合矣。本不可言合，為未養時言也。

伊川以配訓合，並謂合乃謂未養時。及其養而為一，則並合亦不可言。朱子說與伊川大異。謂此解若與孟子原文義旨不合，將會使天厭之。可見朱子此解之為特創與其自信。

問：「集注云：『配者，合而有助之意』，疑配字罕有以助為釋者。」曰：「公如何說，正好商量。」曰：「浩然之氣，集義而成者，其用則無非義，其體則道也。」曰：「卻如何是合？」曰：「浩然之氣與道義無間異。」曰：「如此則是無分別，此一段都緩慢了。公歸去仰臥思量，心必不安。」云：「先生之意甚明切，某所疑配字非助。」曰：「此謂道義得浩然之氣助之方張王。剛果勇決，無所疑憚。有以任重，做得去。若箇人做得一件半件事合道義，而無浩然之氣來配助，則易頹惰了，未必不為威武所屈，貧賤所移，做大丈夫不得。某解此條，若有一字不是孟子意，天厭之。」

浩然之氣，只是氣大敢做。而今一樣人，畏避退縮，事事不敢做，只是氣小。如古人臨之以死生禍福而不變，敢去罵賊，敢去徇國，是他養得這氣大了，不怕。又也是他識道理，故能如此。

養成浩然之氣以配道義，方襯貼得起。不然，雖有道義，其氣懾怯，安能有為。「無是餒也」，謂無浩氣，即如饑人不飲食而餒者也。

氣配道義，有此氣，道義便做得有力。

人之氣，當於平時存養有素，非干他事。只是自家平時仰不愧，俯不怍，存養於中，其氣已充足飽滿，以之遇事，自然敢為而無畏怯。若平時存養少有不足，則遇事之際，自是索然而無餘矣。

血氣助得義心起來。人之血氣衰時，則義心亦從而衰。（四六）

道義是公共無形影底物事，氣是自家身上底物。道義無情，若自家無這氣，則道義自道義，氣自氣，如何能助得他。只有氣魄，便做得出。

氣義互相資。

「配義與道」，如云「人能弘道」。

道如扇，人如手。手能搖扇，扇如何搖手。（四五）

若無氣以配之，則道義無助。

無此氣，則道義亦不可見。世之理直而不能自明者，正為無其氣耳。譬如利刃，不可斬割。須有力者乃能用之。若自無力，利刃何為。

有一樣人，非不知道理，但為氣怯，更貼襯義理不起。

氣由道義而有，道義復乘氣以行，無異體也。

「集義」是平時積累工夫；「配義與道」，是卒然臨事，氣配道義行將去。此兩項各自有頓放處。

初間，其氣由集義而生。後來，道義卻須那氣相助。

心有所主宰，則氣之所向者無前。有其心而無其氣，則雖十分道理底事，亦有不敢為。

人能勇於有為，莫非此氣。苟非道義，則亦強猛悍戾而已。道義而非此氣以行之，又如人要舉事而終於委靡不振者，皆氣之餒也。

或問：「人有生之初，理與氣本俱有。後來欲動情流，既失其理，而遂喪其氣。集義則可以復其性而氣自全。」曰：「人只怕人說氣不是本來有底，須要說人生有此氣。孟子只說『其為氣也至大至剛，以直養而無害』，又說『是集義所生者』，自不必添頭上一截說。呂子約亦是如此，數摺價說不了。某直敢說人生時無浩然之氣，只是有那氣質昏濁頹塌之氣。這浩然之氣，方是養得恁地。孟子只謂此是集義所生，未須別說。」

此條胡泳錄戊午所聞，朱子年六十九，乃朱子晚年語也。朱子本說「氣便粗，有渣滓」。又曰：「形而下者只是那渣滓。至於形，又是渣滓至濁者。」故此處謂人生時只有那氣質，昏濁頹塌之氣也。謂道義之性乃天賦則可。謂浩然之氣亦天賦，與生俱有，則不可。孟子明曰「集義所生」，不言復其所本有。可參讀前引論血氣諸條。

問：「此氣是當初稟得天地底來，便自浩然，抑是後來集義方生？」曰：「本是浩然，被人自少時壞了，今當集義方能生。」曰：「有人不因集義，合下來便恁地剛勇，如何？」曰：「此只是麄氣，便是北宮黝、孟施舍之勇底，亦終有餒時。」

此章陳淳錄，或在庚戌，朱子年六十一。或在己未，朱子年七十。今未能定。惟集注云：

浩然，盛大流行之貌；氣即所謂體之充者，本自浩然，失養故餒。惟孟子為善養之以復其初也。

與陳淳此錄同意。盛大流行，乃指天地之氣言。然朱子又曰：「地者氣之渣滓，所以道輕清者為天，重濁者為地。」則此盛大流行之一氣中，自有粗濁，自有渣滓。人稟此天地盛大流行之氣以生，亦終只是粗氣而已。故曰「本是浩然」者，終是與「集義所生」者有不同。惟朱子以盛大流行訓浩然之氣，則含義渾括。讀集注與陳淳所錄，仍宜參讀胡泳錄，乃見朱子說此浩然之氣之眞義所在。只讀集注，不讀語類，於朱子立言眞義有參不透處，此亦其一例。

又曰：

知言，知理也。

知言然後能養氣。

孟子論浩然之氣一段，緊要全在知言上。所以大學許多工夫，全在格物致知。

或問「知言養氣」一章。曰：「此一章專以知言為主。若不知言，則自以為義而未必是義，自以為直而未必是直。是非且莫辨矣。」又曰：「孟子先說知言，後說養氣，而公孫丑便問養氣，某向來只以為是他承上方論氣而問，今看得不然，乃是公孫丑會問處。留得知言在後面問者，蓋知言是末後合尖上事。如大學說正心修身，只合殺在『致知在格物』一句，蓋是用功夫起頭處。」

此條乃呂燾錄己未所聞，朱子年七十。集注：「孟子先言知言，而丑先問氣者，承上文方論志氣而言也。」此條謂向來以為是如此，而今看得不然。則朱子集注，尚多晚年新得未及加入改定者，此其一例也。

又曰：

知言則有以明夫道義，而於天下之事無所疑。養氣則有以配夫道義，而於天下之事無所懼。或說浩然之氣。曰：「不須多言，這只是箇有氣魄無氣魄而已。人若有氣魄，方做得事成。於世間禍福得喪利害，方敵得去，不被他恐動。若無氣魄，便做人衰颯懾怯，於世間禍福利害易得恐動。」

又曰：

道義是虛底物，本自孤單，得這氣帖起來，便自張王，無所不達。如今人非不為善，亦有合於道義者，若無此氣，便只是一箇衰底人。李先生曰：「『配』是襯貼起來。」又曰：「若說道襯貼，卻是兩物。氣與道義，只是一衮發出來。」思之「一衮發出來」，說得道理好。「襯點」字說「配」字極親切。

朱子對「其為氣也，配義與道」之解釋，義具如是。又曰：

孟子養氣一段，某說得字字甚子細，請子細看。

今再綜合論之，如其「以直養」連讀，顯違趙岐古注及伊川語。如其采李延平「襯貼」之意，而以配字釋為「合而有助」，以配訓助亦非古訓。此於句讀訓詁，朱子皆自創新說，堅持不退。而衡以此章之文氣血脈義理筋節，實亦未有以易其說者。而其最要處，則在分別理氣，分別心氣，分別天人，分別體用。其發揮義理之精微，皆當於其思想之全體系中尋其根據。此豈所謂「順聖賢言語，看其血脈通貫處為之解釋，不敢自以己意說道理」之數語所能盡其能事，窺其深處。然捨此數語，亦無以把握其能事之所由，與其深處之所達。此乃朱子解經工夫之精微博大，所以為不可及，誠學者所當潛心密玩也。

四　論求放心

論語簡質，孟子條暢，朱子謂孟子文義自分曉。故程朱對孟子有異解處，多不在字句訓釋，而皆有關於大義。茲舉其著者。

朱子對孟子告子上篇放心章，多持異辭，已詳於放心篇中。其於明道所說「聖賢千言萬語，只是欲人將已放之心約之使反復入身來，自能尋向上去，下學而上達也」一條，亦多抱不同見解。一是關於「求放心」三字之解釋，明道謂「將已放之心約之使反復入身來」，朱子並不謂然。語類：

問：「孟子說求放心，從『仁，人心也』說將來，莫是收此心便是仁，存得此心可以存得仁否？」曰：「也只是存得此心，可以存此仁。若只收此心，更無動用生意，又濟得甚麼。所以明道又云：『自能尋向上去。』這是已得此心方可做去，不是道只塊然守得這心便了。」問：「放心還當將放了底心重新收來，還只存此心便是不放？」曰：「看程先生所說文義自是如此，意卻不然。只存此心，便是不放。不是將已縱出了底依舊收將轉來。如『七日來復』，終不是已往之陽重新將來復生。舊底已自過去了，這裏自然生出來。」（五九）

此條葉賀孫記童蜚卿所問，蜚卿有庚戌所聞，賀孫有辛亥以後所聞，此條應在庚辛相際之時，朱子年六十一、二。明道意似謂將已放之心重新收回到身子內，即所謂「心要在腔子裏」也。朱子則謂已放之心不可復收，只要目前存此心，即是不放。不是要把已往所放重收回來。此處相異，甚為重要。亦可謂乃是朱子與明道對於心本體見解有歧。

語類又云：

明道說「聖賢千言萬語」云云，只是大概說如此。若已放之心，這箇心已放去了，如何會收得轉來。只是莫令此心逐物去，則此心便在這裏。不是如一件物事放去了又收回來。且如渾水自流過去了，如何會收得轉。後來自是新底水。周先生曰：「誠心，復其不善之動而已。」只是不善之動消於外，則善便實於內。「操則存，舍則亡」，只是操，則此心便存。孟子曰：「人有鷄犬放，則知求之，有放心而不知求。」可謂善喻。然鷄犬猶有放失求而不得者。若心則求着便在這裏，只是知求則心便在此，未有求而不可得者。（五九）

此條亦是葉賀孫記。朱子引濂溪語，亦謂不是將不善之動收回，以糾正明道語，謂求放心不是將已放之心使之反復入身也。所論與上條相似。朱子早年讀書有感詩云：「半畝方塘一鑑開，天光雲影共徘徊。問渠那得清如許，為有源頭活水來。」此條云渾水流過去，如何收得轉，後來自是新底水，是即源頭活水也。此項意見，乃朱子早年所悟，至老未變。

語類又一條云：

> 須將來日用之間，常常體認。看這箇初無形影，忽然而存，忽然而亡。「誠無為，幾善惡」，通書說此一段尤好。「誠無為」，只是常存得這箇實理在這裏。惟是常存得實理在這裏，方始見得幾，方始識得善惡。若此心放而不存，一向反覆顛錯了，如何別認得善惡。（五九）

此條亦上引葉賀孫記童蜚卿所問條中語。亦引濂溪通書，所謂誠心，所謂誠無為，所謂實理，此皆源頭活水也。朱子讀書有感詩凡兩首，其又一云：「昨夜江邊春水生，蒙衝巨艦一毛輕。向來枉費推移力，此日中流自在行。」在程子則謂收放心乃將已放之心收回，轉歸身內。在朱子則謂存得箇實理，即誠無為之誠，此乃源頭活水。心放即收，自可不費推移之力。故又謂「亦且要見得一大頭腦分明，便於操舍之間有用力處。而非低眉合眼，徒守空寂，遂以為是收放心也」。

語類又云：

> 明道云：「聖賢千言萬語」云云。伊川云：「人心本善，流而為惡，乃放也。」初看亦自疑此兩

處。須看得此兩處自不相礙乃可。二先生之言，大意以為此心無不善，止緣放了。苟纔自知其已放，則放底便斷，心便在。此心之善，如惻隱、羞惡、恭敬、是非之端自然全得也。伊川所謂人心本善，便正與明道相合。惟明道語未明白，故或者錯看，謂是收拾放心，遂如釋氏守箇空寂。不知其意謂收放心只存得善端，漸能充廣，非如釋氏徒守空寂有體無用。且如一向縱他去，與事物相靡相刃，則所謂惻隱、羞惡、恭敬、是非之善端，何緣存得。（五九）

此條亦葉賀孫記。朱子將伊川語補充明道語，謂收放心只是存善端。明道語未明白，易使人錯看如釋氏之徒守空寂。此亦如引濂溪通書以補正明道語之意。朱子平日尊守二程，非萬不得已，決不肯輕立己見以為反對。源頭活水之悟，雖得自早年，然逮其為孟子集注時，特引明道此一節話，謂其發明孟子之言曲盡其指，學者宜服膺而勿失。蓋朱子當時猶未顧及明道此條涵義有許多易錯看，當糾正處。正因看得熟了，容易滑過。下至五十一二歲時，始對此條有詳盡之剖辨也。是則論孟集注中尚多未定之論，而語類不可不讀，此又其一例矣。

語類又一條云：

明道曰：「聖賢千言萬語，只是教人將已放底心反復入身來，自能尋向上去，下學而上達。」伊川曰：「心本善，流入於不善。」須理會伊川此語。若不知心本善，只管去把定這箇心，教在裏，只可靜坐。或如釋氏，有體無用，應事接物不得。流入不善，是失其本心。如「向為身死而不受，今為妻妾之奉為之」，若此類是失其本心。又如心有忿懥、恐懼、好樂、憂患，則不得其正。（五九）

此條亦葉賀孫錄，仍與前引一條相似，而語意尤明白。所謂放失其心者，乃放失其本心之善，非謂此心放失在外，只要收得在裏，即便是此本善之心，即便一切可了也。凡朱子所辨明道此條「只要將已放之心反復入身來」一語之涵義，大體如上引。而於明道此條開始「聖賢千言萬語」六字，乃尤費尋究。蓋此四字，正是扣緊孟子「學問之道無他」之「無他」二字來。集注云：「學問之事固非一端，然其道則在於求其放心而已。」其道其事，勉強分說，著重自在道之一邊。惟其切實涵義，則仍嫌交代未清楚。語類有一條云：

明道云：「聖賢千言萬語，只要人收已放之心。」釋氏謂一大藏教，只是一箇注腳。所謂「聖賢千言萬語」，亦只是一箇注腳而已。（五九）

此條周謨記己亥朱子年五十以後所聞。朱子其時尚是謹守明道此四字，謂聖賢千言萬語只是為收放心三字作注腳。

問明道云：「聖賢千言萬語，只是收放心」。曰：「所謂講學讀書固是。然要知所以講學，所以讀書，所以致知，所以力行，以至習禮習樂，事親從兄，無非只是要收放心。」（五九）

此條黃榦記戊申朱子年五十九以後所聞，較上條周謨記相隔近十年，仍堅守明道「聖賢千言萬語」之說，說成了事親從兄亦無非只是要收放心。則事親從兄豈不轉成為一手段，只收自己放心乃是眞目的所在乎？

語類又云：

「文字極難理會，孟子要略內說放心處又未是。前夜方思量得出。學問之道皆所以求放心，不是學問只有求放心一事。程先生說得如此，自家自看不出。」問賀孫：「曉得否？」曰：「如程子說：『吾作字甚敬，只此便是學。』這也可以收放心，非是要字好也。」曰：「然。如灑掃應對、博學審問謹思明辨，皆所以求放心。」（五九）

此條葉賀孫記辛亥朱子年六十二以後語，大意仍與前條相似。亦如集注將學問之事與學問之道分說。集注謂學問之道以求放心為本，此處變成學問之道皆所以收放心。朱子自認為以前對程先生說看不到此，此處始認為看程先生說更透進了一層。但如寫字，如灑掃應對，猶可說皆所以收放心。若謂博學、審問、謹思、明辨亦皆所以收放心，究是有問題。

語類又云：

「學問之道無他，求其放心而已。」不是學問之道只有求放心一事，乃是學問之道皆所以求放心。（五九）

此條亦葉賀孫記，仍與前條大旨無殊。但語類又有一條云：

問：「孟子只說學問之道在求放心而已，不曾欲他為。」曰：「上面煞有事在，注下說得分明，公但去看。」又曰：「說得太緊切則便有病。孟子此說太緊切，便有病。」（五九）

此條甘節記癸丑朱子年六十四以後語。較其告黃𠏉、葉賀孫者顯然不同。至此乃說孟子此語有病，即無異說明道千言萬語一句有病也。云「上面煞有事在，注下說得分明」者，按集注云：

仁者心之德，程子所謂「心如穀種，仁則其生之性」是也。然但謂之仁，則人不知其切於己，故反而名之曰人心，則可以見其為此身酬酢萬變之主，而不可須臾失矣。

又曰：

上兼言仁義，而此下專論求放心者，能求放心，則不違於仁而義在其中矣。學問之事固非一端，然其道則在於求其放心而已。蓋能如是，則志氣清明，義理昭著，而可以上達。不然，則昏昧放逸，雖曰從事於學，而終不能有所發明矣。

集注言求放心正為求仁義。求放心以上煞有事在者，須從此上達，有所發明。當時朱子引明道「千言萬語」一條，殆是看重其「自能尋向上去」之語，故謂其發明孟子之言曲盡其指。但明道此條，著重在前面「聖賢千言萬語」云云，此是下學，人人所當努力。下面「自能尋向上去」一句，在明道意實非所重。下學自能上達，上達無可著力也。朱子意，求放心上面煞有事在，更須尋向上去，則明道何得云聖賢千言萬語只教人收放心乎？此處終見有裂痕難縫。

語類又云：

上有「學問」二字在，不只是求放心便休。（五九）

此條亦甘節記。用以解釋孟子原文，似是牽強。然用以表達朱子自己意見，則顯然明白矣。

語類又云：

學問之道，孟子斷然說在求放心。學者須先收拾這放心。不然，此心放了，博學也是閑，審問也是閑，如何而明辨，如何而篤行。（五九）

此條董銖記丙辰朱子年六十七以後語。與集注以求放心為學問之本者大意相同。然與其謂博學、審問、謹思、明辨以及習禮習樂、事親從兄皆所以收放心之說，則本末相倒。可見朱子此時，已從明道「聖賢千言萬語」一條之牢籠中決然衝破，擺脫自在矣。

語類又云：

學問固亦多端矣，而孟子直以為無他。蓋身如一屋子，心如一家主。有此家主，然後能灑掃門戶，整頓事務。若是無主，則此屋不過一荒屋爾，實何用焉？且如中庸言學、問、思、辨四者甚切，然而放心不收，則以何者而學問思辨哉？（五九）

此條李壯祖記己未朱子年七十以後語。與前引董銖記一條大意相同。可謂是朱子對孟子此章之晚年定論。然實與孟子本義乖離。孟子此章已明白揭示「仁，人心也」在前，則放其心乃指放此仁心而言爾。求放心即是求仁。朱子先為明道語纏縛，及其從纏縛中脫出而未淨，又說離了孟子本章原義。然則解經之難，縱程朱大賢，亦自不免有失也。

語類又一條云：

學須先以求放心為本，致知是他去致，格物是他去格，正心是他去正，無忿懥等事。誠意是他自省悟，勿夾帶虛偽。修身是他為之主，不使好惡有偏。（五九）

此條記者伯羽，疑是童蜚卿，則所記在庚戌朱子年六十一歲。與上引董銖、李壯祖兩條大意相似。惟此條乃在黃𦳝、葉賀孫兩人所記各條之中間，是朱子在此期間，對孟子「放心」章實尚未有定見，顯是在明道「聖賢千言萬語」一條之纏縛中曲折反復，多生枝節也。朱子博學深求，曠世大儒，其聰明智力之過人，先後少匹。然其尊守二程，一字一句，不肯輕易放過。為明道「聖賢千言萬語」一條再四推尋，經歷二十年之久，始獲一最後自信之定論，而又轉失孟子之本義。然其天性之篤厚，好學不倦之深情，乃亦於此益見。此所以宏通博大，終成為一曠世大儒，而小小缺失，誠亦不足為病也。

今再約述朱子對明道「聖賢千言萬語」一條先後所抱意見轉變大概如次。

一則明道謂收放心乃是「將已放之心約之使反復入身來」，此層朱子自始即抱不同之見解。源頭活水之詩，乃朱子早年所悟。又針對當時學風流弊，以低眉合眼徒守空寂認為是求放心工夫者加以針砭。故於明道此語，始終不見有迴護之意。次則明道謂「聖賢千言萬語只是要人收放心」一語，因與孟子原文「學問之道無他」一語緊相貼合，朱子於此，不斷尋索，其最後定論終仍回到中年作為集注時之原意。惟將明道此條語放置一邊，不再牽引。三則明道有「自能尋向上去」一語，朱子始終未加詳細討論。惟云「上面煞有事在」，則其不肯如明道之用「自能」二字輕易放過可知。惟如朱子所闡說，亦與孟子「無他」二字仍難脗合，故朱子又謂孟子此處有語病也。同時象山立論，乃頗有直從明道此條上參孟子此章之迹象，此與朱子意見亦終難會合。可見由明道到象山，其間確是當時理學界一條血路。朱子力求本末內外一以貫之，工夫與境界互相顧及，在當時反是有意創闢，非理學之眞血脈所在。此層實値深求，姑識所見，以待後人之續定焉。

茲再引孟子本文及朱子集注如下：

孟子曰：「仁，人心也。義，人路也。舍其路而弗由，放其心而不知求，哀哉！人有鷄犬放，則知求之。有放心而不知求。學問之道無他，求其放心而已矣。」

集注曰：學問之事固非一端，然其道則在於求其放心而已。蓋能如是，則志氣清明，義理昭著，而可以上達。不然，則昏昧放逸，雖曰從事於學，而終不能有所發明矣。故程子曰：「聖賢千言萬語，只是欲人將已放之心約之使反復入身來，自能尋向上去，下學而上達也。」此乃孟子開示切要之言，程子又發明之，曲盡其指，學者宜服膺而勿失也。

孟子或問此章云：

此孟子發明學者用力最緊切處，而程伯子之言至矣。其言曰「下學上達」，則固不以就於此而已也。其論人心之辨，析理尤精。其以仁為就事言者，猶曰以其理而言爾。

是朱子當時特重於明道此條者，乃在「下學而上達」之一語。朱子意見之始終不變者在此。至曰「其論人心之辨」以下，乃言伊川。或是當時集注已如今本，後來未加改訂。然考之語類，則集注成書後，朱子對此章尚多意見轉變也。

本節僅論朱子對明道一語先後意見之轉變，至於朱子論求放心之各種意見，則詳朱子論放心篇，當參讀。

羅整菴困知記有云：

程子曰：「聖賢千言萬語，只是欲人將已放之心約之使反復入身來，自能尋向上去，下學而上達也。」席文同鳴寃錄提綱有云：「孟子之言，程子得之。程子之後，陸子得之。」然所引程子之言，只到「復入身來」而止。最緊要是「自能尋向上去，下學而上達」二語，卻裁去不用，果何說耶！似此之見，非惟無以直象山之寃，正恐不免寃屈程子也。

整菴此條，辨明道、象山異同，而未認到朱子與明道之異同。整菴辨心性，於明儒中似最能善會朱子之意。然於此等細密處，亦似猶有所未逮。

五　論盡心知性

孟子盡心章「盡其心者知其性也，知其性則知天矣」。集注曰：

心者，人之神明，所以具眾理而應萬事者也。性則心之所具之理，而天又理之所從以出者也。人有是心，莫非全體，然不窮理，則有所蔽，而無以盡乎此心之量。故能極其心之全體而無不盡者，必其能窮夫理而無不知者也。既知其理，則其所從出亦不外是矣。以大學之序言之，知性則物格之謂，盡心則知至之謂也。

論孟集注成於丁酉，朱子年四十八。此後不斷改易，日益精密。本章注語，不知何年寫定。讀語類卷六十，朱子對此章見解，前後屢變。茲試扼要節錄，以見朱子集注之用心不苟，及其學問思想與年俱進之大概。亦為讀語類者示例，使知分年以求之重要。

語類云：

因看程子語錄「心小性大，心不弘於性，滯於知思」說，及上蔡云「心有止」說，遂云：「心有何窮盡？只得此本然之體，推而應事接物皆是。故於此知性之無所不有，知天亦以此。因省李先生云：『盡心者，如孟子見齊王問樂，則便對云云；言貨、色，則便對云云。每遇一事，便有以處置將去，此是盡心。』舊時不之曉，蓋此乃盡心之效如此。得此本然之心，則皆推得去無窮也。如見牛未見羊，說苟見羊，則亦便是此心矣。」（六〇）

此條楊方錄庚寅所聞，朱子年四十一，尚在集注成書前七年。其時朱子主盡心在先，知性在後。所謂盡心，在其能推。只得此本然之心而推之，所謂放諸四海而皆準，事事物物上莫不見此心，此即盡心工夫也。

或問：「伊川云：『心具天德，心有未盡處，便是天德未能盡。』竊嘗熟味其言，意者，在天為命，在人為性，性無形質，而舍之於心。故一心之中，天德具足。盡此心，則知性知天矣。游氏以『心無餘蘊』為盡心，謝氏以『擴充得去』為盡心，皆此意也。然橫渠、范侍講之說又不然，范謂：『窮理者，孟子之所謂盡心也。』橫渠曰：『大其心則能體天下之物，物有未體則心為有外。』不知窮理體物之說，亦信然否？」曰：「諸家解說盡心二字，少有發明得盡字出來者。伊川最說得完全，然亦不曾子細開說盡字。大抵『盡其心』，只是窮盡其在心之理耳。窮得此又卻不能窮得彼，便不可喚做盡心。范侍講言窮理，卻是言盡心以前底事。謝上蔡言充擴得去，卻言盡心以後事。若橫渠『大其心則能體天下之物』之說，此只是言人心要廣大耳。亦不知未能盡得此心之理，如何便能盡其心得？兼大其心亦做盡心說不得。」（六〇）

又曰：

盡心如何盡得？不可盡者心之事，可盡者心之理。理既盡之後，謂如一物，初不曾識，來到面前便識得此物。盡吾心之理。盡心之理，便是知性知天。（六〇）

上兩條金去偽錄乙未所聞，朱子年四十六。尚在集注成書前兩年。下一條有附注云：「末二句恐誤。」

今按末二句明謂盡心之理便是知性知天，與上引告楊方條大意相同。楊錄云「本然之體」、「本然之心」，即指心之理言也。惟朱子此後見解有變，此條附注，乃據語類同卷他條疑之耳。

問：「盡心知性，不假存養，其惟聖人乎？佛本不假於存養，豈竊希聖人之事乎？」曰：「盡、知、存、養，吾儒、釋氏相似而不同。只是他所存、所養、所知、所盡處道理皆不是。如吾儒盡心，只是盡君臣父子等心，便見有是理。性即是理也。如釋氏所謂盡心知性，皆歸於空虛。其所存養，卻是閉眉合眼，全不理會道理。」（六〇）

此條亦金去偽錄。謂盡君臣父子等心，便見有是理，性即是理也，此亦主盡心為知性見理工夫也。即在君臣父子等事上盡心，心無不可盡，理無不可知。在此知得此理，推而至於彼，如見牛見羊，即以見牛時之心推之羊，不得謂見牛時此心未盡，見羊時此心又未盡。程氏語錄謂「心滯於知思，見牛時，知思只在牛，是心有所止」。朱子意與此不同。然謂心有止，則轉易盡，故伊川說盡心在知性前。朱子謂心無窮，不可盡，盡心只是盡此理，於是轉到先認識得此理，故其告楊方曰：「只得此本然之體」、「本然之心」。其告金去偽曰：「來到面前便識得此物」，又曰「便見有此理」。如此則便將盡心工夫轉移到知性工夫上去，故朱子後來見解，乃謂知性乃所以盡心，知性在先而盡心轉在後，此乃朱子對此問題先後見解轉變之線索所在。

文集卷三十二答張敬夫問目有曰：

孟子曰：「盡其心者知其性也，知性則知天矣。」心體廓然，初無限量。惟其梏於形器之私，是以有所蔽而不盡。人能克己之私以窮天理，至於一旦脫然，私意剝落，則廓然之體無復一毫之蔽，而天下之理，遠近精粗，隨所擴充，無不通達。性之所以為性，天之所以為天，蓋不離此，而一以貫之，無次序之可言矣。孔子謂「天下歸仁」者，正此意也。

此書不定在何年，乃以論語克己歸仁說孟子之盡心。克去己私則理自見。天下歸仁，則盡在吾心當下此一境界中。復能由此隨所擴充，則莫非此理，莫非此心當下之境界，此即盡心之道也。苟能盡心，則知性知天一以貫之。此書大旨，與其告楊方、金去偽者一氣相通，然此皆是朱子中年見解也。

語類又一條云：

問「盡心然後知性」。曰：「以某觀之，性情與心固是一理，然命之以心，卻似包着這性情在裏面。故孟氏語意，似說盡其心者，以其知性故也。橫渠『心統性情者也』，看得精。」大雅云：「橫渠言『心禦見聞，不弘於性』，則又是心小性大也。」曰：「禦字不可作止字與當字解，禦有梏之意。云心梏於見聞，反不弘於性耳。」

此條余大雅錄戊戌所聞，朱子年四十九，在集注成書後一年。至是，朱子始主知性應在盡心之前。但連下兩「似」字，則朱子對此番新見解尚未十分自信。又曰：「心却似包着性情在裏面。」又曰：「心梏於見聞，反不弘於性。」則不梏於見聞而能盡其心者宜可以知性。此見朱子當時於盡心知性先後，尚有游移，未臻定見。

> 問盡心盡性。曰：「盡心云者，知之至也。盡性云者，行之極也。盡心則知性知天，以其知之已至也。若存心養性，則是致其盡性之功也。」

此條萬人傑錄庚子朱子年五十一以後所聞，不定在何年。謂盡心則知性知天，仍以盡心為在知性前。可知朱子在五十一歲或稍後，尚主舊說。上引余大雅一條，其時見解，則尚在模糊游移時也。

語類又一條云：

> 人往往說先盡其心而後知性，非也。心性本不可分，況其語脈是「盡其心者知其性」，心只是包着這道理。盡知得其性之道理，便是盡其心。若只要理會盡心，不知如何地盡？

此條黃䇲錄戊申所聞，朱子年五十九。距余大雅錄一條已十年，至是始決然主張知性為盡心之工夫。

又一條云：

性者吾心之實理。若不知得盡，卻盡箇甚麼？

此條亦黃䇲錄。

又一條云：

「盡其心者知其性也」，「者」字不可不子細看。人能盡其心者，只為知其性，知性卻在先。

此條陳文蔚錄戊申以後所聞，或與黃䇲所錄略同時。謂「者」字不可不子細看，即黃䇲條所謂語脈也。此三條語氣堅定，絕無游移，較之告余大雅者顯不同。

又曰：

所以能盡其心者，由先能知其性。知性則知天矣。知性知天，則能盡其心矣。不知性，不能以盡其心。物格而後知至。

此條楊道夫錄己酉朱子年六十以後所聞，當較前引三條略後。至此始提出大學之格物知至來說孟子之盡心知性。蓋朱子六十歲時始序大學、中庸章句，其時興趣尤在大學一書，嘗曰：「通得大學了，去看他經，方見得此是格物致知事，此是正心誠意事。」將孟子盡心知性牽合到大學格物致知上，正是當時意見也。但終似與孟子本章原文有不合。

語類又曰：

盡其心者，由知其性也。先知得性之理，然後明得此心。知性猶格物，盡心猶知至。

此條廖德明錄癸巳以後所聞，不定在何年。當與上引告楊道夫者略同時。以上乃朱子五十九、六十時見解，而此下復有變。

語類又一條云：

「某前以孟子盡心為如大學知至，今思之，恐當作意誠說。蓋孟子當時特地說箇盡心，煞須用功。所謂盡心者，言心之所存，更無一毫不盡。好善便如好好色，惡惡便如惡惡臭。徹底如此，沒些虛偽不實。」或云：「如所謂『盡心力而為之』之『盡』否？」曰：「然。」

此條劉砥錄庚戌所聞，朱子年六十一。至是又認孟子「盡心」乃大學「意誠」之事。其主要轉變關鍵，在孟子當時特地說箇盡心，煞須用功，若以知性當格物，盡心作知至，則盡心無功夫可用，故朱子又自疑前說也。謂盡心如「盡心力而為之」之「盡」，則「盡」字上便有功夫可用矣。

問：「盡心只是知得盡，未說及行否？」曰：「某初間亦把做只是知得盡，如大學知至一般，未說及行。後來子細看，如大學誠意字模樣，是眞箇恁地盡。『如惡惡臭，如好好色』，知至亦須兼誠意乃盡。如知得七分，自家去做，只着得五分，心力便是未盡。有時放緩又不做了。如知得十分眞切，自家須着過二十分心力實去恁地做，便是盡。『盡其心者知其性也』，知性所以能盡心。」(六〇)

此條陳淳錄，與上引劉砥錄同時，亦主以大學「誠意」說盡心。惟謂知性所以能盡心，則仍是四十九歲後意見。合之大學，則是物格知至而後意誠也。

問「盡心」。曰：「盡心是竭盡此心。今人做事，那曾做得盡，只盡得四五分心便道了。若是盡心，只是一心為之，更無偏旁底心。『如惡惡臭，如好好色』，必定是如此，如云盡心力為之。」

此條葉賀孫錄辛亥朱子年六十二以後所聞，不定在何年。然似緊接上引劉砥、陳淳兩條之意見，當即在六十二歲時。

又一條云：

盡心、知性、知天，工夫在知性上。盡心只是誠意，知性卻是窮理。心有未盡，便有空闕，如十分只盡得七分，便是空闕了二三分。須是「如惡惡臭，如好好色」，孝便極其孝，仁便極其仁。性即理，理即天，我既知得此理，則所謂盡心者，自是不容已。如此說，卻不重疊。既能盡心知性，則胸中已是瑩白淨潔，卻只要時時省察，恐有污壞，故終之以存養之事。

此條周謨錄己亥朱子年五十以後所聞，不定在何年。然亦當與劉砥、陳淳、葉賀孫諸錄略同時。皆說盡心亦有工夫可用，實與其四十九歲前告楊方、金去偽及答張敬夫問目大意相同。是朱子此時實已還復其前時之舊說。惟仍謂知性工夫在先，則仍守四十九以後之見解。

語類又云：

盡心知性，以前看得知字放輕。今觀之，卻是知字重，盡字輕。知性則心盡矣。存養有行底意思。

此條鄭可學錄辛亥所聞，朱子年六十二。朱子論學着重先求知，蓋亦從發揮大學格物致知之義而來。故雖說盡心亦有工夫，而主要工夫則終放在知性上。又此條始分盡心知性為知，存心養性為行，又開此後見解，終於將盡心即誠意之説放棄，語詳下。

文集卷五十六答鄭子上有云：

論其理，則心為粗而性天為妙。論其功夫，則盡為重而知為輕。故云所謂盡其心者，即是知性而知天者也。三者只是一時事，但以表裏虛實反復相明，非有功夫漸次也。三者初無分別，故又曰「存其心養其性所以事天」，亦言其本一物耳。

此書說孟子原意最為明白，惟不定在何年。書末云：「此書近為建陽人販賣甚廣」，知其在集注成書為人盜印之後。而上引鄭子上錄有云：「以前看得知字放輕，今觀之，卻是知字重盡字輕」，正與答鄭子上書時看法倒轉。則此書必在朱子面告鄭子上云云之前。其云「非有功夫漸次」，與答張敬夫問目相同。則亦是中年見解。約略推之，當尚在余大雅錄戊戌所聞一條之前。則其答鄭子上書與其面告鄭子上者，前後相距垂十四年矣。

文集卷五十一答黄子耕有曰：

孟子言「盡其心者知其性也」，則是人之所以能盡其心者，以其能知性故也。大學所謂知至而意誠是也。

此書仍謂知性乃能盡心，亦仍以盡心當大學之誠意。書中有云：「湘中之行，初但以私計，不便懇辭。既而乃有決不可行者，歸來已一年，而卜葬未遂，築室未成。」年譜紹熙二年辛亥九月除荆湖南路轉運副使，「歸來已一年」者，指是年五月自漳州歸建陽也。「卜葬未遂」，指是年正月長子塾卒。「築室未成」，指三年壬子築室考亭。告家廟文：「卜葬卜居，亦既累歲，時移事改，存没未安。」則答黄子耕此書，亦必在壬子，朱子年六十三。是則朱子自六十一至六十三，皆認孟子盡心即大學之意誠。

語類又一條云：

盡心者，發必自慊而無有外之心，即大學意誠之事也。

此條楊道夫錄，與前引道夫錄一條有不同。綜合語類此卷討論盡心知性諸條，知以「知至」說盡心者應在前，「意誠」說盡心者應在後。縱是一人所錄，亦當分別其年歲之先後也。

文集卷五十六答朱飛卿有云：

盡心之說，當時見得如此，故以為意誠之事。後來思之，似只是知至之事，當更尋舊說考之。

此書不定在何年，要之在答黃子耕書後。舊說即指六十時告楊道夫云云，至是見解又變。

語類又一條云：

飛卿問：「盡心、存心，盡莫是極至地位，存莫是初存得這心否？」曰：「盡心也未說極至，只是凡事便須理會教十分周足，無少闕漏處，方是盡。存也非獨是初工夫，初間固是操守存在這裏，到存得熟後，也只是存。這存字無終始，只在這裏。」

此條葉賀孫錄朱飛卿之問，未定在何年。然疑在上引答朱飛卿書前。因此條說盡心，亦如其答劉砥、陳淳、葉賀孫、周謨諸人也。答朱飛卿書所謂「盡心之說當時見得如此」，殆即指其面告飛卿者而言。惜今文集未將飛卿來書中語存下，不足證此所疑。然從旁推之，此條所問必在文集答書之前。

問「盡其心者知其性也」。曰：「此句文勢，與『得其民者得其心也』相似。」

此條吳雉錄，不知在何年。與五十九歲告黃榦「況其語脈」云云，及告陳文蔚「者字不可不細看」云云兩條相似，疑是在答朱飛卿書所謂「當更尋舊說考之」以後。

語類又云：

知性者物格也。盡心者知至也。物字對性字，知字對心字。知性然後能盡心，先知然後能盡，未有先盡而後方能知者。

此兩條甘節錄癸丑朱子年六十四以後所聞。亦不定在何年。要之亦朱子見解轉變後所云。

語類又曰：

伊川云：「盡心然後知性。」此不然。盡字大，知字零星。若未知性便要盡心，則懸空無下手處。惟就知性上積累將去，自然盡心。（六〇）

此條林學蒙錄甲寅朱子年六十五以後所聞。朱子此番見解之變，正當在六十五，最早或在六十四歲時。云「盡字大，知字零星」者，蓋以知性當格物，可以零星格去，以盡心當知至，必俟「一旦豁然貫通」，始得謂之盡也。此與六十二歲時告鄭可學「知字重盡字輕」之說又不同。蓋當時朱子以盡心作誠意看，「盡」字上亦須用功夫。惟功夫用在「知」字上者宜重，用在「盡」字上者則較輕。至此則「盡」字乃是功夫到後之境界，「知」字上始可用功夫。此功夫可以零星用，積累之極而始可企及於盡。則格物有工夫，而知至則無工夫可用也。

語類又一條云：

孟子說知性，是知得性中物事。既知得，須盡知得，方始是盡心。下面「存其心養其性」，方始是做工夫處。如大學說「物格而後知至」。物格者，物理之極處無不到，知性也。知至者，吾心之所知無不盡，盡心也。至於知至而後意誠，誠則「存其心、養其性」也。聖人說知必說行，不可勝數。

此條湯泳錄乙卯所聞，朱子年六十六。謂知性是知得性中物事，盡知得方始是盡心，即是上引告林學蒙之意，而說來更明白。又把誠意移到下面存心養性處，謂此始是做工夫處。則其告劉砥謂「孟子當時特地說箇盡心煞須用功」之說，至是已放棄。而分盡心知性說知，存心養性說行，把知、行兩分說，卻與告周謨所謂「終之以存養之事」，及其告林學蒙所謂「存養有行底意思」者相近似。又一條云：

盡心、知性、知天，此是致知。存心、養性、事天，此是力行。

此條亦湯泳所錄。語類又一條云：

盡心盡性之盡，不是做工夫之謂。蓋言上面工夫已至，至此方盡得耳。中庸言「唯天下至誠為能盡其性」，孟子言「盡其心者知其性」是也。（六〇）

此條董銖錄丙辰朱子六十七以後所聞，尤在朱子之晚年矣。此條當緊承上引湯泳一條看，盡字不是做工夫，即見往時以誠意說盡心之無當。

以上敍述朱子對於孟子盡心一章見解之四變。五十一歲前，主盡心在知性前，與伊川說無異。五十九歲後，始主知性在盡心之前，與伊川說正相背。六十時以大學「格物」說知性，「知至」說盡心。六十一後，又以盡心為「意誠」之事。至六十四、五，仍以「知至」說盡心。綜合前後，說凡四變。朱子論孟集注凡與二程持異，皆有深旨可尋。其說此章，所以與伊川相背，一則欲牽合大學與孟子合說，再則朱子晚年與象山爭辨甚烈，故曰：

萬理雖具於吾心，還使教他知始得。今人有箇心在這裏，只是不曾使他去知許多道理，少間遇事，做得一邊，又不知那一邊，見得東，遺卻西，少間只成私意。皆不能盡道理。

此條葉賀孫錄，不定在何年。要之見朱子必辨此章知性在先盡心在後，乃是有激而發也。孟子此章文義本非難解。盡我惻隱、羞惡、辭讓、是非之心，而仁義禮智之為性者可知。朱子解此一章，自四十一歲至六十七歲近三十年，四變其說，得之中年，失之晚歲。今集注所云，乃朱子晚歲四變其說後之結論，然實非孟子本義。大賢用心，時亦有蔽，豈誠如象山所譏「着意精微轉陸沉」乎。

然其圈外之注又曰：

愚謂盡心知性而知天，所以造其理也。存心養性以事天，所以履其事也。不知其理，固不能履其事。然徒造其理而不履其事，則亦無以有諸己矣。

此處亦仍以盡心知性為序，不易為知性盡心也。

語類又云：

安卿問：「『仁義禮智根於心』，何謂根？」曰：「養得到，見得明，便自然生根，此是人工夫做來。」

此條黃義剛錄癸丑朱子年六十四以後所聞。陳安卿有庚戌、己未兩次所聞，庚戌尚在前，此條乃安卿己未見朱子時所問，朱子年七十矣。謂「養得到，見得明，工夫做來，仁義禮智便在心上生根」。此項工夫屬盡心抑屬知性，本難嚴格分別。其答鄭子上有云：「論其工夫，盡為重而知為輕。」又曰「非有工夫漸次」，大義與此答安卿者無大異。則在朱子晚年，就大體論，其對盡心知性一章之意見，應與其最初意見亦復相同。惟換了話題說之則是，若扣緊此章在盡心知性先後上說，則終是要主張知性在先，盡心在後耳。

又一條云：

「仁義禮智根於心」，便見得四端着在心上，相離不得。才有些子私意，便剗斷了那根，便無生意。譬如木，根着在土上方會生。其色也睟然，都從那根上發出來。且性字從心，便見得先有這心，便有許多物在其中。（六〇）

此條林恪錄癸丑所聞。與上條答陳安卿意大同。仁義禮智皆有根在心，有了私意纔剗斷了那根，非謂做了工夫後仁義禮智始在心上生根，則仍應是盡心而後知性也。上述朱子六十四歲前後對盡心知性一章意見有變，正可從此得旁證。

孟子又曰：「惻隱羞惡是非辭讓之心，人皆有之。」則由此擴充，即是盡心之道，上蔡以充擴言盡心，似未為失。蓋盡心可有兩義，當下盡其心，如朱子以誠意說盡心是也。隨時隨地求此心之無不盡，則李延平、謝上蔡所說皆是也。朱子解經審密，與二程持異處皆具深意。至其說此章，今集注所下最後定論，終似與孟子本義不合。姑識所疑，以待續求。

語類又云：

或曰：「中庸之盡性，即孟子所謂盡心否？」曰：「只差些子。」或問差處，曰：「不當如此問。如言黑白，若先識得了，同異處自見。只當問黑白，不當問黑白同異。」久之又曰：「盡心是就知上說，盡性是就行上說。」又曰：「盡心就所知上說，盡性就事物上說。事事物物上各要盡得它道理，較零碎。盡心則渾淪。」又問：「盡心了方能盡性否？」曰：「然。孟子云：『盡其心者知其性也，知性則知天』，便是如此。」（六四）

此條沈僴錄戊午以後所聞，朱子年六十九至七十。至是殆可謂始是朱子之晚年定論。其謂盡心了方能盡性，並謂盡心是就知上說，豈不與孟子云「盡其心者知其性也」先後宛符。是則朱子對孟子此章前後四變其說之後，至是而又變，要之是換了話題則說得是，扣緊此章，則又說向別處去。惜乎其未及將此條之意於集注作最後之改定也。

孟子或問此章云：

或問：「心無限量者也，此其言盡心，何也？」曰：「心之體無所不統，而其用無所不周者也。今窮理而貫通，以至於可以無所不知，則固盡其無所不統之體、無所不周之用矣。是以平居靜處，虛明洞達，固無毫髮疑慮存於胸中。至於事至物來，則雖舉天下之物，或素所未嘗接於耳目思慮之間者，亦無不判然迎刃而解，此其所以為盡心。而所謂心者，則固未嘗有限量也。大概此章所謂盡心者，物格知至之事，曾子所以一唯而無疑於夫子之言者是也。所謂事天者，誠意正心修身之事，曾子所以臨深履薄而無日不省其身者是也。所謂立命者，如是以沒身焉，曾子所以啟手足而知免，得正斃而無求者是也。以是推之，則一章之旨，略可見矣。」曰：「諸說如何？」曰：「程子至矣，然其言有難知者，當深思之。亦有記錄傳寫之誤者，當明辨之。」

曰：「然則心之為物，與其所以盡之之方奈何？」曰：「由窮理致知積累其功以至於盡心，則心之體用在我，不必先事揣量，著意想像，而別求所以盡之也。」

觀上引，知朱子四十八歲初成集注時，其解此章，大體乃主先盡心而後知性，與伊川說無異，故曰「程子至矣」，不見有異辭。其曰「盡心者，物格知至之事」，已以大學說孟子，惟以物格知至為盡心，不似後來以知性猶格物，盡心猶知至，分別說之。又曰：「由窮理致知積累其功以至於盡心」，其語意間，已露窮理致知工夫在盡心之前。故朱子此一章之見解，下及翌年四十九歲告余大雅時已遽變也。若能堅守李延平之意，則對此盡心二字，不煩自創新解，而亦無須乎必與伊川相違。亦不煩四變其說，及其最後所以告沈僩者，乃始獲一歸宿也。然而朱子平生論學，其重於求知之精神，則亦即此而見矣。

六　論鳶飛魚躍與必有事焉

程氏遺書卷三，謝上蔡記明道語有曰：

「鳶飛戾天，魚躍于淵，言其上下察也」，此一段，子思喫緊為人處，與「必有事焉而勿正心」

之意同，活潑潑地。會得時活潑潑地。不會得時，只是弄精神。

上蔡又申其說曰：「知此則知夫子與點之意。」此一番話，亦為宋明理學家喜相稱道。朱子門人向朱子討論此事者亦眾，茲拈其數則如次。

問：「『必有事焉而勿正』卻似『鳶飛魚躍』之言，此莫是順天理自然之意否？」曰：「孟子之說，只是就養氣上說。程子說得又高。須是看孟子了又看程先生說，便見得孟子只說勿忘、勿助長，程先生之言，於其中卻有一箇自然底氣象。」（五二）

此條金去偽錄乙未所聞，朱子年四十六，尚在孟子集注成書前兩年。鳶飛魚躍語見中庸。明道以中庸、孟子合說，而實非中庸、孟子之正義。朱子謂其說得高，又謂須看了孟子又看程先生說，分別各作一義體會，不可以程子意即作孟子義看也。

問：「『鳶飛魚躍』，如何與它『勿忘勿助長』之意同？」曰：「孟子言『勿忘勿助長』，本言得粗，程子卻說得細，恐只是用其語句耳。如明道之說，卻不曾下勿字，蓋謂都沒耳。其曰『正當處』者，謂天理流行處，故謝氏亦以此論曾點事。其所謂『勿忘勿助長』者，亦非立此

在四邊做防檢，不得犯着。蓋謂俱無此而皆天理之流行耳。」（六三）

此條吳必大錄戊申、己酉所聞，朱子年五十九、六十。分別孟子本義與明道、上蔡意不同所在。明道只是用孟子語句，而非孟子本義。謂「孟子說得粗，程子說得細」，正猶謂其說得高過了孟子。其所闡釋於明道、上蔡者，較之上引告金去僞一條，又較深細。

問：「鳶飛魚躍，何故仁便在其中？」先生良久微笑曰：「公好說禪，這箇亦略似禪，試將禪來說看。」對：「不敢。」曰：「莫是『雲在青天水在瓶』麼？」又不敢對。曰：「不妨試說看。」曰：「渠今正是我，我且不是渠。」曰：「何不道我今正是渠？」既而又曰：「須將中庸其餘處一一理會令教子細，到這個田地時，只恁地輕輕拈掇過，便自然理會得，更無所疑。亦不着問人。」（一一八）

此條吳壽昌錄丙午朱子年五十七時語。壽昌好禪，朱子謂程子此語亦略似禪，教壽昌試以禪說。至是乃直率指出程子好拈中庸鳶飛魚躍有禪意。明道言「仁者與物為體」，故壽昌答曰：「渠今正是我，我且不是渠。」而朱子戲之曰：「何不道我今正是渠。」又教壽昌將中庸其餘處一一理會令教子細，則朱子教人正法也。若果如此，自不會轉入禪去。如此指點人，可謂活潑又深微之至。

問「鳶飛魚躍」兩句。曰：「恰似禪家云：『青青綠竹，莫匪眞如。粲粲黃花，無非般若。』」（六三）

此條程端蒙錄己亥朱子年五十以後語。惟不能定在何年。當時理學家好拈中庸此兩句，正為其近禪，故加樂道。朱子此處直為指出。中庸亦可有近禪語，故謂其「彌近理而大亂眞」也。朱子於禪說，亦非一味排斥，只在儒、釋疆界則必力辨。此意不可不知。

明儒羅整菴困知記於此事有一條詳辨之，其略曰：

鳶魚雖微，其性同一天命。飛躍雖殊，其道同一率性。彼所謂般若法身，在華竹之身之外。吾所謂天命率性，在鳶魚之身之內。在內則是一物，在外便成二物。且天命之性，不獨鳶魚有，華竹亦有之。程子所謂「一草一木，亦皆有理」。佛氏只緣認知覺為性，所以於華竹上便通不去，只得以為法界中所現之物爾。楞伽以四大種色為虛空所持，楞嚴以山河大地咸是妙明眞心中物，義亦如是。

「青青翠竹，盡是法身，鬱鬱黃華，無非般若。」佛門有此語。慧忠許之，大珠不許。宗杲則謂翠竹黃華兩語，與鳶飛魚躍之言絕相似，只是不同。朱子告程端蒙，似近慧忠。整菴所辨，則據大珠與宗杲也。整菴精研朱子，最能辨儒、釋疆界，如此條所辨，較朱子密矣。然似亦因此等處，不取朱子之理氣分說。不知朱子於理氣有分說，同時亦復有合說。整菴之誤，已見理氣篇，讀者其兼觀焉可也。

問：「『鳶飛戾天，魚躍于淵』，詩中與子思之言如何？」曰：「詩中只是興『周王壽考，遐不作人』。子思之意，卻是言這道理昭著，無乎不在。上面也是恁地，下面也是恁地。」曰：「程子卻於『勿忘勿助長』處引此，何也？」曰：「此又是見得一箇意思活潑潑地。」曰：「程子又謂『會不得時只是弄精神』，何也？」曰：「言實未會得而揚眉瞬目，自以為會也。『弄精神』，亦本是禪語。」（六三）

此條亦程端蒙錄。分別鳶飛魚躍兩句在詩中之原義，及中庸之引用義，與明道之稱述義，三者各別。明道語中引用禪語「弄精神」三字，可見明道說此番話時，實是有一番禪味存在。朱子亦認其如此，連上條看可見。然明道究非漫失了儒、釋疆界，故朱子並不直斥明道語為非。若合併上引答吳伯豐一條觀之，則朱子當時於明道語，固是稱許之意為多。

問「必有事焉」。曰：「孟子所謂『必有事焉』者，言養氣當用工夫，而所謂工夫，則集義是也。非便以此句為集義之訓也。至程子則借以言是心之存，而天理流行之妙耳。只此一句已足。然又恐人太以為事得重，則天理反塞而不得行，故又以『勿正心』言之。然此等事易說得近禪去。」（六三）

此條輔廣錄甲寅朱子年六十五以後所聞。分別明道引用孟子語非即孟子本意，而明道此等語又易說得近禪去，惟非明斥明道語為禪。

又曰：

須是事事物物上皆見得此道理方是。他釋氏也說佛事門中不遺一法，然又卻只如此說，看他做事卻全不如此。（六三）

此條亦輔廣錄，與上引同在一條。語中有「廣到此已兩月」云云，則輔廣初來，正是朱子六十五歲時。朱子意，釋氏亦能如此說，但做出來又全不是。故鳶飛魚躍之與翠竹黃花，雖屬同一意義，而有可取有不可取。朱子此時於明道語，已見有評正之迹。

語類又云：

侯師聖說「必有事焉而勿正心」，伊川舉禪語為況，曰：「事則不無，擬心則差。」當時於此言下有省。某甚疑此語引得不相似。「必有事」是須有事於此，「勿正心」是不須恁地等待。今說「擬心則差」，不擬不議，只恁地去，此語似禪，某不敢編入精義。（五二）

此條黃義剛錄癸丑朱子六十四以後語。精義編集遠在前，何以忽然在此提到「不敢編入精義」一語。又今精義中實有此條，惟石子重中庸輯略中無之，不知何故。遺書卷一此條云：

侯世與云：「某年十五六時，明道先生與某講孟子，至『勿正心、勿忘勿助長』處，云：『二哥以「必有事焉而勿正」為一句，「心勿忘勿助長」為一句，亦得。』因舉禪語為況云：『事則不無，擬心則差。』某當時言下有省。」

據此，則舉禪語為況者，乃明道，非伊川。二哥即指伊川。明道稱述伊川語，用「亦得」二字結束了。下面明道自舉禪語，說此「勿正心」三字。朱子在此等處決不會含糊，當是黃義剛所記有誤。明道凡逢拈出中庸「鳶飛魚躍」兩語時，都愛牽涉到禪語上去，亦可謂禪味洋溢矣。至其引孟子「必有事焉」兩語，朱子在前引一條說之云：程子只借引「必有事焉」一句已足，為恐人太以為事得重，故又以「勿正心」言之。乃為明道辨解。然仍曰「易近禪去」。至此處論明道引禪語「事則不無，擬心則差」之兩語，則徑辨以為非是。蓋明道此處已自己入禪去也。朱子此等處稱述二程，可謂深沉允愜之至。

問「鳶飛魚躍」與「必有事焉」之意。曰：「說着相似，又不甚相似。說不相似，又卻相似。『必有事焉』，是才舉這事，理便在裏了。」（五二）

此條林夔孫錄丁巳朱子年六十八以後語。就經文本意言，則中庸、孟子此二處語本不相似。就明道連舉此兩處語以立說言，則此兩處語自應有相似。此與其先告吳必大者仍相似，蓋專為發明明道意也。

文集卷四十答何叔京有云：

熹近日因事，方有少省發處。如鳶飛魚躍，明道以為與「必有事焉勿正」之意同者，今乃曉然無疑。日用之間，觀此流行之體，初無間斷處，有下工夫處。乃知日前自誑誑人之罪，蓋不可勝贖也。此與守書冊，泥言語，全無交涉。幸於日用間察之，知此則知仁矣。

此書陽明收入晚年定論，然實是朱子早年語，詳朱陸異同篇。朱子早年對明道此一番話，頗亦有取。惟此下則辨不得以明道此語來說孟子、中庸之本義。又說明道此語似禪，由此易說得近禪去。此則其學問轉入深細後見解也。

又文集卷六十一答歐陽希遜書有云：

所論程先生「鳶飛魚躍」、「必有事焉」之語，元德亦以為疑，此乃為或問中舊說所誤。今詳味之，方見程先生說鳶飛魚躍是子思喫緊為人處，以其於事物中指出此理，令人隨處見得活潑潑地。「必有事焉」，是孟子喫緊為人處，以其教人就己分上略綽提撕，便見此理活潑潑地也。非以其文義相似，而引以為證也。今看中庸，且看子思之意見得分明，即將程先生所說影貼出，便見所引孟子之說，只是一意，不可以其文字言語比類牽合而使為一說也。

此書疑亦在朱子六十四歲前後，語詳與點篇。仍是辨中庸與孟子語不相同，則明道之合引中庸、孟子，其自為明道之意可知。朱子論學最重分析。以上各條，有詩義，有中庸義，有孟子義，有明道義，有禪學義，為之一一辨別，剖析分明。惟朱子不僅於詩義、孟子義、中庸義，皆有所取。即明道義、禪義，固亦未明白加以反對。明道此番話本身有禪義，則禪義中如「青青綠竹，粲粲黃花」之類，朱子亦不反對可知。惟過此以往則不然。是誠學者所當明辨。

孟子或問：

曰：「程子所謂『活潑潑地』者，何也？」曰：「此所以形容天理流行自然之妙也。蓋無所事而忘，則人欲之私作。正焉而助之長，則其用心之過，亦不免於人欲之私也。故必絶是二者之累，而後天理自然之妙得以流行發見於日用之間，若鳶之飛而戾於天也，魚之躍而出於淵也。若曾點之浴沂風雩而詠以歸也。『活潑潑地』者，蓋以俗語明之，取其易知而已。或者乃以此語為原於禪學，則誤矣。」

此一節，即答歐陽希遜書中所謂「或問中舊說」也。或問中舊說，只謂人欲之私不作，天理自然之妙得以流行發見於日用之間，其間缺卻格物致知工夫。釋氏亦能去私，但認識不到天理，故其答希遜書，謂「子思喫緊為人處，以其於事物中指出此理。孟子喫緊為人處，教人就己分上略綽提撕，便見得此理活潑潑地。」皆特地舉出一箇理字來，則與或問舊說大異其趣矣。又或問云：「或者乃以此語為原於禪學則誤矣」，後來朱子卻明說鳶飛魚躍兩句恰似禪家云云，又曰：「這箇也略似禪。」又曰：「此等事易說得近禪去。」乃時時以明道此一番話與禪學並稱，不似或問中把禪學一句撇開，此又或問舊說之誤也。蓋朱子於明道此一番話，初則惟有欣賞，如或問云云，及其答何叔京書是也。後乃辨明明道語引中庸、孟子，非即中庸、孟子之本意。後又謂明道引中庸兩句實似禪，明道語亦實有禪味，由此說去易近禪，故孟子精義中實收明道講孟子「心勿忘勿助長」，舉禪語「事則不無，擬心則差」為況，而其告黃義剛則曰：「某不敢將此編入精義也。」又其後，乃將明道此條再加解釋，則如其與歐陽希遜書及告林夔孫云云。此乃朱子對明道此一番話，畢生研玩，愈後乃愈臻細密，愈歸平實之大致。學者若單拈其一時一處之說，而不通玩其先後之詳，則恐不易得朱子大意所在，與其包涵之所及。

附記朱子與張南軒辨論語

朱子平日為學，極重解經工夫，具如上述。而朱子解經最所用力者，則在論孟學庸之四書。在四書中，尤以用力於論語者為最大。朱子治論語，其先乃從程門以上窺二程，奉二程以上窺論語。稍後乃擺脱程門，專主二程。更後則一本論語本書，多糾二程之失。其詳散見本書各篇。蓋自有朱子，而後北宋理學乃獲直承孔孟，而脗合無間。此其所貢獻於當時之理學，以及中國整部學術史者，其功深鉅無匹也。

文集卷三十一有與張敬夫論癸巳論語說一篇，癸巳為孝宗乾道九年，朱子年四十四。其上一年有論孟精義，即集二程及程門諸説以闡釋論孟者。其後四年，論孟集注成書，乃為擺脱程門，專宗二程之肇始。此書正值其間。其所辨析，極子細，亦極嚴正。朱子不以為嫌，南軒亦不以為忤。因相切磋，而交誼益臻於親密。不聞以此生閒隙樹門戸也。大賢相與之風義，與其心事，舉此一節，亦可為百世之師矣。而於此討論中，正可具體説明朱子之解經精神，以及所謂義理精微之眞實所在。全篇提出討論者共九十九條，玆篇只拈二十八條為例。其他朱子與南軒討論經義，亦有引在本書他篇者，玆不旁及。至朱子論語集注，晚年始定。此處所主張，亦有與此下意見不盡相同處，本篇亦間有闌入，然不能一一詳之，學者其自尋焉可也。

一　孝弟也者，其為仁之本與。

張云：自孝弟而始，為仁之道生而不窮，其愛雖有差等，而其心無不溥矣。

朱子論之云：

按有子之意、程子之說，正謂事親從兄、愛人利物，莫非為仁之道。但事親從兄者，本也，愛人利物者，末也。本立然後末有所從出，故孝弟立而為仁之道生也。今此所解，語意雖高，而不親切。

朱子論解經，最戒立意高，又最求能親切，比觀此兩條，可知其概。朱子又曰：

此章仁字，正指愛之理而言。易傳所謂「偏言則一事」者是也。故程子於此，但言孝弟行於家，而後仁愛及於物，乃着實指事而言。其言雖近，而指則遠也。今以心無不溥形容，所包雖廣，然恐非本旨。殊覺意味之浮淺也。

所謂言近指遠，所謂意味浮淺，讀者其細玩焉。

二　毋友不如己者。

張云：不但取其如己者，又當友其勝己者。

朱論：經但言「毋友不如己者」，以見友必勝己之意。今乃以如己、勝己分為二等，則失之矣。而其立言造意，又似欲高出於聖言之上者，解中此類甚多，恐非小病也。

此處所恐非小病，學者更宜細闡。

三　慎終追遠。

張云：凡事如是，所以養德者厚矣。厚者德之聚，而惡之所由以消靡也。

朱論：慎終追遠，自是天理之所當然，人心之所不能已者。人能如此，則其德自厚而民化之矣。今下一養字，則是所以為此者，乃是欲以養德，而其意不專於慎終追遠矣。又曰：「厚者」一語於經無當，於理未安。

此條南軒多下一「養」字，朱子辨之，正所謂義理精微處，非關以增字詁經為戒也。南軒又多解了「厚」字一語，朱子謂其「於經無當，於理未安」，可謂嚴矣。

四　就有道而正焉。

張云：異世而求之書。

朱論：本文未有此意，恐不須過說。或必欲言之，則別為一節，而設問以起之，可也。

此條見朱子解經之謹嚴。

五　無違。

張云：「生，事之以禮」，以敬養也。「死，葬之以禮」，必誠必信也；「祭之以禮」，致敬而忠也。

朱論：專言敬則愛不足，專言誠信則文不足。忠字尤所未曉。然致敬而忠，恐亦未足以盡祭禮。大率聖人此言至約而所包極廣。條舉悉數，猶恐不盡。況欲率然以一言該之乎？

此條見解經之難，實亦讀書之難也。謂其所言至約而所包極廣，非於論語此章獲得甚深瞭解，亦烏能知其意之所在乎？

六　十世可知。

張云：若夫自嬴秦氏廢先王之道，而一出於私意之所為，有王者作，其於繼承之際，非損益之可言，直盡因革之宜而已。

朱論：此一條，立意甚偏，而氣象褊迫，無聖人公平正大隨事順理之意。且如此說，則是聖人之言不足以盡古今之變，其所謂「百世可知」者，未及再世而已不驗矣。嘗究此章之指，惟古注馬氏得之。何晏雖取其說，而復亂之以己意。以故後來諸家祖習其言，輾轉謬誤，失之愈遠。至近世，吳才老、胡致堂始得其說，最為精當。吳說有續解、考異二書，而考異中此章之說為尤詳，願試一觀，或有取焉。大抵此二家說，其他好處亦多，不可以其後出而忽之也。

此條見朱子於論語，古注既所不忽，近說亦加博覽。多聞擇善，一以能發明論語本義為主。如此條本義，亦極值深究。若輕以己意說之，則徒為己意，何事乎解經。至朱子論此條之精義，可參讀史學篇。

七　非其鬼而祭之諂也。

張說：無其鬼神，是徒為諂而已。

朱論：聖人之意，罪其祭非其鬼之為諂，而不譏其祭無其鬼之徒為諂也。諂自惡德，豈論其有鬼無鬼，徒與不徒也哉？

此條張說以「無」字易「非」字，而又加進一「徒」字，遂遠與論語本義相乖。惟朱子所以折之者，則不在文字而在義理。讀者其細辨焉。

八　仁者能好人惡人。

張云：仁者為能克己。

朱論：此語似倒，恐當正之。

此亦是論正其義理。

九　無適無莫。

張云：或曰：「異端無適無莫，而不知義之與比」，失之矣。夫異端之所以不如義者，正以其有適有莫也。

朱論：異端有適有莫，蓋出於程子之言。然譏其無適莫而不知義，亦謝氏之説。言雖不同，而各有所指，未可遽以此而非彼也。若論先後，則正以其初無適莫而不知義，故徇其私意以為可否，而反為有適有莫。既有適莫，故遂不復求義之所在，而卒陷於一偏之説也。

就論語本文言，程、謝兩説皆可通。朱子兼采兩説，不偏主，不偏棄，而以先後會之歸一，遂使此章義理闡發益臻於深允。

一〇　一以貫之。

張云：道無不該也，有隱顯內外本末之致焉。若無隱顯內外本末之致，則所謂一貫者，亦何所施哉。

朱論：此意甚善，然其辭則似生於辨論反復之餘者。今發之無端，則無所當，而反為煩雜。若曰：「聖人之心，於天下事物之理，無所不該。雖有內外本末隱顯之殊，而未嘗不一以貫之也。」則言順而理得矣。

此條贊其意而辨其辭，撇開辭所欲達之理不論，就辭論辭，亦有一番義理不可不究。此意甚深，學者即就此條兩辭比觀，自可見。

一一　欲訥於言。

張云：言欲訥者畏天命，行欲敏者恭天職。

朱論：言行自當如此，不必為畏天命恭天職而然。今若此言，則是以言行為小，而必稱天以大之也。且言行之分屬未穩當，行之欲敏，獨非畏天命耶？

朱子嘗言，聖人之言如醇酒，後人注解如羼水。水愈羼，酒愈淡，乃至於無味。如此條，言欲訥，行欲敏，語若平淡，其味醇厚。南軒以「畏天命恭天職」說之，轉失原來醇厚之味。朱子解經，此等處極所講究，所謂不加己意，求能得其本義而止。此事視之若易，為之則難。

一二　顏淵季路侍。

張云：為吾之所當為而已，則其於勞也奚施，存乎公理。

朱論：施勞，舊說皆以施為勿施於人之施。勞者勞辱之事。今如此說，語不分明。子細推尋，似亦以施為夸張之意，勞為功勞之勞。其意雖亦可通，但不知勞字有如此用者否耳。必如此說，更須子細考證，說令明白乃佳。存乎公理句亦未善。

此條朱子仍用舊說，只謂張說亦通，惟「勞」字作「功勞」字用，更須子細考證。朱子解經極重考證，據此可見。但後來集注則轉用張說，只以舊說為亦通。並引易曰「勞而不伐」為證。可見解經義理雖通，而於每一字之訓詁則必求其有證，否則甯捨待考。而朱子之不斷用心，不守舊見，改從新義處，亦於此而見。

一三　中人以下。

張云：不驟而語之以上，是亦所以教之也。

朱論：孟子言「不屑之教誨，是亦教誨之」，蓋為不屑之教誨，已是絶之而不復教誨，然其所以警之者亦不為不至，故曰「是亦教誨之而已矣」。所謂亦者，非其正意之辭也。若孔子所言，「中人以下未可語上」，而不驟語之以性與天道之極致，但就其地位，告之以切己着實之事，乃是教之之道正合如此。非若不屑之教誨，全不告語，而但棄絶以警之也。今曰是亦教誨之也，則似教人者不問其人品之高下，必盡告以性與天道之極致，然後始可謂之教誨。才不如此，便與絶而不教者無異。此極害理，非聖門教人之法也。且着此一句，非惟有害上文之意，覺得下文意思亦成躐等。氣象不佳，試思之。若但改云：「不驟而語之以上，是乃所以漸而進之，使其切問近思而自得之也。」則上下文意接續貫通，而氣象無病矣。此所撰集注，已依此文寫入矣。

此條辨南軒不當引孟子「是亦教誨之」語為説，而特有取於南軒「不驟而語之」之説。今集注圈下特引張敬夫曰云云，即發揮其「不驟而語之」之説也。引用其上半語，不用其下半語，其不沒人善如此。又知此時朱子已自為集注。

一四　知仁動靜。

張云：知之體動，而靜在其中。仁之體靜，而動在其中。

朱論：此義甚精。蓋周子太極之遺意，亦已寫入集注諸說之後矣。但在此處讀之，覺得有急迫之病。略加曲折，別作一節意思發明，乃佳。大抵此解之病，在於太急迫而少和緩耳。

此條極取張說，謂其得周子太極之遺意，亦以寫入集注。但今集注圈外只引程子曰「非體仁知之深者，不能如此形容之」一條，而不見南軒此條，蓋後已删去也。南軒之說雖佳，但論語本文無此意。故朱子嫌南軒解此章太急迫少和緩。欲略加曲折，別作一節意思發明，則是不為解論語，故終於删去。此見朱子注論語條例之細密，用心之深至。非凡屬孔子所未言者其言皆不足取，亦非凡言可取，皆當曲折引用以之注論語也。

一五　子見南子。

張云：過衞國，必見寡小君。

朱論：孔子居衛最久，不可但言過衛。見小君者，禮之當然，非特衛國如此也。

張又云：夫子聽衛國之政，必自衛君之身始。

朱論：此理固然，然其間似少曲折。只如此說，則亦粗暴而可畏矣。試更思之，若何？

此條上半考其事，下半辨其辭。亦有理則是而辭失之者，如此類是也。

一六　述而不作。

張云：聖人所以自居者平易如此。

朱論：平易二字說不着。

張又云：老彭、孔子事同而情性功用則異。

朱論：孔子賢於堯舜，非老彭之所及，人皆知之，自不須說。但其謙退不居而反自比焉，且其辭氣，極於遜讓，而又出於誠實如此，此其所以為盛德之至也。為之說者，正當於此發其深微之意，使學者反復潛玩，識得聖人氣象，而因以消其虛驕傲誕之習，乃為有力。今但以平易二字等閑說過，而於卒章忽為此論，是乃聖人鞠躬遜避於前，而吾黨為之攘袂扼腕於後也。且無乃使夫學者疑夫聖人之不以誠居謙也乎哉？大率此解多務發明言外之意，而不知其反戾於本文之指，為病亦不細也。

此條南軒用「平易」二字，與論語本章不配。至論老彭非可比孔子，非不是，卻不該用以注此章。末節云：「此解多務發明言外之意，而不知反戾於本文之指，為病不細。」此一指出，更值重視。一般解經者多犯此病。「述而不作」，誠豈易事哉。參讀集注此章，可見朱子解經之深遠。

一七　默而識之。

張云：默識非言意之所可及，蓋森然於不覩不聞之中也。

又云：世之言默識者，類皆想像億度，驚怪恍惚，不知聖門實學，貴於踐履。隱微之際，無非眞實。

朱論：默識只是不假論辨而曉此事理，如侯子辨揔老之說是已。蓋此乃聖人之謙詞，未遽說到如此深遠處也。且此說雖自踐履言之，然其詞氣則與所謂驚怪恍惚者，亦無以相遠矣。

此條指出論語本章乃孔子之謙詞，未遽說到如南軒所云之深遠。又謂南軒所云亦自近於驚怪恍惚。集注解此章「默識」二字云：「識，記也。默識，謂不言而存諸心也。一說：識，知也，不言而心解也。前說近是。」朱子此處論張說，乃取後解，後又增前解，謂更近是。言之尤平實，又更貼切。此皆見其學之與年而俱進。

一八　志於道。

張云：藝者，所以養吾德性而已。

朱論：上四句解釋不甚親切，而此句尤有病。蓋藝雖末節，然亦事理之當然，莫不各有其自然之則焉。曰「游於藝」者，特欲其隨事應物，各不悖於理而已。不悖於理，則己之德性固得其養，然初非期於為是以養之也。此解之云，亦原於不屑卑近之意，故恥於游藝，而為此說以自廣耳。又按張子曰：「藝者，日為之分義也。」詳味此句，便見得藝是合有之物，非必為其可以養德性而後游之也。

此條引橫渠駁南軒，本書特立朱子游藝學一篇，正是此條之具體表現，此條正可說明其意義，非苟為言辨而已。

一九　子謂顔淵。

張云：其用也，豈有意於行之。其舍也，豈有意於藏之。

朱論：聖人固無意必，然亦謂無私意期必之心耳。若其救時及物之意，皇皇不舍，豈可謂無意於行之哉？至於舍之而藏，則雖非其所欲，謂舍之而猶無意於藏，則亦過矣。若果如此，則是孔顔之心，漠然無意於應物，推而後行，曳而後往，如佛老之爲也。聖人與異端不同處正在於此，不可不察也。程子於此，但言「用舍無與於己，行藏安於所遇者也。」詳其所言，中正微密，不爲矯激過高之說，而語意卓然，自不可及。其所由來者遠矣。程子又云：「樂行憂違，憂與樂皆道也，非己之私也。」與此相似，亦可玩味。

此條辨南軒所言過高，而失於中正。

二〇　奢則不遜。

張云：聖人斯言，非勉學者爲儉而已。

朱論：聖人深惡奢之為害，而寧取夫儉之失焉，則其所以勉學者之為儉，其意切矣。今為此說，是又欲求高於聖人，而不知其言之過，心之病也。溫公謂揚子作玄，本以明易，非敢別作一書以與易競。今讀此書，雖名為說論語者，然考其實，則幾欲與論語競矣。鄙意於此深所未安，不識高明以謂如何。

上引一條，斥其說近於佛老異端，此條又謂其存心之病，幾欲與論語競。所摘發如是其嚴刻，然朱子於南軒，不衰其愛敬。南軒亦樂受之，絕不以為忤。大賢心事，亦可謂其所由來之遠矣。

二一　曾子有疾召門弟子。

張云：形體且不可傷，則其天性可得而傷乎？

朱論：此亦過高之說，非曾子之本意也。且當著明本文之意，使學者深慮，保其形體之不傷而盡心焉，是則曾子所為丁寧之意也。且天性亦豈有可傷之理乎？

朱子屢提說經過高，此乃當時理學家通病，二程以來已然，南軒亦不免。務使理學、經學渾然歸一，則朱子之意也。

二二　語之而不惰。

張云：不惰，謂不惰其言也。夫子之言，昭然發見於顔子日用之中，此之謂不惰。

朱論：惰字乃怠惰之義，如所解乃墜墮之義。字自作墮，或有通作隋者，不作惰也。且其為說，又取禪家語墮之意，鄙意於此，尤所未安也。

此條指摘南軒取禪家意説經。儒、釋疆界，乃當時理學家最要分辨之一端。朱子謂「尤所未安」，乃朋好鄭重相惕之意。及其晚年，明告象山謂其近禪，亦猶如責南軒之取禪家也。

二三　點爾何如。

張云：曾子非有樂乎此也至故行有不揜焉也。

朱論：夫子之問，欲知四子之所志也。今於曾皙之言，獨謂其「特以見夫無所不得其樂之意」，則是曾皙於夫子之問，獨不言其平日之所志，而臨時信口撰成數句無當之大言，以夸其無所不樂之高也。如此則與禪家拈槌豎拂、指東畫西者何以異哉？

此條朱子論南軒之失，文長千言，已摘其要於曾點篇。此處引一節，亦謂南軒之說有近禪之嫌。

二四　志士仁人。

張云：仁者，人之所以生也。苟虧其所以生者，則其生也亦何為哉？

朱論：志士仁人，所以不求生以害仁者，乃其心中自有打不過處，不忍就彼以害此耳，非為恐虧其所以生者而後殺身以成仁也。所謂成仁者，亦但以遂其良心之所安而已，非欲全其所以生而後為之也。此解中常有一種意思，不以仁義忠孝為吾心之不能已者，而以為畏天命，謹天職，欲全其所以生者而後為之，則是本心之外別有一念，計及此等利害重輕而後為之也。誠使眞能舍生取義，亦出於計較之私，而無慤實自盡之意矣。

此條辨析甚微。朱子言心學，與其言「心即理」，透闢明白，蓋少能出其右者。後人多謂朱子言理不言心，皆不知朱子。

二五　放鄭聲遠佞人。

張云：非聖人必待戒乎此也。於此設戒，是乃聖人之道也。

朱論：此是聖人立法垂世之言，似不必如此說。然禹以丹朱戒舜，舜以「予違汝弼」責其臣，便說聖人必戒乎此，亦何害乎？此蓋尊聖人之心太過，故凡百費力主張，不知氣象卻似輕淺迫狹，無寬博渾厚意味也。

朱子屢戒人勿過高說經，又戒人尊聖人勿太過，此皆其為學之力求平實也。

二六　子謂伯魚。

張云：為者，躬行其實也。

朱論：按諸先生多如此說，意極親切。但尋文義，恐不然耳。為只是誦讀講貫。牆面只是無所見。書所謂不學牆面，亦未說到不躬行則行不得處也。

此條謂「諸先生多如此說」，又云「意極親切」，但終以一字訓詁未的，文義未安，而不之取。集注云：「為猶學也。正牆面而立，言即其至近之地，而一物無所見，一步不可行。」則仍說到行不得處，仍有取於南軒之說，此亦見朱子為學之博采廣收，與日俱進。

二七　孟莊子。

張云：孟莊子所以不改，意其事雖未盡善，而亦不至於悖理害事之甚與？

朱論：莊子乃獻子之子。獻子賢大夫，其臣必賢，其政必善，莊子之賢不及其父，而能守之終身不改，故夫子以為難，蓋善之也。此臨川鄧丈元亞說，諸家所不及也。

此條稱引及於鄧元亞，謂其說為諸家所不及。集注則謂「獻子有賢德，而莊子能用其臣守其政」，已將鄧語改過，故亦不舉鄧氏之名。

二八　仲尼焉學。

張云：萬物盈於天地之間，莫非文武之道，初無存亡增損。

朱論：近年說者多用此意，初若新奇可喜。然既曰「萬物盈於天地之間」，則其為道也，非文武所能專矣。既曰「初無存亡增損」，則「未墜於地」之云，又無所當矣。且若如此，則天地之間，可以目擊而心會，又何待於賢者識其大，不賢者識其小，一一學之然後得耶？竊詳文意，所謂文武之道，但謂周家之制度典章爾。孔子之時，猶有存者，故云未墜也。大抵近世學者，喜聞佛老之言，常遷吾說以就之，故其弊至此。讀者平心退步，反復於句讀文義之間，則有以知其失矣。

此條所辨極為重大。朱子屢戒人勿說經過高，又戒人勿過尊聖人。其教人為學，常欲其平心退步，反復於句讀文義之間。即據此條，可悟其言意之所指矣。又常與學者嚴辨佛老異端與儒學之相近似而實不同之處，其言皆確有證驗，非立門戶以爭異同也。若洵如南軒之說此章，而加以推衍，則朱子之教人，豈不誠為支離而將有傳注榛塞之憂乎？南軒與朱子，終得同時稱大賢，並同為一代學者宗師，固是朱子之能諍，亦由南軒之善受。

自秦漢以下，諸儒說論語者多矣，然眞能發得孔子眞意者，則殊不多見。北宋自二程崛起，其說論語，為朱子所不取者，亦復不少。亦有在重大節目處明持異見，詳朱子與二程解經相異篇。至若程門諸賢，朱子歷辨其誤解誤說，本書亦屢有引述，散見各篇。南軒與朱子同時友好，朱子辨其說，均詳於文集中與南軒各書札，茲篇特就其癸巳論語說摘取其三之一，以見梗概。若學者能取秦漢以下各家說論語與朱子集注作一對比，則朱子對論語一書之用心，及其貢獻所在，可以昭然在目，不言而喻矣。朱子亦寧能於訓詁考據小節目處一一無差失。自有集注以來，六七百年，學者起而糾之，亦非無所得。然求其大義彰著，通體朗然，則皆不足以望朱子之項背。而讀論語必讀集注，已成流俗，習焉不察，其能確然抉出朱子集注之眞精神與大貢獻所在者，則亦少有。本書所揭發，亦豈謂於朱子注論語眞有所知。姑就文字粗迹，薄有鈎稽，以待後起學者之續有所尋究耳。

文集卷三十四答呂伯恭有云：

> 欽夫之逝，忽忽半載。每一念之，未嘗不酸噎。欽夫向來嘗有書來云：見熹諸經說，乃知閑中得就此業，殆天意也。

是南軒於朱子，不僅不以解經相異為忤，乃益致其相重之意也。文集卷八十七有又祭張敬夫殿撰文，備述經過，辭旨懇惻，茲復錄之於此，以見朱子、南軒兩人平日解經相互切磋之意趣與抱負焉。文曰：

> 嗚呼！自孔孟之云遠，聖學絶而莫繼。得周翁與程子，道乃抗而不墜。然微言之輟響，今未及

乎百歲，士各私其所聞，已不勝其乖異。嗟惟我之與兄，胳志同而心契。或面講而未窮，又書傳而不置。蓋有我之所是而兄以為非，亦有兄之所然而我之所議。又有始所共嚮，而終悟其偏。亦有早所同嚌，而晚得其味。蓋繳紛往反者幾十餘年，末乃同歸而一致。由是上而天道之微，遠而聖言之祕，近則進修之方，大則行藏之義，以兄之明，固已洞照而無遺，若我之愚，亦幸竊窺其一二。然兄喬木之故家，而我衡茅之賤士。兄高明而宏博，我狷狹而迂滯。故我嘗謂兄，宜以是而行之當時。兄亦謂我，盍以是而傳之來裔。蓋雖隱顯之或殊，實則交須而共濟。不惟相知之甚審，抑亦自靖而無愧。嗚呼！孰謂乃使兄終在外以違其心，予亦見麼於斯，而所願將不遂也。

講學從政，明道救世，兩賢平日交往心事，胥於此文揭發。朱子當時最稱密友者，惟南軒、東萊。朱子之編著撰述，多與東萊相呼應。朱子之義理講貫，則多與南軒相切磋。獨陸氏兄弟，朱子平日亦甚致愛重之意，而終啟異同之爭，未能歸於水乳之交融，則亦大堪扼腕也。